計量経済学のための数学

田中久稔
Tanaka Hisatoshi

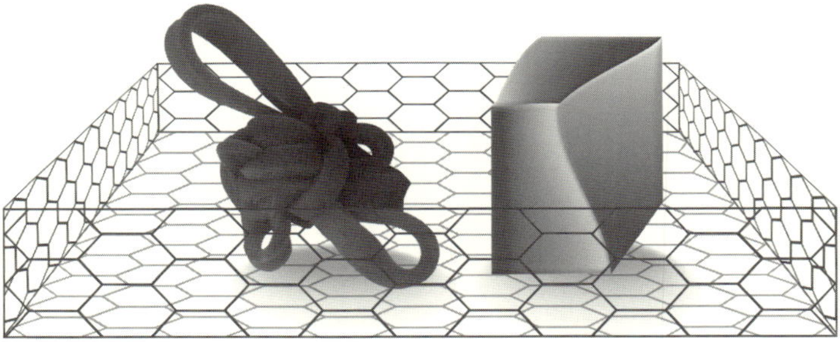

日本評論社

● はじめに

＊本書は，『経済セミナー』誌（日本評論社）の2018年４・５月号～2019年２・３月号で連載された『計量経済学の数理』（全６回）の内容をもとに書かれたものです．

計量経済学を理解するためには，線形代数と確率論の知識が欠かせません．例えば，多くの変数を含む計量モデルを見通しよく操作するには，「行列」による表記が便利です．推定量の意味するところを直感的に理解するには，「部分空間」や「射影」の概念に通じている必要があります．「最小二乗法」の正当化には「条件付き期待値」が用いられ，推定結果の精度を評価する際には「確率収束」や「法則収束」の概念が活躍します．

本書は，入門レベルの統計学から中・上級の計量経済学への橋渡しとなることを企図して，線形代数と確率論の基礎を解説しています．線形代数についても，あるいは確率論についても，この世にはすでに数多くの優れたテキストが存在しています．しかし，それらの多くは（当然のことですが）計量経済学を意識して書かれたものではありません．したがって本書では，計量経済学の基礎を理解するために必要な最低限のトピックを厳選し，それらについてのみ集中的に解説することを心がけました．標準的な線形代数や確率論のテキストであれば必ず扱うべき内容（「クラメールの公式」，「基本変形」，「ジョルダン標準形」，etc.）であっても，計量経済学とのかかわりが薄ければ，ばっさりとカットしています．その一方で，通常のテキストではあまり重点を置かれない「射影」については，章を独立させて解説しています．

本書は，主として線形代数を解説している第Ⅰ部と，確率論を扱っている第Ⅱ部から構成されています．第Ⅰ部と第Ⅱ部は独立した内容になっています．とくに第Ⅰ部は，初めて線形代数を学ぶ高校生や学部１年生が独学しても十分に理解できるように書かれています．第Ⅰ部を読むために必要な前提知識はありません．議論が抽象的になりすぎないよう多くの例題を準備してありますので，例題の計算をノートに再現するなどしながら，じっくりと読み進めてください．

また本書の第Ⅱ部は，「測度論的確率論」を初めて学ぶ人のために書かれています．測度論的確率論とは，「不確実な現象」という本質的に曖昧な存在を矛盾なく明瞭に記述するために発明された数学の一分野です．例えば，計量経済学のモデルには欠かせない存在である「確率変数」の定義について考えてみましょう．「値が確率的に決まる変数」というのが，確率変数に対する私たちの日常的な理解です．しかし，「値が確率的に決まる」というフレーズが正確に何を意味しているのかを考え始めると，私たちはすぐにも思弁の泥沼にはまり込んでしまいます．「確率的に決まる」って，どういうことなのでしょう？そもそも，「確率的に」って何なのでしょう？

測度論的確率論は，入門レベルの統計学では直感的な理解に任せていた，これらの問いを真正面から引き受けます．それは計算技術というよりは，不確実現象に特化した記述言語なのですが，初めて学ぶ者にとっては，その語り口は少々親しみにくいものです．したがって本書では，初学者にはとくに理解の難しい「確率空間」や「条件付き期待値」，「確率収束」などの重要トピックを選び，抽象概念をできるだけ具体的に噛み砕いて説明しています．読者は，数学というより新たな外国語を習うときのような気持ちで，与えられた実例を一つひとつ理解しながら時間をかけて読んでください．

第Ⅱ部を読むための前提知識は初歩的な微積分くらいです．意欲的な高校生や学部１年生であれば十分に理解できるでしょう．また，入門レベルの統計学の知識があれば，抽象的な議論が続く場面では大いに助けになるでしょう．とはいえ，本書の全体を通じて，実際に複雑な計算が行われる場面はごくわずかです．したがって，微積分の知識に自信のない読者がいれば，入門レベルの解析学などを，本書と並行して学んでいただければ十分であろうと思います．

各章の最後には演習問題を付けてあります．多くは本文中の例題を再確認する内容ですが，本文中では触れられなかった内容を補完するものや，ちょっとした難問もあります．演習問題の解答は本書の巻末にまとめてありますので，ぜひ参考にしてください．

この本の執筆にあたっては，早稲田大学大学院経済学研究科修士課程所属の小宮山雄一君，同大学政治経済学部所属の田中祐介君から貴重なアドバイスをいただきました．この場をお借りして，御礼申し上げます．

2019 年 6 月

田中 久稔

●目　次

第 I 部

集合論と線形代数

第1章 集合と写像

この章では，本書を読むために必要となる集合論の基礎を解説します．集合論は数学のすべての分野で用いられる共通言語です．例えば確率論においては，ランダムな現象を数学的に記述するために集合論が用いられます．また，線形代数を理解するには，全射や単射などの写像の知識が必要です．この章の内容は，のちに何度も利用されることになります．したがって，最初はざっと目を通して内容を大掴みに理解し，あとで必要に応じて立ち戻ってください．

1.1 集合

集合とは

いくつかの要素を集めてひとまとまりにしたものを**集合**（**set**）といいます．集合の表記法には，次の2種類の方法があります．例えば，アルファベットの小文字 a, b, ..., z をすべて集めて作った集合 A は，

$$A = \{a, b, ..., z\} \tag{1.1}$$

のように書かれます．これが，集合を記述する第一の方法です．それに対して，偶数をすべて集めて作った集合 $\mathbb{E}$ については，すべての要素を列挙することができないので，

$$\mathbb{E} = \{n \mid n \text{ は偶数}\} \tag{1.2}$$

のように記号「｜」で仕切り，そのあとに集合の性質を記述する条件文を付記します．これが第二の方法です．

ある要素 a が集合 A に属するとき，「a は A の**元**（element）である」といい，

$$a \in A$$

と表記します．また，要素 β が A の元でない場合には

$$\beta \notin A$$

と表記します．

全体集合と空集合

考察の対象となり得るすべての要素からなる集合を**全体集合**（whole set）といいます．以下では全体集合を記号「Ω」（オメガ）によって表しましょう．オメガはギリシャ文字 ω の大文字です．

全体集合と反対の極にあるのが，いかなる元も含まない**空集合**（empty set）です．空集合は空っぽの袋のようなもので，強引に書くなら $\{\ \}$ ですが，通常は記号「$\emptyset$」によって表されます．

数の集合

典型的な集合の例としては，自然数の集合 $\mathbb{N}$，整数の集合 $\mathbb{Z}$，有理数の集合 $\mathbb{Q}$，実数の集合 $\mathbb{R}$ が挙げられます．念のため補足しておくと，有理数とは2つの整数 $m, n \in \mathbb{Z}$ を用いて分数 $\frac{m}{n}$ の形で表現できる数でした．具体的には，整数や，割り切れる小数（0.25とか）や，循環小数（$0.3333\cdots$）などが有理数です．また実数とは，有理数と無理数の両方を含むものであり，円周率 $\pi = 3.14159265\cdots$ や $\sqrt{2} = 1.4141356\cdots$ などの循環しない小数を含みます．

区間

a 以上，b 以下のすべての実数からなる集合 $\{x \in \mathbb{R} | a \leq x \leq b\}$ を**閉区間**（closed interval）といい，これを簡単に

$$[a, b] \tag{1.3}$$

によって表します．それに対して，厳密に a より大きく b より小さいすべての実数からなる集合 $\{x \in \mathbb{R} | a < x < b\}$ を**開区間**（open interval）といい，

$$(a, b) \tag{1.4}$$

によって表します．閉区間が端の a, b を元として含むのに対して，開区間はこれらを元として含まないことに注意しましょう．

また，a より大きく b 以下の実数を元とする集合 $\{x \in \mathbb{R} | a < x \leq b\}$ を，$(a, b]$ のように表します．同じように，a 以上 b 未満の実数を元とする区間を $[a, b)$ とします．

部分集合

集合 A の元の一部をとりだして作った集合 B を A の**部分集合**（subset）といい，

$$B \subset A$$

と書きます．例を挙げれば，$\mathbb{N} \subset \mathbb{Z} \subset \mathbb{Q} \subset \mathbb{R}$，あるいは $[1, 2] \subset (0, 3)$ などです．

どんな集合 A についても，全体集合 Ω に対しては $A \subset \Omega$ となります．逆に空集合 $\emptyset$ に対しては，つねに $\emptyset \subset A$ が成り立つものと約束します．

とくに $A \subset B$ かつ $A \supset B$ であるとき，「A と B は等しい」といい，

$$A = B$$

と書きます．

集合の積と和

A と B の両方に属する元からなる集合を A と B の**積**（product）といい，$A \cap B$ と書きます．すなわち，

$$A \cap B = \{a \in \Omega \mid a \in A \text{ かつ } a \in B\}$$

ということです．2個より多い複数の集合 $A_1, A_2, A_3, \ldots, A_n$ の積については，

$$\bigcap_{i=1}^{n} A_i = \{a \in \Omega \mid a \in A_1 \text{ かつ } a \in A_2 \cdots \text{ かつ } a \in A_n\} \tag{1.5}$$

のように表記しましょう．無限個の集合についても，$\bigcap_{i=1}^{\infty} A_i$ によって積をとることができます．

同じように，A または B に属する元の集合を A と B の**和**（union）といい，$A \cup B$ と書きます．すなわち，

$$A \cup B = \{a \in \Omega \mid a \in A \text{ または } a \in B\}$$

です．複数の集合 $A_1, A_2, A_3, \ldots, A_n$ についても，積の場合と同様に，

$$\bigcup_{i=1}^{n} A_i = \{a \in \Omega \mid a \in A_1 \text{ または } a \in A_2 \cdots \text{ または } a \in A_n\} \tag{1.6}$$

のように表記します．無限個の集合の和については $\bigcup_{i=1}^{\infty} A_i$ とします．

補集合と差集合

全体集合 Ω の元のうち，A には属さないものからなる集合を A の**補集合**（complement set）といい，A^c と書きます．すなわち，

$$A^c = \{\omega \in \Omega \mid \omega \notin A\} \tag{1.7}$$

です．とくに，全体集合の補集合は空集合です（$\Omega^c = \emptyset$）．

集合 A の元のうち，B に属するものを取り除いてできる集合を A から B を除いた**差集合**（difference set）といい，

$$A \backslash B = \{a \in A \mid a \notin B\} \tag{1.8}$$

とします．とくに $A \backslash B = A \cap B^c$ という恒等関係が成立します（演習問題1.1）．

ド・モルガンの法則

以下の定理は大変便利なものであり，しばしば**ド・モルガンの法則**（De Morgan's law）とよばれています．

定理 1.1
(1) $\left(\bigcup_{i=1}^{\infty} A_i\right)^c = \bigcap_{i=1}^{\infty} A_i^c$
(2) $\left(\bigcap_{i=1}^{\infty} A_i\right)^c = \bigcup_{i=1}^{\infty} A_i^c$

[証明]　公式(1)，(2)に現れる「＝」が，集合の意味での「等しい」であることに注意．したがって公式(1)について示すべきは，$\left(\bigcup_{i=1}^{\infty} A_i\right)^c \subset \bigcap_{i=1}^{\infty} A_i^c$ かつ $\left(\bigcup_{i=1}^{\infty} A_i\right)^c \supset \bigcap_{i=1}^{\infty} A_i^c$ の成立である．

まずは左辺から任意の元 $a \in \left(\bigcup_{i=1}^{\infty} A_i\right)^c$ を選ぶ．補集合の定義より $a \notin \bigcup_{i=1}^{\infty} A_i$．ここで，もしも $a \in A_1$ であれば，そのときは自動的に $a \in \bigcup_{i=1}^{\infty} A_i$ となる．したがって $a \notin \bigcup_{i=1}^{\infty} A_i$ である限り，$a \notin A_1$．同じように考えれば，$a \notin A_2$, $a \notin A_3$, ... であるから，$a \in \bigcap_{i=1}^{\infty} A_i^c$ が成り立つ．これより $\left(\bigcup_{i=1}^{n} A_i\right)^c \subset \bigcap_{i=1}^{n} A_i^c$ が示された．

逆方向の関係 $\left(\bigcup_{i=1}^{\infty} A_i\right)^c \supset \bigcap_{i=1}^{n} A_i^c$ についても，同様に示される．公式(2)についても同様．■

直積

集合 A と B の**直積**（direct product）$A \times B$ とは，A と B の要素のペア (a, b) すべてからなる集合

$$A \times B = \{(a, b) \mid a \in A, b \in B\} \tag{1.9}$$

のことです．さらに多くの集合 A_1, ..., A_n についても，それらの直積を

$$A_1 \times \cdots \times A_n = \{(a_1, ..., a_n) \mid a_1 \in A_1, ..., a_n \in A_n\} \tag{1.10}$$

によって定義できます．積記号 $\prod_{i=1}^{n}$ を用いて，$\prod_{i=1}^{n} A_i = A_1 \times \cdots \times A_n$ と表現してもかまいません．もちろん，$n = \infty$ の場合もあり得ます．とくに $A_1 = \cdots = A_n = A$ であるときには，$\prod_{i=1}^{n} A_i = A^n$ と略記します．

図1.1　区間の直積 $[a, b] \times [c, d]$

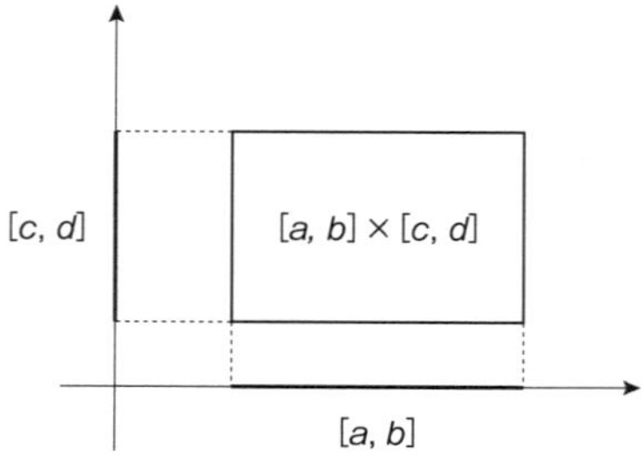

ベクトル空間

2つの実数集合 $\mathbb{R}$ の直積,

$$\mathbb{R}^2 = \{(x, y) \mid x, y \in \mathbb{R}\} \tag{1.11}$$

は，のちに**2次元ベクトル空間**とよばれることになる重要な集合です．また k 個の $\mathbb{R}$ の直積,

$$\mathbb{R}^k = \{(x_1, \dots, x_k) \mid x_1, \dots, x_k \in \mathbb{R}\} \tag{1.12}$$

は，**k 次元ベクトル空間**とよばれることになります．これらベクトル空間の数学的な性質（いわゆる「線形代数」）については，次章以降に詳しく説明します．

長方形と直方体

区間 $[a, b]$ と $[c, d]$ の直積は，$\mathbb{R}^2$ 内の**長方形**になります（図1.1）．さらに一般化して，$\prod_{i=1}^{n} [a_i, b_i]$ とすれば，これは $\mathbb{R}^n$ に浮かぶ**直方体**になります．しばし，想像してください．

集合族

その各元が集合であるような集合，つまり「集合の集合」を**集合族**といいます．例えば集合 $A = \{a, b, c\}$ があるとします．この A から，3つの部分集合 $\{a, b\}$，$\{b, c\}$，$\{c, a\}$ を選び，それらを元として

$$\{\{a, b\}, \{b, c\}, \{c, a\}\}$$

とすれば，ひとつの集合族が得られます．これは A の部分集合から作られた集合族ですので，「A 上の集合族」ということがあります．

同じように，開区間 (a, b) をすべて集めて作った集合 $\{(a, b) \mid a, b \in \mathbb{R}\}$ を考えれば，これは $\mathbb{R}$ 上の集合族ですし，すべての長方形からなる集合 $\{[a, b]\times[c, d] \mid a, b, c, d \in \mathbb{R}\}$ を作れば，これは $\mathbb{R}^2$ 上の集合族です．

べき集合族

集合 A が与えられたとき，「A のすべての部分集合からなる集合」を A の**べき集合族**（power set）といい，2^A と書きます．例えば $A = \{a, b, c\}$ とする場合，そのべき集合族は

$$2^A = \{\emptyset, \{a\}, \{b\}, \{c\}, \{a, b\}, \{b, c\}, \{c, a\}, A\}$$

です．とくに，A 自身と空集合 $\emptyset$ は必ず 2^A に属します（空集合 $\emptyset$ は，任意の集合の部分集合であると約束したことを思い出してください）．

有限集合 $A = \{a_1, a_2, \ldots, a_n\}$ の場合，そのべき集合族 2^A は 2^n 個の元をもちます（演習問題1.4）．これが「べき集合」という名称の由来です．

1.2 写像

写像とは

ある集合 X の元を，他の集合 Y の元に対応させる関係を**写像**（map）といいます．個人に対してその名前を対応させる，あるいは商品に対して価格を対応させるなど，結果が一意に定まる対応関係があれば，それは写像となります．

2つの集合 X と Y のあいだに写像 φ が定義されるとき，これを

$$\varphi : X \to Y \tag{1.13}$$

と表します．このうち X を写像 φ の**定義域**（domain），Y を**値域**（range）と

いいます．また，φ によって $x \in X$ が $y \in Y$ に写されることを

$$\varphi : x \mapsto y \tag{1.14}$$

あるいは $\varphi(x) = y$ と書きます．

とくに写像の値域が実数であるとき，すなわち，$\varphi : X \to \mathbb{R}$ であるときに，φ を**関数**（function）といいます．大事なことなので繰り返しましょう．**数を出力する写像を関数といいます**．

関数の演算

写像が関数であるときには，その演算を定義できます．例えば2つの写像 $\varphi_1 : X \to \mathbb{R}$，$\varphi_2 : X \to \mathbb{R}$ があるときには，新たに写像 $\varphi_3 : X \to \mathbb{R}$ を，

$$\text{各 } x \in X \text{ に } \varphi_1(x) + \varphi_2(x) \text{ を対応させる関数}$$

として構成できます．これを $\varphi_3 = \varphi_1 + \varphi_2$ と書いて，**関数の和**といいます．

同じようにして，**関数の差** $\varphi_1 - \varphi_2 : X \to \mathbb{R}$ を，

$$\text{各 } x \in X \text{ に } \varphi_1(x) - \varphi_2(x) \text{ を対応させる関数}$$

として，また $c \in \mathbb{R}$ とするとき，関数 $\varphi : X \to \mathbb{R}$ の実数倍を，

$$\text{各 } x \in X \text{ に } c\varphi(x) \text{ を対応させる関数}$$

としてそれぞれ構成できます．関数どうしの積（掛け算）や商（割り算）も同様です．

合成写像

関数の和や差は，通常の実数の和や差と似たようなものです．それに対して，いかにも写像に特有の演算であるのは「写像の合成」です．

定義 1.1

写像 $\varphi : X \to Y$ と $\psi : Y \to Z$ の**合成写像**（composed map）とは，$x \in X$ に対して $\psi(\varphi(x)) \in Z$ を対応させる写像 $\psi \circ \varphi : X \to Z$ のことである．

図1.2 写像 φ による集合の像（左）と逆像（右）

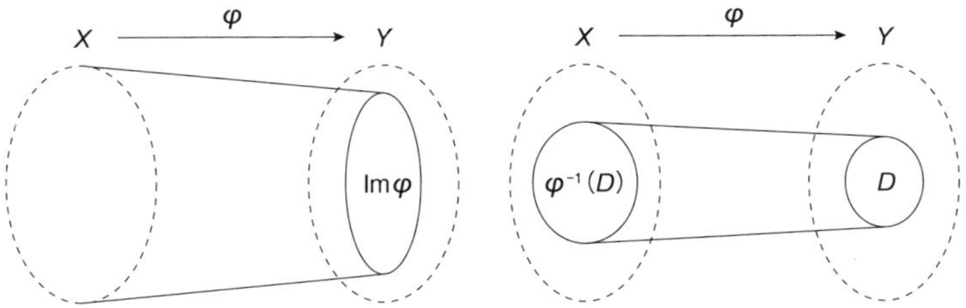

つまり，合成写像 $\psi\circ\varphi$ とは，各 $x\in X$ についてまずは $y=\varphi(x)$ を計算し，その結果を $z=\psi(y)$ に代入する写像です．したがって，φ の値域 Y と，ψ の定義域 Y は同じ集合でなければなりません．

例えば $f(x)=x^2$, $g(y)=y+1$ の場合には，

$$g\circ f(x)=g(x^2)=x^2+1$$

のようにして，合成写像 $g\circ f : x\mapsto x^2+1$ が構成されます．同様にして，

$$f\circ g(y)=f(y+1)=(y+1)^2$$

のようにして $f\circ g : y\mapsto (y+1)^2$ も作れます．合成の順番によって結果が変わることを覚えておきましょう．のちに「行列の積」を理解するときに役に立ちます．

像と逆像

写像 $\varphi : X\to Y$ が与えられたとします．定義域 X の各元 $x\in X$ を φ によって写せば，$\varphi(x)\in Y$ になります．こうして作った $\varphi(x)$ をすべて集めた集合を φ の**像**（image）といい，$\varphi(X)$，あるいは $\mathrm{Im}\,\varphi$ のように表します（図1.2，左）．つまり，

$$\mathrm{Im}\,\varphi=\{\varphi(x)\in Y \mid x\in X\} \tag{1.15}$$

ということです．例えば $X=${日本に住むすべての犬} とし，それぞれの犬にその名前を対応させる写像を φ とすれば，$\mathrm{Im}\,\varphi=${日本に住むすべての犬の名

前} となるわけです．

これとは逆に，φ で移せば集合 D（$\subset Y$）の中に落ちる元をすべて集めて作った集合を，φ による D の**逆像**（inverse image）といい，$\varphi^{-1}(D)$ によって表します（図1.2，右）．すなわち，

$$\varphi^{-1}(D)=\{x\in X \mid \varphi(x)\in D\} \tag{1.16}$$

ということです．先ほどの例でいうなら，$D=$ {ポチ，チョビ，ゴンタ} とするとき，$\varphi^{-1}(D)=$ {名前がポチ，チョビ，あるいはゴンタであるすべての犬} というわけです．

写像の例

ポチやらタマやらではわかりにくいので，もう少し具体的な関数を用いて考えてみましょう．定義域と値域を整数 $\mathbb{Z}$ とする写像 $\varphi:\mathbb{Z}\to\mathbb{Z}$ として，$\varphi(z)=z^2$ を考えます．このとき，φ の像は

$$\mathrm{Im}\,\varphi=\{1^2, 2,^2, 3^2, ...\}=\{1, 4, 9, ...\}$$

となります．いわゆる「平方数」ですね．また，$D=\{1, 2, 3, ..., 100\}$ とするとき，

$$\varphi^{-1}(D)=\{z\in\mathbb{Z}\,|\,z^2\in\{1, 2, 3, \cdots, 100\}\}=\{\pm1, \pm2, \cdots, \pm10\}$$

となります．あるいは $D'=\{-1, -2, -3, ...\}$ とすれば，2乗して負になる整数は存在しないので，

$$\varphi^{-1}(D')=\emptyset$$

となります．このように，逆像は空集合になることもあります．

全射

写像 $\varphi:X\to Y$ について，φ の像が値域 Y と一致するとき，すなわち $\mathrm{Im}\,\varphi=Y$ であるとき，φ は**全射**（surjection）であるといいます．図1.3を見てみましょう．左側では，Y のすべての元に矢印が向かっています．お見合

図1.3 全射である写像（左）と全射でない写像（右）

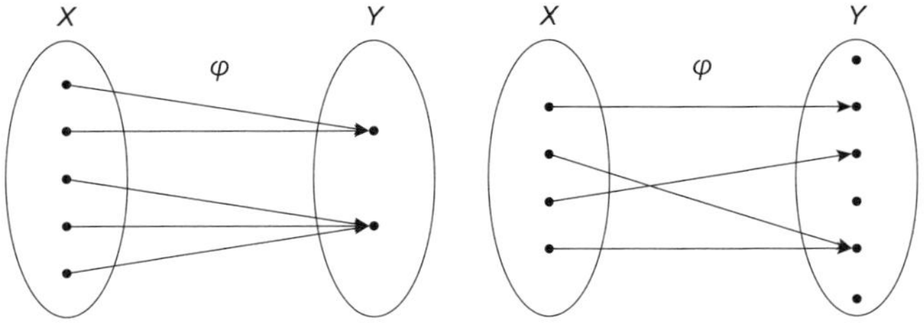

いパーティーに例えれば，Y の全員が漏れなく相手を見つけている状態です．このとき，$\varphi : X \to Y$ は全射です．

その一方で，図1.3の右側の状態では，Y の元に余りが生じています．お見合いパーティーに見立てるのは……，少し寂しいのでやめましょう．とにかく，この場合には $\mathrm{Im}\,\varphi \neq Y$ ですから，φ は全射ではありません．全射の「全」は，「全員漏れなく」の「全」であると覚えましょう．

単射

X の 2 つの元 $x, x' \in X$ について，$x \neq x'$ であるなら必ず $\varphi(x) \neq \varphi(x')$ が成り立つとき，φ は**単射**（injection）であるといいます．つまり，1 対 1 の対応関係が単射です．図1.4を見てください．左側では，X から伸びるすべての矢印が異なる Y の点に向かっています．これが単射の場合です．なお，図では Y の元に余りが生じていますが，単射であることと全射であることは独立に定義されますので，これはこれで構いません．

その一方で図1.4の右側の状況では，複数の矢印が Y の 1 点に集中しています．この場合には 1 対 1 の関係が成立していませんので，φ は単射にはなりません．

数式の例を挙げれば，$\varphi : \mathbb{Z} \to \mathbb{Z}$ について $\varphi(z) = 2z$ とすればこれは単射ですが，$\varphi(z) = z^2$ の場合には $\varphi(1) = \varphi(-1) = 1$ となってしまうので単射ではありません．

図1.4　単射である写像（左）と単射でない写像（右）

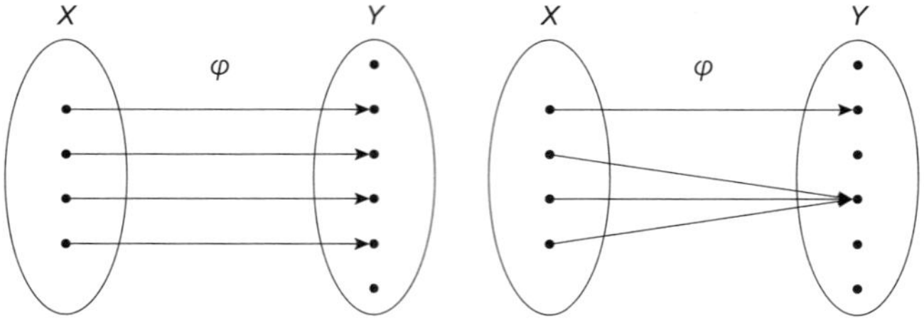

図1.5　全単射 φ とその逆写像 φ^{-1}

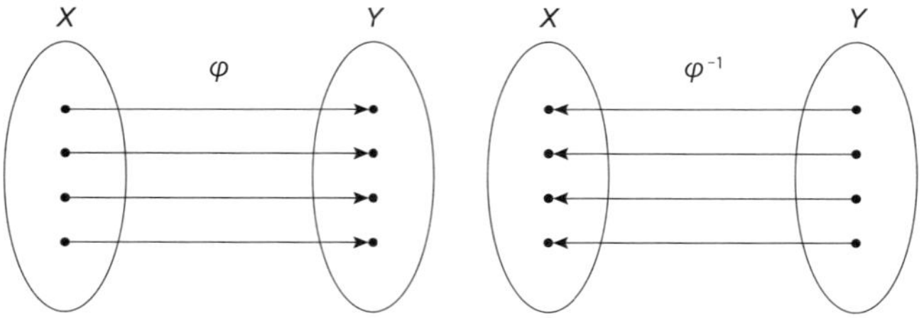

全単射と逆写像

写像 $\varphi : X \to Y$ が単射かつ全射であるときには，φ は**全単射**（bijection）であるといいます．すべての人に相手がいて，しかも相手が一人だけという，悲しみも争いもない平和なパーティーが全単射のイメージです．

次章以降で線形代数を学ぶ際には，次の事実がきわめて重要になります．

> **定理 1.2**
> 写像 $\varphi : X \to Y$ が全単射であるとき，またそのときにのみ，**逆写像**（inverse map）$\varphi^{-1} : Y \to X$ が存在し，各 $y \in Y$ について $y = \varphi(x)$ となるような $x \in X$ を対応させる（図1.5）．

例えば $\varphi : \mathbb{R} \to \mathbb{R}$ を $\varphi(z) = 2z$ によって定めれば，これは全単射です．その逆写像は $\varphi^{-1}(z) = \frac{z}{2}$ によって与えられます．しかし $\psi(z) = z^2$ は $\mathbb{R}$ から $\mathbb{R}$ への全単射ではありません．$\psi(z) = z^2 = -1$ となる z は実数のうちには存在

しませんから$\phi^{-1}(-1)$は計算できませんし，$\phi(z)=z^2=1$となるzには$z=+1, -1$の2つがありますので，$\phi^{-1}(1)$の値が一つに定まらないのです．したがって，ϕには逆写像が存在しません

集合の濃度

集合XとYのあいだに全単射$\varphi: X\to Y$が存在するとき，「XとYは同じ**濃度**（cardinality）をもつ」といいます．2つの集合が同じ濃度をもつことは，それらの元の個数が同じであることの一般化になっています．このことは改めて図1.5を見ればわかるでしょう．図1.5の場合では，XとYが同数の元を含むので，2つの集合のあいだに漏れのない1対1の関係を作ることができます．

濃度の考え方が個数よりも一般的であるのは，それが無限個の元をもつ集合に対しても適用できるからです．例えば偶数からなる集合$\mathbb{E}=\{2,4,6,8,...\}$を考えます．このとき，写像$f(n)=2n$により，$f:\mathbb{N}\to\mathbb{E}$は全単射になります．つまり，

$$f: 1\mapsto 2,\quad 2\mapsto 4,\quad 3\mapsto 6,\quad ...,\quad n\mapsto 2n,\quad ...$$

によって，各自然数$n\in\mathbb{N}$と偶数$2n\in\mathbb{E}$のあいだに，余りが生じない1対1の関係が作れます．したがって，自然数と偶数は同じ濃度をもちます．雑な言い方をあえてすると，「自然数の個数と偶数の個数は同じである」ということです．偶数は自然数の部分集合なのに，その濃度が同じになると考えると大変不思議な気持ちになりますね．

可算集合

ある集合Aが自然数$\mathbb{N}$と同じ濃度をもつとき，「Aは**可算集合**（countable set）である」といいます．他にも「Aは**可算濃度**をもつ」とか，「Aは**可算個**の元をもつ」などの言い回しもあります．

もっと平たく言えば

$$A=\{a_1, a_2, a_3, ...\}$$

のように，無限に続く数列として表現できるものが可算集合です．偶数全体からなる集合 $\{2, 4, 6, \ldots\}$ はもちろん，平方数全体からなる集合 $\{1, 4, 9, \ldots\}$ や自然数の逆数からなる集合 $\{1, \frac{1}{2}, \frac{1}{3}, \ldots\}$ も可算集合です．また，すべての有理数は2つの整数 m, n の比 $\frac{m}{n}$ として表されますので，有理数集合 $\mathbb{Q}$ も可算集合です（演習問題1.6）．

非可算集合

それに対して，実数集合 $\mathbb{R}$ は可算集合ではないことが知られています．つまり，どんなに巧みに数列 $\{a_1, a_2, a_3, \ldots\}$ を構成しても，それが $\mathbb{R}$ 全体を埋め尽くすことはありません．実数の一つ一つに番号を付けていっても，いつまでたっても番号の付かない実数が無限に残ってしまうのです．可算集合ではない集合を**非可算集合**（uncountable set）といいます．実数 $\mathbb{R}$ は非可算集合なのです．

実数 $\mathbb{R}$ が非可算であれば，その直積集合 $\mathbb{R}^k$ は輪をかけて非可算になるでしょう．というわけで，非可算集合は実にありふれた存在です．

実数 $\mathbb{R}$ が非可算集合であることを厳密に示すには，**対角線論法**（diagonal argument）とよばれる巧妙な方法を用います．これは大変面白い証明法なので，興味を感じた読者は例えば文献［6］の該当する箇所を参照してください．ただし，この本を読み進めるためには，対角線論法の知識は必要ではありません．

1.3 関数の連続性

実数列の収束

本書の第10章や第11章では，確率変数列の収束に関するさまざまな概念が登場します．そのための準備として，ここでは数列が収束することの定義を与えておきましょう．本書でも，あまり細かいことは気にしないで「$h \to 0$」などと書く予定ではありますが，厳密には次のようにして収束の定義が与えられます．

定義 1.2

実数列 $\{a_n\}$ が $n\to\infty$ のとき定数 a に収束するとは,

(i) 任意の小さな定数 $\varepsilon>0$ に対して,

(ii) 適当な実数 $N(\varepsilon)>0$ をうまく選べば,

(iii) あらゆる自然数 $n>N(\varepsilon)$ についてもれなく $|a_n-a|<\varepsilon$ とできる

ことをいう.

このとき, $a_n\to a\ (n\to\infty)$ と書く.

解析学入門のテキストなどで, 上の定義を目にしたことのある読者は多いでしょう. 例えば, $n\to\infty$ のとき数列 $\left\{\frac{n}{n+1}\right\}$ が 1 に収束することは次のようにして示します.

(i) まずは, とても小さな正の数 $\varepsilon>0$ を心の中に思い浮かべます.

(ii) 次に, $N(\varepsilon)=\frac{1}{\varepsilon}$ と定めます.

(iii) するとこのとき, あらゆる自然数 $n>N(\varepsilon)$ について, もれなく

$$\left|\frac{n}{n+1}-1\right|=\frac{1}{n+1}<\frac{1}{n}<\varepsilon$$

が成り立つことを確認できます.

つまり, ε がどんなに小さかろうとも, 数列 $\frac{n}{n+1}$ と 1 との距離は, 最終的には ε 未満に収まってしまうわけです. こうして,

$$\frac{n}{n+1}\to 1\quad(n\to\infty)$$

であることが示されました.

例題 1.1　$n\to\infty$ のとき数列 $\left\{\dfrac{1}{n^2}\right\}$ が 0 に収束することを定義に従って示せ.

[解答]　任意の $\varepsilon>0$ について, $N(\varepsilon)=\frac{1}{\sqrt{\varepsilon}}$ とおく. このとき, すべての $n>N(\varepsilon)$ について,

$$\left|\frac{1}{n^2}-0\right|=\frac{1}{n^2}<\frac{1}{N(\varepsilon)^2}=\varepsilon$$

が成立する．

有界な単調増加列

数列 $\{a_n\}$ が $a_1 \leq a_2 \leq \cdots \leq a_n \leq \cdots$ を満たすとき，$\{a_n\}$ は**単調増加数列**（monotonically increasing sequence）であるといいます．また，適当な定数 M が存在して，すべての n について $a_n \leq M$ が成り立つとき，$\{a_n\}$ を**上に有界な数列**（upper bounded sequence）といいます．単調増加かつ上に有界な数列は，次のような性質をもちます．

定理 1.3

上に有界な単調増加数列 $\{a_n\}$ は収束する．すなわち，$a_1 \leq a_2 \leq \cdots \leq M < \infty$ であるとき，ある実数 a が存在して $a_n \to a$ $(n \to \infty)$ が成り立つ．

［証明］ すべての n について $a_n \leq M$ を満たす実数 M のうち，最小の数を a とする．したがって任意の n について $a_n \leq a$，かつ任意の $\varepsilon > 0$ について $n \to \infty$ とすればいつかは $a - \varepsilon < a_n$ となる（そうでなければ a は最小ではない）．ゆえに，任意の $\varepsilon > 0$ について，十分大きな $N(\varepsilon)$ が存在して，$n > N(\varepsilon)$ なら $0 < a - a_n < \varepsilon$ が成り立つことになる（ここで単調増加であることを用いている）．これより収束の定義が満たされ，$a_n \to a$ $(n \to \infty)$ がわかる．■

関数の連続性

関数が連続であるとは，その関数のグラフが連続的に描かれることを意味します．しかし収束する数列 $a_n \to a$ を使えば，わざわざグラフを描かなくとも関数の連続性を定義することができます．

定義 1.3

関数 $f : \mathbb{R} \to \mathbb{R}$ が $a \in \mathbb{R}$ において**連続**（continuous）であるとは，任意の収束列 $a_n \to a$ $(n \to \infty)$ について，必ず $f(a_n) \to f(a)$ $(n \to \infty)$ が成り立つことをいう．

とくに，f がすべての $a \in \mathbb{R}$ において連続であるとき，f は $\mathbb{R}$ 上の**連続関数**であるという．

図1.6　不連続な関数のグラフ

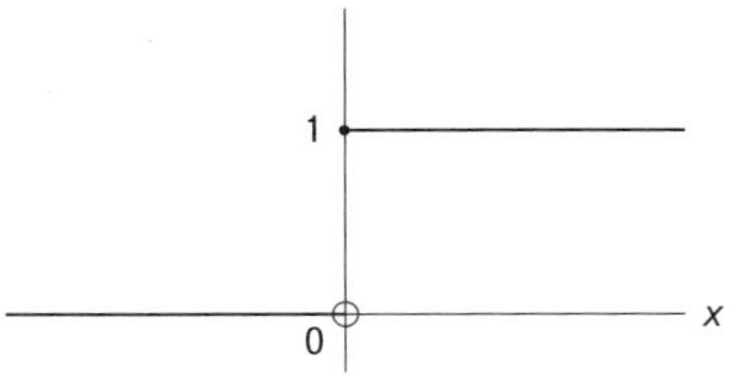

ε-δ 論法

関数が連続であることの同値な言い換えを次に与えます．かえってややこしくなっているように思えるかもしれませんが，関数の連続性を応用してさまざまな証明を行うときには，以下の言い換えのほうが便利なのです．

> **定義 1.4**
> 関数 $f:\mathbb{R}\to\mathbb{R}$ が $a\in\mathbb{R}$ において連続であるとは，
> (i) 任意の $\varepsilon>0$ について，
> (ii) ある $\delta>0$ が存在して，
> (iii) $|x-a|<\delta$ である限り，必ず $|f(x)-f(a)|<\varepsilon$ が成り立つ
> ことをいう．

定義1.3と定義1.4は同値です．すなわち，ある関数 f が定義1.3にある条件を満たすなら，その f は必ず定義1.4の条件も満たします．その逆も成り立ちます．

定義1.4のように「任意の $\varepsilon>0$ について，ある $\delta>0$ が存在して…」という言い回しを用いて曖昧さを回避する構文を **ε-δ 論法**といいます．例えば，関数 $f:\mathbb{R}\to\mathbb{R}$ を

$$f(x)=\begin{cases}1 & (x\geq 0)\\ 0 & (x<0)\end{cases}$$

によって定義してみましょう．この関数のグラフは図1.6のようになり，明らかに $x=0$ において不連続です．実際に，$\varepsilon=\frac{1}{2}$ を選ぶと，いかに x を 0 に近づけようとも，$x<0$ であるなら

$$|f(x)-f(0)| = 1 > \varepsilon$$

となります．このことは，$\varepsilon = \frac{1}{2}$ については，どんなに小さな $\delta > 0$ を選んだところで，$|x-0| < \delta$ であることが $|f(x)-f(0)| < \varepsilon$ を保証しないことを意味します．したがって，f は定義1.4に与えられた条件を満たしていません．

例題 1.2　定義1.4に従って，$f(x) = x^2$ が $x = 1$ において連続であることを示せ．

[解答]　任意の $\varepsilon > 0$ について，$\delta = \sqrt{\varepsilon+1}-1$ とすれば，$|x-1| < \delta$ を満たす任意の x について，

$$|f(x)-f(1)| = |x+1||x-1| \leq (|x-1|+2)|x-1| < (\delta+2)\delta = \varepsilon$$

が成り立つ．

演習問題

問題 1.1　定理1.1の証明と同じ要領で，次の等式を示せ．

$$A \backslash B = A \cap B^c$$

問題 1.2　以下の等式の正誤を検討せよ．

(1) $(A \times B)^c = A^c \times B^c$

(2) $(A \backslash B)^c = A^c \backslash B^c$

問題 1.3　$[a, b] = \bigcap_{n=1}^{\infty}\left(a-\dfrac{1}{n}, b+\dfrac{1}{n}\right)$，$(a, b) = \bigcup_{n=1}^{\infty}\left[a+\dfrac{1}{n}, b-\dfrac{1}{n}\right]$ となることを示せ．

問題 1.4　以下の問いに答えよ．

(1) $A = \{1, 2, 3, 4\}$ とするとき，2^A を具体的に書き出せ．

(2) $A = \{1, 2, 3, \ldots, n\}$ とするとき，2^A には 2^n 個の集合が元として含まれることを示せ（空集合 $\emptyset$ の取り扱いに注意せよ）．

問題 1.5　以下の問いに答えよ．

(1) $\varphi : \mathbb{Z} \to \mathbb{Z}$，$\varphi(x) = x+3$ とするとき，これが全単射であることを示せ．

(2) $\varphi : \mathbb{Z} \to \mathbb{Z}$，$\varphi(x) = x^2-3$ とするとき，これは全単射ではないことを示せ．

問題 1.6　非負の有理数集合が可算集合であることを示せ．[ヒント：下記の，いわゆる『群数列』を用いよ．]

$$0 \left| \frac{1}{1} \right| \frac{1}{2}, \frac{2}{1} \left| \frac{1}{3}, \frac{2}{2}, \frac{3}{1} \right| \frac{1}{4}, \frac{2}{3}, \frac{3}{2}, \frac{4}{1} \Bigg| \cdots\cdots$$

問題 1.7　関数 $f(x) = x^2+2x+1$ が連続であることを示せ．

問題 1.8「この世にあるすべての集合を集めて作った集合族」を $\mathscr{W}$ とする．集合族もまた集合．したがって $\mathscr{W}$ はそれ自身の元である．つまり，$\mathscr{W} \in \mathscr{W}$．何か，まずい気がしない？この問題には解答を用意していない．モヤモヤしてほしい．

第2章 ベクトル空間

この章からは線形代数を扱います．集合に，足し算や実数倍などの計算ルールを追加したものをベクトル空間といいます．線形代数の目的は，このベクトル空間の構造を調べることです．この章で説明される「部分空間」，「スパン」，「基底」などの考え方は，線形代数を理解するための重要な鍵となりますので，しっかり理解してください．

2.1 なぜ線形代数を学ばねばならないのか

表記を簡単にできる

計量経済学を学ぶためには，線形代数の知識が欠かせません．その理由の第一は，線形代数の言葉を用いることで，計量経済学の計算過程とその結果を，見やすく，かつわかりやすく提示することができることです．

計量経済学の基本中の基本である**最小二乗法（Ordinary Least Squares）**を例にあげましょう．そのなかでもとくに，もっとも簡単に計算できる**単回帰（single regression）**の場合を考えます．単回帰では，説明変数 x と被説明変数 y のあいだに1次式の関係 $y = a + bx$ があることを想定し，観測されたデータ $(y_1, x_1), \ldots, (y_n, x_n)$ に基づいて，**平均二乗誤差（Mean Squared Errors）**

$$MSE(a, b) = \frac{1}{n}\sum_{i=1}^{n}(y_i - a - bx_i)^2 \tag{2.1}$$

を最小化する係数 (a, b) の値を計算します．ここでは結果だけを示せば，

$MSE(a, b)$ を最小にする $(\hat{a}, \hat{b})$ は，

$$\begin{cases} \hat{a} = \dfrac{(n^{-1}\sum_{i=1}^{n} x_i^2)(n^{-1}\sum_{i=1}^{n} y_i) - (n^{-1}\sum_{i=1}^{n} x_i)(n^{-1}\sum_{i=1}^{n} x_i y_i)}{(n^{-1}\sum_{i=1}^{n} x_i^2) - (n^{-1}\sum_{i=1}^{n} x_i)^2} \\ \hat{b} = \dfrac{(n^{-1}\sum_{i=1}^{n} x_i y_i) - (n^{-1}\sum_{i=1}^{n} x_i)(n^{-1}\sum_{i=1}^{n} y_i)}{(n^{-1}\sum_{i=1}^{n} x_i^2) - (n^{-1}\sum_{i=1}^{n} x_i)^2} \end{cases} \tag{2.2}$$

によって与えられます．これが，単回帰の場合における最小二乗法の計算公式です．しかしながら，この式の意味するところは直感的にわかりにくいものです．正直にいって「何だかやたら面倒臭いな……」という感想しか浮かばないですよね．

その一方で，「ベクトル」$\boldsymbol{y}$ と「行列」$\mathbf{X}$ を，それぞれ

$$\boldsymbol{y} = \begin{bmatrix} y_1 \\ y_2 \\ \vdots \\ y_n \end{bmatrix}, \quad \mathbf{X} = \begin{bmatrix} 1 & x_1 \\ 1 & x_2 \\ \vdots & \vdots \\ 1 & x_n \end{bmatrix} \tag{2.3}$$

によって定義すれば，(2.2)式と同じ内容の式を，

$$\begin{bmatrix} \hat{a} \\ \hat{b} \end{bmatrix} = (\mathbf{X}'\mathbf{X})^{-1}\mathbf{X}'\boldsymbol{y} \tag{2.4}$$

と表現することが可能になります（記号「′」は行列の「転置」，「−1」は「逆行列」を意味します）．このシンプルな式が(2.2)式と同じ内容であるとはにわかには信じられません．

そのうえ(2.4)式からは，第5章で詳しく説明するように，単回帰とは「説明変数」$\mathbf{X}$ が「張る空間」へ「被説明変数」$\boldsymbol{y}$ を「射影」することである，という深い洞察まで得られるのです．表記法を限りなくシンプルにし，計算式の構造と意味が一目でわかるようにすること．これが，計量経済学において線形代数が重要である理由の第一です．

高次元に対処できる

線形代数を学ばねばならない第二の理由はデータの高次元化です．説明変数を単回帰式 $y = a + bx$ の場合から増やして，$y = b_0 + b_1x_1 + \cdots + b_kx_k$ という回

帰式を考えることにしましょう（これを**重回帰** [multiple regression] といいます）．重回帰式の係数 $(b_0, b_1, ..., b_k)$ の最小二乗法による推定値は，データ $(y_1, x_{1,1}, ..., x_{1,k}), \cdots, (y_n, x_{n,1}, ..., x_{n,k})$ に基づく次の平均二乗誤差，

$$MSE(b_0, b_1, ..., b_k) = \frac{1}{n}\sum_{i=1}^{n}(y_i - b_0 - b_1 x_{i,1} - \cdots - b_k x_{i,k})^2 \tag{2.5}$$

を $(b_0, b_1, ..., b_k)$ について最小化することで得られます．この計算の結果は……，すみません，私自身も計算を試みましたが答えにたどり着きませんでした．その一方で行列を用いて計算すれば，

$$\mathbf{X} = \begin{bmatrix} 1 & x_{1,1} & \cdots & x_{1,k} \\ 1 & x_{2,1} & \cdots & x_{2,k} \\ \vdots & \vdots & \vdots & \vdots \\ 1 & x_{n,1} & \cdots & x_{n,k} \end{bmatrix} \tag{2.6}$$

によって $\mathbf{X}$ を再定義することで，

$$\begin{bmatrix} \hat{b}_0 \\ \hat{b}_1 \\ \vdots \\ \hat{b}_k \end{bmatrix} = (\mathbf{X}'\mathbf{X})^{-1}\mathbf{X}'\boldsymbol{y} \tag{2.7}$$

となります．これは単回帰のときと同じ式ですね．

このように，たとえ変数の次元が高くなったとしても，行列を用いれば簡潔な表記を維持することが可能なのです．線形代数さえマスターすれば，高次元データも怖くありません．これが，計量経済学において線形代数が重宝される第二の理由です．コンピュータの高度化と安価化によって高次元データを気軽に分析できるようになった現代では，線形代数の知識が必須の教養になっているといっても過言ではないでしょう．

2.2 ベクトル空間と部分空間

ベクトル空間とは

線形代数の第一歩は，さまざまな計算が実行される舞台を準備するところから始まります．微分積分学が実数空間上に展開されるのと同様に，線形代数学

は**ベクトル空間**とよばれる特別な集合の上に描かれます．

線形代数の「線形」とは，ざっくりいえば一次関数のことです．世の中に数多あるさまざまな関数のなかでももっとも単純な一次関数に集中し，その代わりに可能な限り深いところまで掘り下げてみせよう，というのが線形代数の心意気なのです．一次関数というのは，例えば変数 x, y と実数の係数 a, b を用いて $ax+by$ のように表される式ですから，一次関数をきちんと考えるためには，少なくとも変数（＝**ベクトル**）x の実数倍 ax と和 $x+y$ の2種類の計算が必要になります．これが次に掲げる定義の意味です．

定義 2.1

任意の元 $x, y \in L$ と任意の実数 a, b について実数倍 ax, by と，それらの和 $ax+by$ が定義されており，しかも必ず $ax+by \in L$ が成り立つような集合 L を，**ベクトル空間**（vector space）という．また，L の元を**ベクトル**（vector）という．

好きなだけ実数倍したり足したり引いたりできるものがベクトルです．係数 a, b を用いて x, y を繋いだ一次式 $ax+by$ を x と y の**線形結合**（linear combination）といいます．ベクトル空間 L とは，任意の元の線形結合が再び L の元となる集合なのです．

簡単な例

例えば $D=$ {すべての犬} という集合を考えると，「ポチ」の実数倍や，「シロ」＋「ゴンタ」などの加算が定義されていないため，D はベクトル空間ではありません．

実数倍や足し算が定義されていても，それだけではベクトル空間にはなりません．たとえば整数集合 $\mathbb{Z}$ はベクトル空間ではありません．とくに係数を $a=\sqrt{2}, b=\sqrt{3}$ とすれば，$ax+by=\sqrt{2}x+\sqrt{3}y$ は一般に整数にはならないからです．その一方で，実数集合 $\mathbb{R}$ はベクトル空間です．つまり，任意の $x, y \in \mathbb{R}$ と任意の実数 $a, b \in \mathbb{R}$ について，$ax+by \in \mathbb{R}$ が必ず成立します．この例にみるように，「係数 a, b としてあらゆる実数を選択できる」というベクトル空間の条件は本質的なものです．

直積集合

k 個の実数集合 $\mathbb{R}$ の直積を $\mathbb{R}^k$ と書きましょう．すなわち，k 個の実数を組にした $(x_1, ..., x_k)$ を元とする集合が $\mathbb{R}^k$ です．任意の実数 a について，$(x_1, ..., x_k)$ の a 倍を

$$a(x_1, ..., x_k) = (ax_1, ..., ax_k) \tag{2.8}$$

によって定義します．また，$(x_1, ..., x_k)$ と $(y_1, ..., y_k)$ の和を

$$(x_1, ..., x_k) + (y_1, ..., y_k) = (x_1 + y_1, ..., x_k + y_k) \tag{2.9}$$

とします．このとき，

$$a(x_1, ..., x_k) + b(y_1, ..., y_k) = (ax_1 + by_1, ..., ax_k + by_k) \in \mathbb{R}^k \tag{2.10}$$

が必ず成立しますから，$\mathbb{R}^k$ もまたベクトル空間です．

列ベクトル

計量経済学に現れるベクトル空間は，ほとんどの場合は直積集合 $\mathbb{R}^k$ です．以下では，記述をわかりやすくするために，$\mathbb{R}^k$ に属するベクトルを書き表すにあたって次のルールを定めます．

(i) $\mathbb{R}^k$ に属するベクトルはゴシック体によって $\boldsymbol{x}$ のように表す．これにより，通常の変数 x や係数 a との見分けが容易になる．

(ii) $\boldsymbol{x}$ の成分を具体的に表示したいときには，k 個の実数を縦に並べて

$$\boldsymbol{x} = \begin{bmatrix} x_1 \\ \vdots \\ x_k \end{bmatrix}$$

のように表記する．これを**列ベクトル**（column vector）表記という．これに対して

$$\boldsymbol{x} = [x_1 \quad \cdots \quad x_k]$$

のように横1列に並べた表記法は**行ベクトル**（**row vector**）表記という．

(iii) すべての成分が0であるベクトルを

$$\boldsymbol{0} = \begin{bmatrix} 0 \\ \vdots \\ 0 \end{bmatrix}$$

のように表記し，これを**零ベクトル**（**zero vector**）とよぶ．

ベクトルの演算

$\mathbb{R}^k$に属するベクトルと実数のあいだでは，以下のような計算が可能であるとします．より正確には，以下に定める演算のもとで，$\mathbb{R}^k$はベクトル空間になります．

〈ベクトルの和・差〉

ベクトル$\boldsymbol{x}$，$\boldsymbol{y}$の和$\boldsymbol{x}+\boldsymbol{y}$と差$\boldsymbol{x}-\boldsymbol{y}$を，

$$\begin{bmatrix} x_1 \\ \vdots \\ x_k \end{bmatrix} + \begin{bmatrix} y_1 \\ \vdots \\ y_k \end{bmatrix} = \begin{bmatrix} x_1+y_1 \\ \vdots \\ x_k+y_k \end{bmatrix}, \qquad \begin{bmatrix} x_1 \\ \vdots \\ x_k \end{bmatrix} - \begin{bmatrix} y_1 \\ \vdots \\ y_k \end{bmatrix} = \begin{bmatrix} x_1-y_1 \\ \vdots \\ x_k-y_k \end{bmatrix} \tag{2.11}$$

によって定義する．

〈ベクトルの実数倍〉

ベクトル$\boldsymbol{x}$と実数cについて，$\boldsymbol{x}$のc倍$c\boldsymbol{x}$を

$$c\begin{bmatrix} x_1 \\ \vdots \\ x_k \end{bmatrix} = \begin{bmatrix} cx_1 \\ \vdots \\ cx_k \end{bmatrix} \tag{2.12}$$

によって定義する．

これらの計算の定義は，(2.8)，(2.9)式と同じことを改めて述べているものです．いずれも自然な定義ですので，とくに解説は不要かと思いますが，念のため，簡単な例題を与えておきます．

例題 2.1　以下の計算をせよ．

$$(1)\ \begin{bmatrix}1\\2\end{bmatrix}+\begin{bmatrix}3\\4\end{bmatrix} \qquad (2)\ 2\begin{bmatrix}1\\-2\\3\end{bmatrix}-10\begin{bmatrix}-4\\5\\-6\end{bmatrix}$$

[解答]

$$(1)\ \begin{bmatrix}1\\2\end{bmatrix}+\begin{bmatrix}3\\4\end{bmatrix}=\begin{bmatrix}1+3\\2+4\end{bmatrix}=\begin{bmatrix}4\\6\end{bmatrix} \qquad (2)\ 2\begin{bmatrix}1\\-2\\3\end{bmatrix}-10\begin{bmatrix}-4\\5\\-6\end{bmatrix}=\begin{bmatrix}2\\-4\\6\end{bmatrix}-\begin{bmatrix}-40\\50\\-60\end{bmatrix}=\begin{bmatrix}42\\-54\\66\end{bmatrix}$$

スパン

計量経済学の理論では，ベクトル空間 L の全体だけでなく，L から選ばれたいくつかのベクトル $\boldsymbol{x}_1, ..., \boldsymbol{x}_n$ を用いて作られる部分集合が重要な役割を担います．

定義 2.2

ベクトル $\boldsymbol{x}_1, ..., \boldsymbol{x}_n\ (\in L)$ の線形結合 $a_1\boldsymbol{x}_1+\cdots+a_n\boldsymbol{x}_n$ の集合，

$$\{a_1\boldsymbol{x}_1+\cdots+a_n\boldsymbol{x}_n \mid a_1, ..., a_n \in \mathbb{R}\} \tag{2.13}$$

を $\boldsymbol{x}_1, ..., \boldsymbol{x}_n$ の**スパン**（span），または $\boldsymbol{x}_1, ..., \boldsymbol{x}_n$ **が張る空間**といい，

$$\mathrm{Span}\{\boldsymbol{x}_1, ..., \boldsymbol{x}_n\} \tag{2.14}$$

と書く．

例えば $L=\mathbb{R}^3$ として，ここから

$$\boldsymbol{x}_1=\begin{bmatrix}1\\0\\0\end{bmatrix}\in\mathbb{R}^3, \quad \boldsymbol{x}_2=\begin{bmatrix}0\\1\\0\end{bmatrix}\in\mathbb{R}^3 \tag{2.15}$$

という 2 つのベクトルを選びます．このとき，スパン $M=\mathrm{Span}\{\boldsymbol{x}_1, \boldsymbol{x}_2\}$ は，

図2.1　スパン(2.16)式の様子

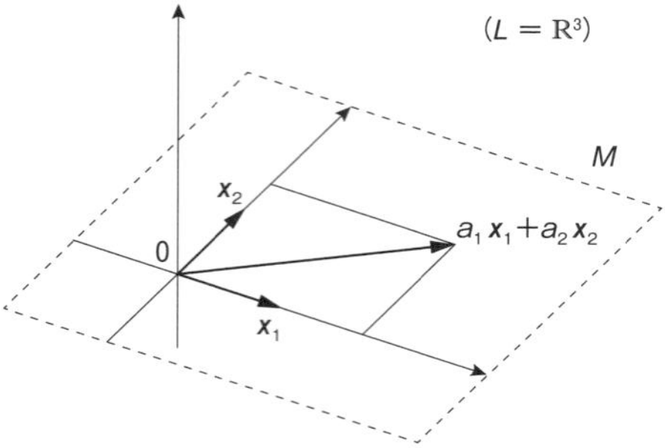

$$M=\left\{a_1\begin{bmatrix}1\\0\\0\end{bmatrix}+a_2\begin{bmatrix}0\\1\\0\end{bmatrix}\middle|\ a_1,a_2\in\mathbb{R}\right\}$$
$$=\left\{\begin{bmatrix}a_1\\a_2\\0\end{bmatrix}\middle|\ a_1,a_2\in\mathbb{R}\right\}\tag{2.16}$$

によって与えられます．これを図示したものが図2.1です．空間の全体が$L=\mathbb{R}^3$であり，$\boldsymbol{x}_1$と$\boldsymbol{x}_2$を「軸」とする平面がMになります．

スパンの解釈

経済学的にいえば，スパンには，「観測データによって説明可能な現象の空間」という意味があります．例えば，無作為に抽出されたn人の個人に対して調査を実施し，各個人の年齢，性別，修学年数を調べます．ただし性別については，性別の自己認識が男性なら0，女性なら1というようにコード化して数値にします．調査結果を

$$\boldsymbol{x}_1=\begin{bmatrix}\text{個人1の年齢}\\\vdots\\\text{個人}n\text{の年齢}\end{bmatrix},\quad \boldsymbol{x}_2=\begin{bmatrix}\text{個人1の性別}\\\vdots\\\text{個人}n\text{の性別}\end{bmatrix},\quad \boldsymbol{x}_3=\begin{bmatrix}\text{個人1の修学年数}\\\vdots\\\text{個人}n\text{の修学年数}\end{bmatrix}$$

によってベクトル化しましょう．このとき，$M=\mathrm{Span}\{\boldsymbol{x}_1,\boldsymbol{x}_2,\boldsymbol{x}_3\}$は，さまざまな個人の年齢，性別，修学年数の組み合わせとして表現可能なベクトルの集

合になります．例えば，$\boldsymbol{y}$ を n 人の個人の賃金を並べたベクトルとして，もし $\boldsymbol{y}$ が M に属するならば，これは，何らかの係数 a_1, a_2, a_3 によって，次のような

$$賃金 = a_1 \times 年齢 + a_2 \times 性別 + a_3 \times 修学年数$$

という関係が成り立つことを意味します．この関係式を用いれば，個人の属性からその賃金を予想できるようになるわけです．このような関係式を探すことが回帰分析の目的なのです．

部分空間

図2.1からも想像できるように，$M = \mathrm{Span}\{\boldsymbol{x}_1, ..., \boldsymbol{x}_n\}$ は，それ自体がベクトル空間になっています．

定義 2.3

ベクトル空間 L の部分集合 M がベクトル空間の性質をもつとき，すなわち任意の $\boldsymbol{x}, \boldsymbol{y} \in M$ と任意の実数 a, b について $a\boldsymbol{x} + b\boldsymbol{y} \in M$ が成り立つとき，M は L の**部分空間**（subspace）であるという．

つまり，「部分集合＋ベクトル空間＝部分空間」であり，その部分空間の代表例がスパンであるというわけです．スパンがベクトル空間の性質をもつことは，以下のようにして確かめられます．まずは $M = \mathrm{Span}\{\boldsymbol{x}_1, ..., \boldsymbol{x}_n\}$ から 2 つの元，$\boldsymbol{y}$ と $\boldsymbol{z}$ を選びます．このとき，スパンの定義により，適当な係数 $c_1, ..., c_n$ および $d_1, ..., d_n$ が存在して，

$$\boldsymbol{y} = c_1\boldsymbol{x}_1 + \cdots + c_n\boldsymbol{x}_n, \quad \boldsymbol{z} = d_1\boldsymbol{x}_1 + \cdots + d_n\boldsymbol{x}_n$$

と書くことができます．次に，任意の実数 a, b を係数に選んで線形結合 $a\boldsymbol{y} + b\boldsymbol{z}$ を作ります．すると

$$\begin{aligned} a\boldsymbol{y}+b\boldsymbol{z} &= a(c_1\boldsymbol{x}_1+\cdots+c_n\boldsymbol{x}_n)+b(d_1\boldsymbol{x}_1+\cdots+d_n\boldsymbol{x}_n) \\ &= (ac_1+bd_1)\boldsymbol{x}_1+\cdots+(ac_n+bd_n)\boldsymbol{x}_n \end{aligned}$$

となりますから，$a\boldsymbol{y}+b\boldsymbol{z} \in M$ であることがわかります．

例題 2.2　以下によって与えられる集合 M と N が $\mathbb{R}^3$ の部分空間であることを示せ．

$$(1)\ M = \left\{ \begin{bmatrix} s \\ 2s \\ 3s \end{bmatrix} \middle|\ s \in \mathbb{R} \right\} \qquad (2)\ N = \left\{ \begin{bmatrix} s \\ 2s+3t \\ t \end{bmatrix} \middle|\ s, t \in \mathbb{R} \right\}$$

[解答]

(1) $\boldsymbol{x} = \begin{bmatrix} 1 \\ 2 \\ 3 \end{bmatrix}$ とおけば，$M = \mathrm{Span}\{\boldsymbol{x}\}$．スパンは線形空間であるから M は $\mathbb{R}^3$ の部分空間である．実際に，任意の $\boldsymbol{y}, \boldsymbol{z}$ を M から選べば，適当な実数 s, t が存在して

$$\boldsymbol{y} = \begin{bmatrix} s \\ 2s \\ 3s \end{bmatrix}, \quad \boldsymbol{z} = \begin{bmatrix} t \\ 2t \\ 3t \end{bmatrix}$$

と書ける．したがって任意の実数 a, b について，$s' = as+bt$ とおけば，

$$a\boldsymbol{y}+b\boldsymbol{z} = a\begin{bmatrix} s \\ 2s \\ 3s \end{bmatrix}+b\begin{bmatrix} t \\ 2t \\ 3t \end{bmatrix} = \begin{bmatrix} s' \\ 2s' \\ 3s' \end{bmatrix} \in M$$

を得る．

(2) $\boldsymbol{x}_1 = \begin{bmatrix} 1 \\ 2 \\ 0 \end{bmatrix}, \boldsymbol{x}_2 = \begin{bmatrix} 0 \\ 3 \\ 1 \end{bmatrix}$ とおけば，$N = \mathrm{Span}\{\boldsymbol{x}_1, \boldsymbol{x}_2\}$ は $\mathbb{R}^3$ の部分空間である．実際に $\boldsymbol{y}, \boldsymbol{z} \in N$ を任意に選べば，適当な実数 s, t, u, v を用いて

$$\boldsymbol{y} = \begin{bmatrix} s \\ 2s+3t \\ t \end{bmatrix}, \quad \boldsymbol{z} = \begin{bmatrix} u \\ 2u+3v \\ v \end{bmatrix}$$

と表現できる．したがって，任意の実数 a, b について $s' = as + bu$，$t' = at + bv$ とすれば

$$a\boldsymbol{y} + b\boldsymbol{z} = \begin{bmatrix} s' \\ 2s' + 3t' \\ t' \end{bmatrix} \in N$$

を得る．

2.3　基底と次元

線形従属

ベクトル $\boldsymbol{x}_1, \ldots, \boldsymbol{x}_n$ のあいだに，

$$\boldsymbol{x}_n = a_1\boldsymbol{x}_1 + \cdots + a_{n-1}\boldsymbol{x}_{n-1}$$

という関係があるとしましょう．すなわち，$\boldsymbol{x}_n$ は，その他の $\boldsymbol{x}_1, \ldots, \boldsymbol{x}_{n-1}$ の組み合わせとして表現されるものとします．このとき，$\boldsymbol{x}_1, \ldots, \boldsymbol{x}_n$ は**線形従属** (linearly dependent) であるといいます．より一般的な定義は，以下のとおりです．

定義 2.4

$\boldsymbol{x}_1, \ldots, \boldsymbol{x}_n \in L$ が**線形従属** (linearly dependent) であるとは，すべてが 0 ではない係数 $a_1, \ldots, a_n$ を用いて，

$$a_1\boldsymbol{x}_1 + \cdots + a_n\boldsymbol{x}_n = \boldsymbol{0} \tag{2.17}$$

とできることをいう．

例えば，$L = \mathbb{R}^3$ から

$$\boldsymbol{x}_1 = \begin{bmatrix} 1 \\ 0 \\ 0 \end{bmatrix}, \quad \boldsymbol{x}_2 = \begin{bmatrix} 0 \\ 1 \\ 0 \end{bmatrix}, \quad \boldsymbol{x}_3 = \begin{bmatrix} 1 \\ 1 \\ 0 \end{bmatrix} \tag{2.18}$$

を選びましょう．これら 3 つのベクトルのあいだには $\boldsymbol{x}_1 + \boldsymbol{x}_2 = \boldsymbol{x}_3$ という関係

が成り立っています．したがって $a_1=1$，$a_2=1$，$a_3=-1$ とすれば $a_1\boldsymbol{x}_1+a_2\boldsymbol{x}_2+a_3\boldsymbol{x}_3=\mathbf{0}$ となりますので，$\boldsymbol{x}_1, \boldsymbol{x}_2, \boldsymbol{x}_3$ は線形従属の関係にあります．

零ベクトルの取り扱い

ここで注意をひとつ．ベクトル $\boldsymbol{x}_1, \ldots, \boldsymbol{x}_n$ のうち，どれかひとつでも $\mathbf{0}$ であれば，これらは線形従属です．例えば $\boldsymbol{x}_n=\mathbf{0}$ であったとすると，

$$0\boldsymbol{x}_1+\cdots+0\boldsymbol{x}_{n-1}+1\boldsymbol{x}_n=\mathbf{0}$$

が成り立ちます．すべてが0ではない係数 $a_1=0, \ldots, a_{n-1}=0, a_n=1$ によって，その線形結合が $\mathbf{0}$ になってしまいましたので，このとき $\boldsymbol{x}_1, \ldots, \boldsymbol{x}_n$ は線形従属になります．

線形独立

今度は次のような3つのベクトルを考えてみましょう．

$$\boldsymbol{x}_1=\begin{bmatrix}1\\0\\0\end{bmatrix},\quad \boldsymbol{x}_2=\begin{bmatrix}0\\1\\0\end{bmatrix},\quad \boldsymbol{x}_3=\begin{bmatrix}0\\0\\1\end{bmatrix} \tag{2.19}$$

このうち2つのベクトルを選んで，それらをどのように組み合わせても，残りの1つを表現することはできません．このときには，$\boldsymbol{x}_1, \boldsymbol{x}_2, \boldsymbol{x}_3$ は**線形独立**であるといいます．より正確な定義は，以下のとおりです．

定義 2.5

$\boldsymbol{x}_1, \ldots, \boldsymbol{x}_n \in L$ が**線形独立**（linearly independent）であるとは，$a_1=\cdots=a_n=0$ であるとき，またそのときにのみ $a_1\boldsymbol{x}_1+\cdots+a_n\boldsymbol{x}_n=\mathbf{0}$ が成り立つことをいう．

例題 2.3 以下の $\boldsymbol{x}_1, \boldsymbol{x}_2, \boldsymbol{x}_3$ は線形独立であるか，判定せよ．

$$\boldsymbol{x}_1 = \begin{bmatrix} 2 \\ 0 \\ 4 \end{bmatrix}, \quad \boldsymbol{x}_2 = \begin{bmatrix} 0 \\ 1 \\ 2 \end{bmatrix}, \quad \boldsymbol{x}_3 = \begin{bmatrix} -3 \\ 3 \\ 0 \end{bmatrix} \tag{2.20}$$

[解答] 任意の係数 a_1, a_2, a_3 による線形結合を

$$a_1\boldsymbol{x}_1 + a_2\boldsymbol{x}_2 + a_3\boldsymbol{x}_3 = \begin{bmatrix} 2a_1 - 3a_3 \\ a_2 + 3a_3 \\ 4a_1 + 2a_2 \end{bmatrix}$$

のように計算する．次に，$a_1\boldsymbol{x}_1 + a_2\boldsymbol{x}_2 + a_3\boldsymbol{x}_3 = \boldsymbol{0}$ とおく．これは，a_1, a_2, a_3 を変数とする次の連立方程式，

$$\begin{cases} 2a_1 - 3a_3 = 0 \\ a_2 + 3a_3 = 0 \\ 4a_1 + 2a_2 = 0 \end{cases}$$

と同じものである．この連立方程式の解は，パラメータ t を用いて，

$$a_1 = \frac{3}{2}t, \quad a_2 = -3t, \quad a_3 = t$$

のように表現される．とくに $t = 2$ とすれば $a_1 = 3,\ a_2 = -6,\ a_3 = 2$ となり，このとき

$$3\boldsymbol{x}_1 - 6\boldsymbol{x}_2 + 2\boldsymbol{x}_3 = \boldsymbol{0}$$

が成り立つ．したがって 0 ではない係数 a_1, a_2, a_3 によって $a_1\boldsymbol{x}_1 + a_2\boldsymbol{x}_2 + a_3\boldsymbol{x}_3 = \boldsymbol{0}$ となるから，$\boldsymbol{x}_1, \boldsymbol{x}_2, \boldsymbol{x}_3$ は線形従属である．

線形従属なベクトルのスパン

さて，例題2.3によって，

$$\boldsymbol{x}_1 = \begin{bmatrix} 2 \\ 0 \\ 4 \end{bmatrix}, \quad \boldsymbol{x}_2 = \begin{bmatrix} 0 \\ 1 \\ 2 \end{bmatrix}, \quad \boldsymbol{x}_3 = \begin{bmatrix} -3 \\ 3 \\ 0 \end{bmatrix}$$

のあいだには，$3\boldsymbol{x}_1 - 6\boldsymbol{x}_2 + 2\boldsymbol{x}_3 = \boldsymbol{0}$ という関係があることが示されました．し

たがって，

$$\boldsymbol{x}_2=\frac{1}{2}\boldsymbol{x}_1+\frac{1}{3}\boldsymbol{x}_3$$

のようにして，$\boldsymbol{x}_2$ を $\boldsymbol{x}_1$ と $\boldsymbol{x}_3$ の組み合わせとして表現ができます．このとき，$\boldsymbol{x}_1, \boldsymbol{x}_2, \boldsymbol{x}_3$ の線形結合は，

$$\begin{aligned}a_1\boldsymbol{x}_1+a_2\boldsymbol{x}_2+a_3\boldsymbol{x}_3&=a_1\boldsymbol{x}_1+a_2\left(\frac{1}{2}\boldsymbol{x}_1+\frac{1}{3}\boldsymbol{x}_3\right)+a_3\boldsymbol{x}_3\\&=\left(a_1+\frac{a_2}{2}\right)\boldsymbol{x}_1+\left(\frac{a_2}{3}+a_3\right)\boldsymbol{x}_3\end{aligned}$$

となり，結局は $\boldsymbol{x}_1$ と $\boldsymbol{x}_3$ のみの結合によって表現できてしまうことがわかります．つまり，

$$\mathrm{Span}\{\boldsymbol{x}_1, \boldsymbol{x}_2, \boldsymbol{x}_3\}=\mathrm{Span}\{\boldsymbol{x}_1, \boldsymbol{x}_3\}$$

が成り立ちます．

定理 2.1

適当な実数 $a_1, \ldots, a_{n-1}$ によって $\boldsymbol{x}_n=a_1\boldsymbol{x}_1+\cdots+a_{n-1}\boldsymbol{x}_{n-1}$ が成り立つとき，

$$\mathrm{Span}\{\boldsymbol{x}_1, \ldots, \boldsymbol{x}_{n-1}, \boldsymbol{x}_n\}=\mathrm{Span}\{\boldsymbol{x}_1, \ldots, \boldsymbol{x}_{n-1}\} \tag{2.21}$$

が成り立つ．

次元と基底

逆にいえば，すべてが線形独立なベクトルによってスパンが構成されている場合には，そこからベクトルをひとつでも取り除けばスパンが小さくなってしまいます．このことから，スパンによってベクトル空間を特徴付けようという，次のアイデアが生まれます．

定義 2.6

L をベクトル空間とする．線形独立な $\boldsymbol{x}_1, \ldots, \boldsymbol{x}_n \in L$ を用いて

$$L = \mathrm{Span}\{\boldsymbol{x}_1, \ldots, \boldsymbol{x}_n\} \tag{2.22}$$

と書けるとき，「L の**次元**（**dimension**）は n である」，あるいは「L は n 次元ベクトル空間である」といい，$\dim L = n$ と書く．またこのとき，ベクトル $\boldsymbol{x}_1, \ldots, \boldsymbol{x}_n$ を L の**基底**（**base**）という．

例えば，$L = \mathbb{R}^2$ とすれば，線形独立な $\boldsymbol{x}_1 = \begin{bmatrix} 1 \\ 0 \end{bmatrix}$ と $\boldsymbol{x}_2 = \begin{bmatrix} 0 \\ 1 \end{bmatrix}$ を用いて

$$\mathbb{R}^2 = \mathrm{Span}\{\boldsymbol{x}_1, \boldsymbol{x}_2\}$$

と書けます．したがって $\dim \mathbb{R}^2 = 2$ であり，$\boldsymbol{x}_1$ と $\boldsymbol{x}_2$ は $\mathbb{R}^2$ の基底になります．

部分空間の次元

次元が定義されるのはベクトル空間 L 全体についてだけではありません．L の部分空間についても，その次元を計算することができます．例えば，$\mathbb{R}^3$ の部分空間である

$$N = \left\{ \begin{bmatrix} s \\ 2s+3t \\ t \end{bmatrix} \middle| \; s, t \in \mathbb{R} \right\} \tag{2.23}$$

の場合には，$\boldsymbol{x}_1 = \begin{bmatrix} 1 \\ 2 \\ 0 \end{bmatrix}$, $\boldsymbol{x}_2 = \begin{bmatrix} 0 \\ 3 \\ 1 \end{bmatrix}$ とおくことで $N = \mathrm{Span}\{\boldsymbol{x}_1, \boldsymbol{x}_2\}$ とできます．ベクトル $\boldsymbol{x}_1, \boldsymbol{x}_2$ は線形独立ですから，N の次元は $\dim N = 2$ となります．またこれらの $\boldsymbol{x}_1, \boldsymbol{x}_2$ が N の基底を与えます．

基底は一意ではない

ベクトル空間や，その部分空間の基底の選び方は一通りではありません．例えば(2.23)式で与えられている部分空間 N について，少し作為的ですが，

$$\begin{bmatrix} s \\ 2s+3t \\ t \end{bmatrix} = \begin{bmatrix} (s+t)-t \\ 2(s+t)+t \\ t \end{bmatrix} = (s+t)\begin{bmatrix} 1 \\ 2 \\ 0 \end{bmatrix} + t\begin{bmatrix} -1 \\ 1 \\ 1 \end{bmatrix}$$

という分解をしてみましょう．これより，

$$N = \mathrm{Span}\left\{ \begin{bmatrix} 1 \\ 2 \\ 0 \end{bmatrix}, \begin{bmatrix} -1 \\ 1 \\ 1 \end{bmatrix} \right\}$$

とも表現できます．あるいは

$$\begin{bmatrix} s \\ 2s+3t \\ t \end{bmatrix} = \begin{bmatrix} s \\ -s+3(s+t) \\ -s+(s+t) \end{bmatrix} = s\begin{bmatrix} 1 \\ -1 \\ -1 \end{bmatrix} + (s+t)\begin{bmatrix} 0 \\ 3 \\ 1 \end{bmatrix}$$

という分解により，

$$N = \mathrm{Span}\left\{ \begin{bmatrix} 1 \\ -1 \\ -1 \end{bmatrix}, \begin{bmatrix} 0 \\ 3 \\ 1 \end{bmatrix} \right\}$$

と表現することも可能です．

このように，ベクトル空間を表現する基底の選び方は一通りではありません．しかしどの基底を用いた場合でも，$\dim N = 2$ であることは保たれます．空間の基底としては，場合に応じてもっとも都合のよいベクトルを選ぶことができます．そして，それによって空間の次元が変化することはないのです．

例題 2.4　$\mathbb{R}^3$ における，次の部分空間 M, N について，その次元を計算せよ．

(1) $M = \left\{ \begin{bmatrix} s+t \\ 0 \\ s-t \end{bmatrix} \middle| \ s, t \in \mathbb{R} \right\}$　　(2) $N = \mathrm{Span}\left\{ \begin{bmatrix} 1 \\ 2 \\ 3 \end{bmatrix}, \begin{bmatrix} 2 \\ 3 \\ 4 \end{bmatrix}, \begin{bmatrix} 5 \\ 5 \\ 5 \end{bmatrix} \right\}$

[解答]

(1) $\begin{bmatrix} s+t \\ 0 \\ s-t \end{bmatrix} = s\begin{bmatrix} 1 \\ 0 \\ 1 \end{bmatrix} + t\begin{bmatrix} 1 \\ 0 \\ -1 \end{bmatrix}$ である．したがって，$\dim M = 2$.

(2) $\dim N=3$ と即断してはならない．次元を見極めるには，与えられたベクトルの線形独立性を確認する必要がある．

$$\boldsymbol{x}_1=\begin{bmatrix}1\\2\\3\end{bmatrix},\quad \boldsymbol{x}_2=\begin{bmatrix}2\\3\\4\end{bmatrix},\quad \boldsymbol{x}_3=\begin{bmatrix}5\\5\\5\end{bmatrix}$$

とおく．このとき，$\boldsymbol{x}_3=5\boldsymbol{x}_2-5\boldsymbol{x}_1$ であるから，これらは線形独立ではない．したがって，定理2.1により，$N=\mathrm{Span}\{\boldsymbol{x}_1,\boldsymbol{x}_2\}$ が成り立つ．$\boldsymbol{x}_1,\boldsymbol{x}_2$ は線形独立であるから，$\dim N=2$ である．

零空間の次元

やや特殊な例として，零ベクトルのみからなる線形空間 $L=\{\mathbf{0}\}$ について考えておきましょう．これが線形空間であることは，どんな $\boldsymbol{x},\boldsymbol{y}\in\{\mathbf{0}\}$ を選んでも，任意の a,b について必ず $a\boldsymbol{x}+b\boldsymbol{y}=\mathbf{0}\in\{\mathbf{0}\}$ となることからわかります．それでは，$L=\{\mathbf{0}\}$ の次元はいくつでしょうか？

この空間は，$L=\mathrm{Span}\{\mathbf{0}\}$ と表すことができます．しかし，このたった一つのベクトル $\mathbf{0}$ は，（ほかに誰もいないにもかかわらず）線形独立でありません．なぜなら，0 でない任意の係数 a によって $a\mathbf{0}=\mathbf{0}$ とできてしまうからです．したがって，線形空間 $L=\{\mathbf{0}\}$ には，基底が 1 本も存在していません．そういうわけで，以降では，$\dim\{\mathbf{0}\}=0$ と約束します．

演習問題

問題 2.1　以下の計算をせよ．

$$\text{(1)}\ \begin{bmatrix}3\\-2\end{bmatrix}-\begin{bmatrix}3\\-4\end{bmatrix}\qquad \text{(2)}\ 3\begin{bmatrix}1\\3\\3\end{bmatrix}+2\begin{bmatrix}-2\\-1\\-1\end{bmatrix}$$

問題 2.2　以下によって与えられる集合 M は $\mathbb{R}^3$ の部分空間であるか．

$$M=\left\{\begin{bmatrix}1+s\\2s\\3\end{bmatrix}\ \middle|\ s\in\mathbb{R}\right\}$$

問題 2.3　以下のそれぞれについて，与えられたベクトルは線形独立であるか，判定せよ．

$$(1)\ \begin{bmatrix}-1\\0\\4\end{bmatrix},\begin{bmatrix}2\\1\\-2\end{bmatrix}\qquad(2)\ \begin{bmatrix}-1\\0\\4\end{bmatrix},\begin{bmatrix}2\\1\\-2\end{bmatrix},\begin{bmatrix}5\\4\\4\end{bmatrix}$$

問題 2.4　以下の部分空間 M, N について次元を計算せよ．

$$(1)\ M=\left\{\begin{bmatrix}s+2t\\u\\-s+u-2t\end{bmatrix}\ \middle|\ s,t,u\in\mathbb{R}\right\}\qquad(2)\ N=\mathrm{Span}\left\{\begin{bmatrix}0\\0\end{bmatrix},\begin{bmatrix}1\\2\end{bmatrix},\begin{bmatrix}2\\1\end{bmatrix},\begin{bmatrix}3\\3\end{bmatrix}\right\}$$

第3章 行列

この章では，あるベクトル空間から他のベクトル空間への写像である「行列」を導入します．本章の目的は，行列の基本的な性質を調べ，とくに行列が逆写像をもつための条件を明らかにすることです．行列を写像として解釈することにより，さまざまな計算規則や公式が次々と導かれる様子を堪能してください．

3.1 線形写像と行列

線形写像

第2章では，ベクトル空間の定義と部分空間の性質について学びました．この章では，あるベクトル空間から他のベクトル空間への写像について考えます．一般的な写像についてはすでに第1章で説明しましたが，線形代数において分析される写像は，主として次の特殊な性質をもつものです．

定義 3.1

次式によって定まる写像 $A : \mathbb{R}^n \to \mathbb{R}^m$ を**線形写像**（linear map）という．

$$A : \begin{bmatrix} x_1 \\ \vdots \\ x_n \end{bmatrix} \mapsto \begin{bmatrix} a_{11}x_1 + \cdots + a_{1n}x_n \\ \vdots \\ a_{m1}x_1 + \cdots + a_{mn}x_n \end{bmatrix} \tag{3.1}$$

ただし，各係数 a_{ij}（$1 \leq i \leq m$, $1 \leq j \leq n$）は実数である．

例えば，$\mathbb{R}^2$ のベクトル $\boldsymbol{x}=\begin{bmatrix} x_1 \\ x_2 \end{bmatrix}$ を任意に選んで，それを

$$A(\boldsymbol{x})=\begin{bmatrix} 2x_1+x_2 \\ x_1+2x_2 \end{bmatrix} \tag{3.2}$$

によって別のベクトルへと移す写像 $A:\mathbb{R}^2\to\mathbb{R}^2$ を考えれば，これは線形写像です．例えば $\boldsymbol{x}=\begin{bmatrix} 1 \\ 0 \end{bmatrix}$ であれば

$$A(\boldsymbol{x})=\begin{bmatrix} 2\cdot 1+0 \\ 1+2\cdot 0 \end{bmatrix}=\begin{bmatrix} 2 \\ 1 \end{bmatrix}$$

のように計算されます．

線形写像の性質

線形写像には次のような際立った性質があります．

> **定理 3.1**
> $A:\mathbb{R}^n\to\mathbb{R}^m$ を線形写像とするとき，任意のベクトル $\boldsymbol{x},\boldsymbol{y}$ と実数 a,b について
>
> $$A(a\boldsymbol{x}+b\boldsymbol{y})=aA(\boldsymbol{x})+bA(\boldsymbol{y}) \tag{3.3}$$
>
> が成り立つ．

(3.3)式によって表される写像 A の性質を，A の**線形性**（linearlity）といいます．この定理の証明は，線形写像の定義3.1より明らかでしょう．例えば(3.2)式の場合には，$\boldsymbol{x}=\begin{bmatrix} x_1 \\ x_2 \end{bmatrix}$, $\boldsymbol{y}=\begin{bmatrix} y_1 \\ y_2 \end{bmatrix}$ と任意の $a,b\in\mathbb{R}$ に対して，

$$\begin{aligned} A(a\boldsymbol{x}+b\boldsymbol{y}) &= \begin{bmatrix} 2(ax_1+by_1)+(ax_2+by_2) \\ (ax_1+by_1)+2(ax_2+by_2) \end{bmatrix} \\ &= a\begin{bmatrix} 2x_1+x_2 \\ x_1+2x_2 \end{bmatrix}+b\begin{bmatrix} 2y_1+y_2 \\ y_1+2y_2 \end{bmatrix}=aA(\boldsymbol{x})+bA(\boldsymbol{y}) \end{aligned}$$

のように計算されます．

行列による表現

ひとつの線形写像を定めるには，その係数 a_{ij}（$1 \leq i \leq m$，$1 \leq j \leq n$）をすべて指定すれば十分です．そこで，線形写像(3.1)式の係数だけを抜き出して並べ，

$$\mathbf{A} = \begin{bmatrix} a_{11} & \cdots & a_{1n} \\ \vdots & & \vdots \\ a_{m1} & \cdots & a_{mn} \end{bmatrix} \tag{3.4}$$

と書いて，これによって線形写像 $A : \mathbb{R}^n \mapsto \mathbb{R}^m$ を表すことにしましょう（$\mathbf{A}$ の字体が A とは異なることに注意してください）．これを，線形写像(3.1)式を表現する $m \times n$ **行列**（**matrix**）といいます．

よくよく脳裏に刻んでください．**行列とは線形写像です**．単に数字が四角く並んだものではないのです．以下では，行列 $\mathbf{A}$＝写像 A によってベクトル $\boldsymbol{x}$ が移されることを $\mathbf{A}\boldsymbol{x}$ と書きますが，これも $\mathbf{A}\boldsymbol{x} = A(\boldsymbol{x})$ として解釈されるべきものです．例えば，行列 $\mathbf{A} = \begin{bmatrix} 1 & 2 \\ 3 & 4 \end{bmatrix}$ は，線形写像 $A(\boldsymbol{x}) = \begin{bmatrix} x_1 + 2x_2 \\ 3x_1 + 4x_2 \end{bmatrix}$ に対応しています．したがって，行列 $\mathbf{A}$ でベクトル $\boldsymbol{x} = \begin{bmatrix} 10 \\ 20 \end{bmatrix}$ を写像すれば，その移動先は

$$\begin{bmatrix} 1 & 2 \\ 3 & 4 \end{bmatrix} \begin{bmatrix} 10 \\ 20 \end{bmatrix} = \begin{bmatrix} 1 \cdot 10 + 2 \cdot 20 \\ 3 \cdot 10 + 4 \cdot 20 \end{bmatrix} = \begin{bmatrix} 50 \\ 110 \end{bmatrix}$$

となるわけです．

同じように，2×3 行列 $\mathbf{B} = \begin{bmatrix} 1 & 2 & 3 \\ 4 & 5 & 6 \end{bmatrix}$ は，$B(\boldsymbol{x}) = \begin{bmatrix} x_1 + 2x_2 + 3x_3 \\ 4x_1 + 5x_2 + 6x_3 \end{bmatrix}$ の行列表現です．したがって行列 $\mathbf{B}$ によってベクトル $\begin{bmatrix} 10 \\ 20 \\ 30 \end{bmatrix}$ を写像すれば，

$$\begin{bmatrix} 1 & 2 & 3 \\ 4 & 5 & 6 \end{bmatrix} \begin{bmatrix} 10 \\ 20 \\ 30 \end{bmatrix} = \begin{bmatrix} 1 \cdot 10 + 2 \cdot 20 + 3 \cdot 30 \\ 4 \cdot 10 + 5 \cdot 20 + 6 \cdot 30 \end{bmatrix} = \begin{bmatrix} 140 \\ 320 \end{bmatrix}$$

となります．

定義 3.2

行列 $\mathbf{A}=\begin{bmatrix} a_{11} & \cdots & a_{1n} \\ \vdots & & \vdots \\ a_{m1} & \cdots & a_{mn} \end{bmatrix}$ とベクトル $\boldsymbol{x}=\begin{bmatrix} x_1 \\ \vdots \\ x_n \end{bmatrix}$ の積 $\mathbf{A}\boldsymbol{x}$ を，

$$\mathbf{A}\boldsymbol{x}=\begin{bmatrix} a_{11} & \cdots & a_{1n} \\ \vdots & & \vdots \\ a_{m1} & \cdots & a_{mn} \end{bmatrix}\begin{bmatrix} x_1 \\ \vdots \\ x_n \end{bmatrix}=\begin{bmatrix} a_{11}x_1+\cdots+a_{1n}x_n \\ \vdots \\ a_{m1}x_1+\cdots+a_{mn}x_n \end{bmatrix} \tag{3.5}$$

によって定義する．

正方行列と対角行列

とくに $m=n$ である行列を（n 次）**正方行列**（square matrix）といいます．したがって n 次正方行列は，n 次元ベクトル空間 $\mathbb{R}^n$ からそれ自身への写像を表現しています．

また，正方行列のなかでも，その対角線に位置する成分 $a_{11}, a_{22}, \ldots, a_{nn}$ だけが何らかの値をもち，それ以外の非対角成分は0であるような行列を**対角行列**（diagonal matrix）といいます．例えば，

$$\begin{bmatrix} 1 & 0 & 0 \\ 0 & 10 & 0 \\ 0 & 0 & 100 \end{bmatrix}$$

などです．この対角行列をベクトル $\boldsymbol{x}$ に作用させれば，

$$\begin{bmatrix} 1 & 0 & 0 \\ 0 & 10 & 0 \\ 0 & 0 & 100 \end{bmatrix}\begin{bmatrix} x_1 \\ x_2 \\ x_3 \end{bmatrix}=\begin{bmatrix} x_1 \\ 10x_2 \\ 100x_3 \end{bmatrix}$$

となり，$\boldsymbol{x}$ の各成分を異なる倍率で変化させることができます．

対角成分を $a_1, \ldots, a_k$ とする対角行列は，しばしば

$$diag[a_1,\ \ldots,\ a_k] \tag{3.6}$$

のように表記されます．したがって，例えば

$$\begin{bmatrix} 1 & 0 & 0 \\ 0 & 10 & 0 \\ 0 & 0 & 100 \end{bmatrix} = diag[1,\ 10,\ 100]$$

のように書かれます．

単位行列

n 次対角行列の中でもとくに，対角成分がすべて 1 であるものを n 次**単位行列**（unit matrix）$\mathbf{I}_n$ といいます．すなわち，

$$\mathbf{I}_2 = \begin{bmatrix} 1 & 0 \\ 0 & 1 \end{bmatrix}, \quad \mathbf{I}_3 = \begin{bmatrix} 1 & 0 & 0 \\ 0 & 1 & 0 \\ 0 & 0 & 1 \end{bmatrix}$$

ということです．あまり考えませんが，$n = 1$ のときは，$\mathbf{I}_1$ は実数 1 としてください．

これらの単位行列とベクトルの積を計算すると，

$$\begin{bmatrix} 1 & 0 \\ 0 & 1 \end{bmatrix}\begin{bmatrix} x_1 \\ x_2 \end{bmatrix} = \begin{bmatrix} x_1 \\ x_2 \end{bmatrix}, \quad \begin{bmatrix} 1 & 0 & 0 \\ 0 & 1 & 0 \\ 0 & 0 & 1 \end{bmatrix}\begin{bmatrix} y_1 \\ y_2 \\ y_3 \end{bmatrix} = \begin{bmatrix} y_1 \\ y_2 \\ y_3 \end{bmatrix}$$

となり，ベクトルには変化が生じません．

行ベクトル

ベクトル空間 $\mathbb{R}^n$ 上に定義され，実数 $\mathbb{R}$ に値をとる線形関数，

$$a(\boldsymbol{x}) = a_1x_1 + \cdots + a_nx_n$$

を考えます．これも線形写像の一つですから，$1 \times n$ 行列 $\boldsymbol{a} = [a_1 \ \cdots \ a_n]$ によって表現できます．これを，その形状より習慣的に**行ベクトル**とよびます．

行ベクトルは行列ですので，例えば

$$[1 \ \ 2 \ \ 3]\begin{bmatrix} 10 \\ 20 \\ 30 \end{bmatrix} = 1 \cdot 10 + 2 \cdot 20 + 3 \cdot 30 = 140$$

のように，ベクトルを実数に写像することができます．

転置行列

列ベクトルが与えられたとき，それを横に倒して行ベクトルにする作業を**転置**（transpose）といいます．また，列ベクトル $\boldsymbol{a}$ を転置することによって作られた行ベクトルを，記号「′」を肩に乗せて $\boldsymbol{a}'$ のように表現します．

行列に対しても転置を考えることができます．例えば $m \times n$ 行列

$$\mathbf{A} = \left[\begin{array}{c|c|c} a_{11} & \cdots & a_{1n} \\ \vdots & & \vdots \\ a_{m1} & \cdots & a_{mn} \end{array}\right]$$

について，その転置を

$$\mathbf{A}' = \left[\begin{array}{ccc} a_{11} & \cdots & a_{m1} \\ \hline \vdots & & \vdots \\ \hline a_{1n} & \cdots & a_{mn} \end{array}\right]$$

によって定義します（わかりやすいように補助線を入れています）．このようにして定義される $n \times m$ 行列 $\mathbf{A}'$ を $\mathbf{A}$ の**転置行列**（transposed matrix）といいます．例えば $\mathbf{A} = \begin{bmatrix} 1 & 4 \\ 2 & 5 \\ 3 & 6 \end{bmatrix}$ とするとき，その転置は $\mathbf{A}' = \begin{bmatrix} 1 & 2 & 3 \\ 4 & 5 & 6 \end{bmatrix}$ となります．

対称行列

とくに $\mathbf{A}' = \mathbf{A}$ が成り立つとき，$\mathbf{A}$ を**対称行列**（symmetric matrix）といいます．例えば，$\mathbf{A} = \begin{bmatrix} 1 & 2 \\ 2 & 3 \end{bmatrix}$ とすれば，$\mathbf{A}' = \begin{bmatrix} 1 & 2 \\ 2 & 3 \end{bmatrix} = \mathbf{A}$ ですから，これは対称行列です．

零行列

すべての成分が0に等しい $m \times n$ 次行列を

$$\mathbf{O}_{m,n} = \begin{bmatrix} 0 & \cdots & 0 \\ \vdots & & \vdots \\ 0 & \cdots & 0 \end{bmatrix} \tag{3.7}$$

と書き，これを**零行列**といいます．筆者はついついこれを「れい」行列と読ん

でしまいますが，広く一般には「ゼロ」行列と読むようです．とくに，$m=n$ であるときには，$\mathbf{O}_{n,n}$ とは書かずに，単に $\mathbf{O}_n$ とします．

3.2 行列の和と積

行列の線形性

行列は線形写像ですので，線形性（定理3.1）をもっています．すなわち，任意のベクトル $\boldsymbol{x}, \boldsymbol{y}$ と実数 a, b について，

$$\mathbf{A}(a\boldsymbol{x}+b\boldsymbol{y}) = a\mathbf{A}\boldsymbol{x}+b\mathbf{A}\boldsymbol{y}$$

が成り立ちます．このことは行列やベクトルの成分を具体的に書き出して計算することでも簡単に示せます．

行列の和

同じ行数 m と列数 n をもつ2つの行列 $\mathbf{A}, \mathbf{B}$ について，これらの「和」を定義する方法を考えてみましょう．まず，各行列に対応する線形写像を

$$A(\boldsymbol{x}) = \begin{bmatrix} a_{11}x_1+\cdots+a_{1n}x_n \\ \vdots \\ a_{m1}x_1+\cdots+a_{mn}x_n \end{bmatrix}, \quad B(\boldsymbol{x}) = \begin{bmatrix} b_{11}x_1+\cdots+b_{1n}x_n \\ \vdots \\ b_{m1}x_1+\cdots+b_{mn}x_n \end{bmatrix}$$

とします．これらの写像の結果を合計してみれば，

$$A(\boldsymbol{x})+B(\boldsymbol{x}) = \begin{bmatrix} (a_{11}+b_{11})x_1+\cdots+(a_{1n}+b_{1n})x_n \\ \vdots \\ (a_{m1}+b_{m1})x_1+\cdots+(a_{mn}+b_{mn})x_n \end{bmatrix}$$

となります．右辺を行列表示すれば，

$$\begin{bmatrix} (a_{11}+b_{11})x_1+\cdots+(a_{1n}+b_{1n})x_n \\ \vdots \\ (a_{m1}+b_{m1})x_1+\cdots+(a_{mn}+b_{mn})x_n \end{bmatrix} = \begin{bmatrix} a_{11}+b_{11} & \cdots & a_{1n}+b_{1n} \\ \vdots & & \vdots \\ a_{m1}+b_{m1} & \cdots & a_{mn}+b_{mn} \end{bmatrix} \begin{bmatrix} x_1 \\ \vdots \\ x_n \end{bmatrix}$$

となります．これより，次の定義が得られます．

定義 3.3

2つの行列の和を，

$$\begin{bmatrix} a_{11} & \cdots & a_{1n} \\ \vdots & & \vdots \\ a_{m1} & \cdots & a_{mn} \end{bmatrix} + \begin{bmatrix} b_{11} & \cdots & b_{1n} \\ \vdots & & \vdots \\ b_{m1} & \cdots & b_{mn} \end{bmatrix} = \begin{bmatrix} a_{11}+b_{11} & \cdots & a_{1n}+b_{1n} \\ \vdots & & \vdots \\ a_{m1}+b_{m1} & \cdots & a_{mn}+b_{mn} \end{bmatrix} \tag{3.8}$$

によって定義する．

ただ単に数字が並んでいるものとして行列を考えるなら，この和の定義はほとんど自明のものに見えます．しかしこの自明に思える行列の和は，それに対応する線形写像の和としても整合的であるように定まっているものなのです．

この和の定義と同じようにして，行列の**差**，あるいは行列の**実数倍**などの計算を定義することが可能です．

定義 3.4

2つの行列の**差**を，

$$\begin{bmatrix} a_{11} & \cdots & a_{1n} \\ \vdots & & \vdots \\ a_{m1} & \cdots & a_{mn} \end{bmatrix} - \begin{bmatrix} b_{11} & \cdots & b_{1n} \\ \vdots & & \vdots \\ b_{m1} & \cdots & b_{mn} \end{bmatrix} = \begin{bmatrix} a_{11}-b_{11} & \cdots & a_{1n}-b_{1n} \\ \vdots & & \vdots \\ a_{m1}-b_{m1} & \cdots & a_{mn}-b_{mn} \end{bmatrix} \tag{3.9}$$

によって定義する．また，c を適当な実数とするとき，行列の**実数倍**を，

$$c\begin{bmatrix} a_{11} & \cdots & a_{1n} \\ \vdots & & \vdots \\ a_{m1} & \cdots & a_{mn} \end{bmatrix} = \begin{bmatrix} ca_{11} & \cdots & ca_{1n} \\ \vdots & & \vdots \\ ca_{m1} & \cdots & ca_{mn} \end{bmatrix} \tag{3.10}$$

によって定義する．

行列の積

行列の和，差，あるいは実数倍は，それぞれに対応する線形写像の和，差，あるいは実数倍と整合的であるように定義されています．これらはけっして，「機械的な単純計算」ではありません．行列を写像として考えることの重要性は，行列どうしの「掛け算」を考えるに際して，さらに明確になります．

線形写像 $A:\mathbb{R}^n\to\mathbb{R}^m$ と $B:\mathbb{R}^m\to\mathbb{R}^l$ の合成写像 $B\circ A:\mathbb{R}^n\to\mathbb{R}^l$ を考えます（合成写像については定義1.1を参照）．ただし，一般の次元 n,m,l のまま計算すると表記が複雑になりすぎるので，単純化のために $n=m=l=2$ とします．したがって A,B は 2×2 行列，

$$\mathbf{A}=\begin{bmatrix}a_{11}&a_{12}\\a_{21}&a_{22}\end{bmatrix},\quad \mathbf{B}=\begin{bmatrix}b_{11}&b_{12}\\b_{21}&b_{22}\end{bmatrix}$$

によって表現されます．このとき，$A(\boldsymbol{x})=\begin{bmatrix}a_{11}x_1+a_{12}x_2\\a_{21}x_1+a_{22}x_2\end{bmatrix}$ となりますから，

$$B\circ A(\boldsymbol{x})=B\left(\begin{bmatrix}a_{11}x_1+a_{12}x_2\\a_{21}x_1+a_{22}x_2\end{bmatrix}\right)=\begin{bmatrix}b_{11}(a_{11}x_1+a_{12}x_2)+b_{12}(a_{21}x_1+a_{22}x_2)\\b_{21}(a_{11}x_1+a_{12}x_2)+b_{22}(a_{21}x_1+a_{22}x_2)\end{bmatrix}$$

を得ます．この最右辺を整理すれば

$$\begin{bmatrix}b_{11}(a_{11}x_1+a_{12}x_2)+b_{12}(a_{21}x_1+a_{22}x_2)\\b_{21}(a_{11}x_1+a_{12}x_2)+b_{22}(a_{21}x_1+a_{22}x_2)\end{bmatrix}=\begin{bmatrix}(b_{11}a_{11}+b_{12}a_{21})x_1+(b_{11}a_{12}+b_{12}a_{22})x_2\\(b_{21}a_{11}+b_{22}a_{21})x_1+(b_{21}a_{12}+b_{22}a_{22})x_2\end{bmatrix}$$

となりますから，合成写像 $B\circ A$ に対応する行列は

$$\begin{bmatrix}b_{11}a_{11}+b_{12}a_{21}&b_{11}a_{12}+b_{12}a_{22}\\b_{21}a_{11}+b_{22}a_{21}&b_{21}a_{12}+b_{22}a_{22}\end{bmatrix}$$

であることがわかります．これをもって，行列 **A** と **B** の積 **BA** とします．行列の積とは，その行列が表現する線形写像を合成したものなのです．

以上を一般化したものが次の定義です．

定義 3.5

$m\times n$ 行列 **A** と $l\times m$ 行列 **B** の積 **BA** を，

$$\begin{bmatrix}b_{11}&\cdots&b_{1m}\\\vdots&&\vdots\\b_{l1}&\cdots&b_{lm}\end{bmatrix}\begin{bmatrix}a_{11}&\cdots&a_{1n}\\\vdots&&\vdots\\a_{m1}&\cdots&a_{mn}\end{bmatrix}=\begin{bmatrix}\sum_{j=1}^{m}b_{1j}a_{j1}&\cdots&\sum_{j=1}^{m}b_{1j}a_{jn}\\\vdots&&\vdots\\\sum_{j=1}^{m}b_{lj}a_{j1}&\cdots&\sum_{j=1}^{m}b_{lj}a_{jn}\end{bmatrix}\tag{3.11}$$

によって定義する．とくに **A** が正方行列であるとき，

$$\mathbf{A}^2=\mathbf{AA},\quad \mathbf{A}^3=\mathbf{AA}^2,\quad \ldots,\quad \mathbf{A}^k=\mathbf{AA}^{k-1}\tag{3.12}$$

と書く．

例題 3.1　次の計算をせよ．

$$(1)\ \begin{bmatrix}1&2\\3&4\end{bmatrix}\begin{bmatrix}10&20\\30&40\end{bmatrix}\qquad(2)\ \begin{bmatrix}1&2\\3&4\end{bmatrix}^2\qquad(3)\ \begin{bmatrix}1&0&0\\0&1&0\\0&0&1\end{bmatrix}\begin{bmatrix}1&2&3\\4&5&6\\7&8&9\end{bmatrix}$$

[解答]

(1) $$\begin{bmatrix}1&2\\3&4\end{bmatrix}\begin{bmatrix}10&20\\30&40\end{bmatrix}=\begin{bmatrix}1\cdot10+2\cdot30&1\cdot20+2\cdot40\\3\cdot10+4\cdot30&3\cdot20+4\cdot40\end{bmatrix}=\begin{bmatrix}70&100\\150&220\end{bmatrix}$$

(2) $$\begin{bmatrix}1&2\\3&4\end{bmatrix}^2=\begin{bmatrix}1&2\\3&4\end{bmatrix}\begin{bmatrix}1&2\\3&4\end{bmatrix}=\begin{bmatrix}1\cdot1+2\cdot3&1\cdot2+2\cdot4\\3\cdot1+4\cdot3&3\cdot2+4\cdot4\end{bmatrix}=\begin{bmatrix}7&10\\15&22\end{bmatrix}$$

(3) $$\begin{bmatrix}1&0&0\\0&1&0\\0&0&1\end{bmatrix}\begin{bmatrix}1&2&3\\4&5&6\\7&8&9\end{bmatrix}=\begin{bmatrix}1\cdot1+0\cdot4+0\cdot7&1\cdot2+0\cdot5+0\cdot8&1\cdot3+0\cdot6+0\cdot9\\0\cdot1+1\cdot4+0\cdot7&0\cdot2+1\cdot5+0\cdot8&0\cdot3+1\cdot6+0\cdot9\\0\cdot1+0\cdot4+1\cdot7&0\cdot2+0\cdot5+1\cdot8&0\cdot3+0\cdot6+1\cdot9\end{bmatrix}=\begin{bmatrix}1&2&3\\4&5&6\\7&8&9\end{bmatrix}$$

行列の次数・単位行列の性質

例題3.1より，以下の２つのことがわかります．まず第一に，行列の積を考えるには，それらの次数がマッチしている必要があるということです．たとえば，

$$\begin{bmatrix}1&2&3\\1&2&3\end{bmatrix}\begin{bmatrix}1&1\\2&2\\3&3\\4&4\end{bmatrix}$$

という計算を実行しようとしても，2×3 行列の列数 3 と 4×2 行列の行数 4 が等しくないため，どう頑張っても計算することができません．これは，２つの写像 $\varphi: X\to Y, \phi: Y\to Z$ の合成写像 $\phi\circ\varphi: X\to Z$ を考えるためには，φ の値域 Y と ϕ の定義域 Y が一致している必要があることに対応しています．

第二に，例題3.1(3)により次の結果が成り立つことがわかります．

定理 3.2

$m\times n$ 行列 $\mathbf{A}$，m 次単位行列 $\mathbf{I}_m$，n 次単位行列 $\mathbf{I}_n$ について，

$$\mathbf{I}_m\mathbf{A} = \mathbf{A}\mathbf{I}_n = \mathbf{A} \tag{3.13}$$

が成り立つ.

ベクトルのときと同様に，行列が相手であるときも，単位行列は積によって相手を変化させません．実数の掛け算でいえば1にあたるのが単位行列であり，それゆえに「単位」行列と称されているのです.

3.3 行列の演算

分配法則・結合法則

行列同士の計算について知っておくべき公式を整理しておきます.

定理 3.3

以下が成り立つ.

(i) $(\mathbf{A}+\mathbf{B})+\mathbf{C} = \mathbf{A}+(\mathbf{B}+\mathbf{C})$

(ii) $\mathbf{C}(\mathbf{B}\mathbf{A}) = (\mathbf{C}\mathbf{B})\mathbf{A}$

(iii) $\mathbf{A}(\mathbf{B}+\mathbf{C}) = \mathbf{A}\mathbf{B}+\mathbf{A}\mathbf{C}$

このうち性質(i)を和の結合法則，(ii)を積の結合法則といいます．また，(iii)を分配法則といいます．証明は具体的な計算によって示されますが，わざわざ証明せずとも意味するところは明らかでしょう．これらの性質を組み合わせることで，例えば

$$(\mathbf{A}+\mathbf{B})(\mathbf{C}+\mathbf{D}) = \mathbf{A}\mathbf{C}+\mathbf{A}\mathbf{D}+\mathbf{B}\mathbf{C}+\mathbf{B}\mathbf{D}$$
$$(\mathbf{A}+\mathbf{B})^2 = \mathbf{A}^2+\mathbf{A}\mathbf{B}+\mathbf{B}\mathbf{A}+\mathbf{B}^2$$

などの式が導かれるところは実数の計算と同じです.

和の可換性・積の非可換性

行列計算において計算の順序を交換したくなったときには，次の事実に気を付けましょう.

定理 3.4

以下が成り立つ．

(i) $\mathbf{A}+\mathbf{B}=\mathbf{B}+\mathbf{A}$

(ii) 一般に，$\mathbf{BA}\neq\mathbf{AB}$ である．

性質(i)は，行列の和の順序は交換可能である（「可換」である）ことを意味しています．その一方で性質(ii)は，積の順序が交換できない（「非可換」である）ことを主張しています．実際に具体例を計算してみれば，$\begin{bmatrix}1 & 2\\ 3 & 4\end{bmatrix}\begin{bmatrix}5 & 6\\ 7 & 8\end{bmatrix}=\begin{bmatrix}19 & 22\\ 43 & 50\end{bmatrix}$ である一方で $\begin{bmatrix}5 & 6\\ 7 & 8\end{bmatrix}\begin{bmatrix}1 & 2\\ 3 & 4\end{bmatrix}=\begin{bmatrix}23 & 34\\ 31 & 46\end{bmatrix}$ であり，確かに，行列の順序を入れ替えることで積の結果が変わっています．行列の積とは写像の合成でしたから，行列の順番を入れ替えると全く異なる合成写像が生じてしまうのです．

転置

転置操作「′」には以下の性質があります．

定理 3.5

以下が成り立つ．

(i) $(\mathbf{A}+\mathbf{B})'=\mathbf{A}'+\mathbf{B}'$

(ii) $(\mathbf{AB})'=\mathbf{B}'\mathbf{A}'$

積の転置(ii)については，一見すると不思議に思える順序交換が生じています．これが正しいことは，行列の成分を具体的に書き出して計算することで確認できます．例えば $\mathbf{A}=\begin{bmatrix}a_{11} & a_{12}\\ a_{21} & a_{22}\end{bmatrix}$, $\mathbf{B}=\begin{bmatrix}b_{11} & b_{12}\\ b_{21} & b_{22}\end{bmatrix}$ について，

$$(\mathbf{AB})'=\begin{bmatrix}a_{11}b_{11}+a_{12}b_{21} & a_{11}b_{12}+a_{12}b_{22}\\ a_{21}b_{11}+a_{22}b_{21} & a_{21}b_{12}+a_{22}b_{22}\end{bmatrix}'=\begin{bmatrix}a_{11}b_{11}+a_{12}b_{21} & a_{21}b_{11}+a_{22}b_{21}\\ a_{11}b_{12}+a_{12}b_{22} & a_{21}b_{12}+a_{22}b_{22}\end{bmatrix}$$

その一方で，

$$\mathbf{B}'\mathbf{A}' = \begin{bmatrix} b_{11} & b_{21} \\ b_{12} & b_{22} \end{bmatrix}\begin{bmatrix} a_{11} & a_{21} \\ a_{12} & a_{22} \end{bmatrix} = \begin{bmatrix} a_{11}b_{11}+a_{12}b_{21} & a_{21}b_{11}+a_{22}b_{21} \\ a_{11}b_{12}+a_{12}b_{22} & a_{21}b_{12}+a_{22}b_{22} \end{bmatrix}$$

となって両者は確かに一致しています．

零行列

次の結果についてはとくに説明を要しないでしょう．

定理 3.6

$\mathbf{A}$ が $m\times n$ 行列であるとき，

$$\mathbf{O}_{l,m}\mathbf{A} = \mathbf{O}_{l,n}, \quad \mathbf{A}\mathbf{O}_{n,k} = \mathbf{O}_{m,k} \tag{3.14}$$

実数倍

行列の実数倍にかかわる公式は以下のとおりです．いずれも実数の演算と同様の結果であり，とくに注意を要するものはありません．

定理 3.7

$m\times n$ 行列 $\mathbf{A}$, $\mathbf{B}$ と実数 a, b について以下が成り立つ．

(i) $a\mathbf{A}+b\mathbf{A}=(a+b)\mathbf{A}$

(ii) $a(b\mathbf{A})=(ab)\mathbf{A}$

(iii) $(a\mathbf{A})\mathbf{B}=\mathbf{A}(a\mathbf{B})$

(iv) $0\mathbf{A}=\mathbf{O}_{m,n}$

3.4 行列が作る空間

行列の像

この節では，写像としての行列の性質を調べるために，行列から生成される部分空間について調べます．これらの空間を分析することで，行列が全射や単射といったよい性質をもつか否かを判定することができます（全射や単射などの言葉を忘れてしまった読者がいたら，あらためて第1章1.2節を再読してから，この先に進んでください）．

まずは，行列の像を導入します．

定義 3.6

$m \times n$ 行列 $\mathbf{A}$ の像（image）$\mathrm{Im}\,\mathbf{A}$ とは，$\mathrm{Im}\,\mathbf{A} = \{\mathbf{A}\boldsymbol{x} \in \mathbb{R}^m \mid \boldsymbol{x} \in \mathbb{R}^n\}$ によって定まる集合のことである．

例えば，$\mathbf{A} = \begin{bmatrix} 1 & 2 \\ 3 & 4 \end{bmatrix}$ について，$\mathrm{Im}\,\mathbf{A} = \left\{ \begin{bmatrix} x_1 + 2x_2 \\ 3x_1 + 4x_2 \end{bmatrix} \middle| \; x_1, x_2 \in \mathbb{R} \right\}$ となります．右辺を変形すれば

$$\mathrm{Im}\,\mathbf{A} = \left\{ x_1 \begin{bmatrix} 1 \\ 3 \end{bmatrix} + x_2 \begin{bmatrix} 2 \\ 4 \end{bmatrix} \middle| \; x_1, x_2 \in \mathbb{R} \right\} = \mathrm{Span}\left\{ \begin{bmatrix} 1 \\ 3 \end{bmatrix}, \begin{bmatrix} 2 \\ 4 \end{bmatrix} \right\}$$

を得ます．つまり，行列の像は，その行列を縦に割ってできる列ベクトルのスパンと一致します．

定理 3.8

以下が成り立つ．

$$\mathrm{Im} \begin{bmatrix} a_{11} & \cdots & a_{1n} \\ \vdots & & \vdots \\ a_{m1} & \cdots & a_{mn} \end{bmatrix} = \mathrm{Span}\left\{ \begin{bmatrix} a_{11} \\ \vdots \\ a_{m1} \end{bmatrix}, \cdots, \begin{bmatrix} a_{1n} \\ \vdots \\ a_{mn} \end{bmatrix} \right\} \tag{3.15}$$

スパンは線形空間でしたから，次の結果が得られます．

系 3.1

$m \times n$ 行列 $\mathbf{A}$ の像 $\mathrm{Im}\,\mathbf{A}$ は，$\mathbb{R}^m$ の部分空間である．

行列のランク

行列の像は部分空間ですので，その次元を定義できます．のちにみるように，行列の像の次元には，その行列に関する重要な情報が含まれています．

定義 3.7

行列 $\mathbf{A}$ の像の次元を $\mathbf{A}$ の**階数**または**ランク（rank）**といい，$\operatorname{rank}\mathbf{A}$ と表記する．すなわち，

$$\operatorname{rank}\mathbf{A} = \dim(\operatorname{Im}\mathbf{A}) \tag{3.16}$$

例題 3.2　次の行列のランクを求めよ

$$(1)\ \begin{bmatrix} 1 & 2 \\ 2 & 4 \end{bmatrix} \qquad (2)\ \begin{bmatrix} 1 & 0 & 1 \\ 0 & 1 & 1 \end{bmatrix} \qquad (3)\ \begin{bmatrix} 1 & 2 & 5 \\ 2 & 3 & 5 \\ 3 & 4 & 5 \end{bmatrix}$$

［解答］　ランクの計算に際しては，定理2.1が活躍する．

(1) $\operatorname{Im}\begin{bmatrix} 1 & 2 \\ 2 & 4 \end{bmatrix} = \operatorname{Span}\left\{ \begin{bmatrix} 1 \\ 2 \end{bmatrix}, \begin{bmatrix} 2 \\ 4 \end{bmatrix} \right\} = \operatorname{Span}\left\{ \begin{bmatrix} 1 \\ 2 \end{bmatrix} \right\}$．したがって，$\operatorname{rank}\begin{bmatrix} 1 & 2 \\ 2 & 4 \end{bmatrix} = 1$ である．

(2) $\operatorname{Im}\begin{bmatrix} 1 & 0 & 1 \\ 0 & 1 & 1 \end{bmatrix} = \operatorname{Span}\left\{ \begin{bmatrix} 1 \\ 0 \end{bmatrix}, \begin{bmatrix} 0 \\ 1 \end{bmatrix} \right\}$．したがって，$\operatorname{rank}\begin{bmatrix} 1 & 0 & 1 \\ 0 & 1 & 1 \end{bmatrix} = 2$ である．

(3) $\operatorname{Im}\begin{bmatrix} 1 & 2 & 5 \\ 2 & 3 & 5 \\ 3 & 4 & 5 \end{bmatrix} = \operatorname{Span}\left\{ \begin{bmatrix} 1 \\ 2 \\ 3 \end{bmatrix}, \begin{bmatrix} 2 \\ 3 \\ 4 \end{bmatrix} \right\}$．したがって，$\operatorname{rank}\begin{bmatrix} 1 & 2 & 5 \\ 2 & 3 & 5 \\ 3 & 4 & 5 \end{bmatrix} = 2$ である．

ランクと全射

$\mathbf{A}$ が $m \times n$ 行列で，しかも $\operatorname{rank}\mathbf{A} = m$ である場合を考えましょう．$\mathbf{A}$ が $m \times n$ 行列であるということは，$\mathbf{A}$ の値域が $\mathbb{R}^m$ であるということを意味します．その一方で，$\operatorname{rank}\mathbf{A} = m$ であれば，これは $\operatorname{Im}\mathbf{A} = \mathbb{R}^m$ を意味します．したがって，このとき $\mathbf{A}$ は全射となります．

以上の考察より，次の定理が得られます．

定理 3.9

$m \times n$ 行列 $\mathbf{A}$ によって定まる線形写像 $A : \mathbb{R}^n \to \mathbb{R}^m$ が全射であるための必要十分条件は，$\operatorname{rank}\mathbf{A} = m$ となることである．

例題 3.3　線形写像 $A:\mathbb{R}^3\to\mathbb{R}^2$ を次によって定める．

$$A(\boldsymbol{x})=\begin{bmatrix} ax_1+x_2+2x_3 \\ 2x_1+2x_2+4x_3 \end{bmatrix}$$

ただし，a は実数である．この A が全射であるために，a が満たすべき条件を求めよ．

[解答]

A に対応する行列は $\mathbf{A}=\begin{bmatrix} a & 1 & 2 \\ 2 & 2 & 4 \end{bmatrix}$ である．$\begin{bmatrix} 2 \\ 4 \end{bmatrix}=2\begin{bmatrix} 1 \\ 2 \end{bmatrix}$ であるから，$\mathrm{Im}\,\mathbf{A}=\mathrm{Span}\left\{\begin{bmatrix} a \\ 2 \end{bmatrix},\begin{bmatrix} 1 \\ 2 \end{bmatrix}\right\}$．よって $a\neq 1$ であるならば，$\begin{bmatrix} a \\ 2 \end{bmatrix}$ と $\begin{bmatrix} 1 \\ 2 \end{bmatrix}$ が線形独立となり，$\mathrm{rank}\,\mathbf{A}=\dim(\mathrm{Im}\,\mathbf{A})=2$ より A は全射になる．

例題 3.4　線形写像 $A:\mathbb{R}^2\to\mathbb{R}^3$ が全射になることはあるか．

[解答]

任意の $A:\mathbb{R}^2\to\mathbb{R}^3$ に対応する行列を $\mathbf{A}=\begin{bmatrix} a_{11} & a_{12} \\ a_{21} & a_{22} \\ a_{31} & a_{32} \end{bmatrix}$ によって表そう．このとき，$\begin{bmatrix} a_{11} \\ a_{21} \\ a_{31} \end{bmatrix}$ と $\begin{bmatrix} a_{12} \\ a_{22} \\ a_{32} \end{bmatrix}$ が線形独立であるとすれば，$\mathrm{Im}\,\mathbf{A}=2$ である．したがって最大でも $\mathrm{rank}\,\mathbf{A}=2<3$ であるから，A が全射になることはあり得ない．

行列の核

行列から生じるもう一つの部分空間は，次に定義されるものです．

定義 3.8

$m\times n$ 行列 $\mathbf{A}$ について，次によって定まる集合 $\mathrm{Ker}\,\mathbf{A}$ を $\mathbf{A}$ の核（kernel）という．

$$\mathrm{Ker}\,\mathbf{A} = \{\boldsymbol{x} \in \mathbb{R}^n \mid \mathbf{A}\boldsymbol{x} = \mathbf{0}\} \tag{3.17}$$

核が部分空間であることは，その定義より示せます．

定理 3.10

$m \times n$ 行列 $\mathbf{A}$ について，$\mathrm{Ker}\,\mathbf{A}$ は $\mathbb{R}^n$ の部分空間である．

[証明]　定義より $\mathrm{Ker}\,\mathbf{A} \subset \mathbb{R}^n$．任意の $\boldsymbol{w}, \boldsymbol{x} \in \mathrm{Ker}\,\mathbf{A}$ について，$\mathbf{A}\boldsymbol{w} = \mathbf{A}\boldsymbol{x} = \mathbf{0}$ が成り立つ．したがって任意の実数 a, b について，$\mathbf{A}$ の線形性より $\mathbf{A}(a\boldsymbol{w}+b\boldsymbol{x}) = a\mathbf{A}\boldsymbol{w}+b\mathbf{A}\boldsymbol{x} = a\mathbf{0}+b\mathbf{0} = \mathbf{0}$ が成り立つので，$a\boldsymbol{w}+b\boldsymbol{x} \in \mathrm{Ker}\,\mathbf{A}$ である．■

例題 3.5　以下のそれぞれの行列について，その核を示せ．

$$(1)\ \mathbf{A} = \begin{bmatrix} 1 & 2 \\ 3 & 4 \end{bmatrix} \qquad (2)\ \mathbf{B} = \begin{bmatrix} 1 & 2 \\ 2 & 4 \\ 3 & 6 \end{bmatrix} \qquad (3)\ \mathbf{C} = \begin{bmatrix} 1 & 2 & 3 & 4 \\ 1 & 2 & 3 & 4 \\ 1 & 2 & 3 & 4 \end{bmatrix}$$

[解答]

(1) $\mathbf{A}\boldsymbol{x} = \mathbf{0}$ を満たす解は $\boldsymbol{x} = \mathbf{0}$ だけである．したがって，$\mathrm{Ker}\,\mathbf{A} = \{\mathbf{0}\}$ である．

(2) $\mathbf{B}\boldsymbol{x} = \mathbf{0}$ を解けば，その解はパラメータ t を用いて $\boldsymbol{x} = \begin{bmatrix} 2t \\ -t \end{bmatrix}$ によって与えられる．したがって，$\mathrm{Ker}\,\mathbf{B} = \left\{ \begin{bmatrix} 2t \\ -t \end{bmatrix} \middle| \ t \in \mathbb{R} \right\} = \mathrm{Span}\left\{ \begin{bmatrix} 2 \\ -1 \end{bmatrix} \right\}$ である．

(3) $\mathbf{C}\boldsymbol{x} = \mathbf{0}$ を解けば，その解はパラメータ s, t, u を用いて

$$\boldsymbol{x} = \begin{bmatrix} 2s+3t+4u \\ -s \\ -t \\ -u \end{bmatrix}$$

によって与えられる．したがって，

$$\mathrm{Ker}\,\mathbf{C} = \mathrm{Span}\left\{\begin{bmatrix} 2 \\ -1 \\ 0 \\ 0 \end{bmatrix}, \begin{bmatrix} 3 \\ 0 \\ -1 \\ 0 \end{bmatrix}, \begin{bmatrix} 4 \\ 0 \\ 0 \\ -1 \end{bmatrix}\right\}$$

核の次元

行列の核も部分空間でありますから，その次元を定義できます．像の次元にランクという名称が与えられていたように，核の次元にも「Nullity」という名前が付いているそうなのですが，あまり流通していません．筆者も，たったいま検索して初めて知りました．ランクに比べて「Nullity」がマイナーである理由のひとつは，おそらくは次の定理に示されるとおり，ランクが決まれば核の次元も決まる「おまけ」のような存在であるからです．

定理 3.11

$m \times n$ 行列 $\mathbf{A}$ について，

$$\dim(\mathrm{Ker}\,\mathbf{A}) = n - \mathrm{rank}\,\mathbf{A} \tag{3.18}$$

が成り立つ．

証明の代わりに，例題3.5において定理が成立することをみておきましょう．(1)の場合には，$\mathbf{A}$ は 2×2 行列，$\mathrm{rank}\,\mathbf{A} = 2$，$\dim(\mathrm{Ker}\,\mathbf{A}) = 0$ となっています（第2章の最後で，$\dim\{\mathbf{0}\} = 0$ と約束したことを思い出しましょう）．したがって，$\dim(\mathrm{Ker}\,\mathbf{A}) = 2 - \mathrm{rank}\,\mathbf{A} = 0$ が成立しています．(2)の場合には，$\mathbf{B}$ は 3×2 行列，$\dim(\mathrm{Ker}\,\mathbf{B}) = 1$，$\mathrm{rank}\,\mathbf{B} = 1$ ですから，$\dim(\mathrm{Ker}\,\mathbf{B}) = 2 - \mathrm{rank}\,\mathbf{B} = 1$ が満たされています．(3)の場合にも，$\mathbf{C}$ は 3×4 行列，$\dim(\mathrm{Ker}\,\mathbf{C}) = 3$，また，

$$\mathrm{rank}\,\mathbf{C} = \dim\left(\mathrm{Span}\left\{\begin{bmatrix} 1 \\ 1 \\ 1 \end{bmatrix}, \begin{bmatrix} 2 \\ 2 \\ 2 \end{bmatrix}, \begin{bmatrix} 3 \\ 3 \\ 3 \end{bmatrix}, \begin{bmatrix} 4 \\ 4 \\ 4 \end{bmatrix}\right\}\right) = 1$$

ですから，この場合にも $\dim(\mathrm{Ker}\,\mathbf{C}) = 4 - \mathrm{rank}\,\mathbf{C} = 3$ が満たされています．

核と単射

行列の像と線形写像のあいだには,「像の次元(=ランク)と線形写像の値域の次元が一致するとき,線形写像が全射になる」という関係がありました.それに対して,行列の核と線形写像には,次のような関係があります.

定理 3.12

$m\times n$ 行列 $\mathbf{A}$ によって定まる線形写像 $\mathbf{A}:\mathbb{R}^n\to\mathbb{R}^m$ が単射であるための必要十分条件は,$\mathrm{Ker}\,\mathbf{A}=\{\mathbf{0}\}$ となることである.

[証明] $\mathbf{A}$ の定める写像が単射であるとする.したがって,$\boldsymbol{x}_1\neq\boldsymbol{x}_2$ であるならば,必ず $\mathbf{A}\boldsymbol{x}_1\neq\mathbf{A}\boldsymbol{x}_2$ である.このとき $\boldsymbol{x}=\boldsymbol{x}_1-\boldsymbol{x}_2$ とすれば,$\boldsymbol{x}\neq\mathbf{0}$ であるならば,必ず $\mathbf{A}\boldsymbol{x}=\mathbf{A}\boldsymbol{x}_1-\mathbf{A}\boldsymbol{x}_2\neq\mathbf{0}$ である.これは $\mathrm{Ker}\,\mathbf{A}=\{\mathbf{0}\}$ を意味する.逆に $\mathrm{Ker}\,\mathbf{A}=\{\mathbf{0}\}$ であるとき,$\mathbf{A}$ の定める写像が単射であることも同様に示される.■

像が全射性と関係があったように,核は単射性に関係しているわけです.以上の結果をまとめることで,写像が全単射であるための条件が次のように得られます(全単射については第1章1.2節を参照).

定理 3.13

n 次正方行列 $\mathbf{A}$ によって定まる線形写像 $A:\mathbb{R}^n\to\mathbb{R}^n$ が全単射であるための必要十分条件は,$\mathrm{rank}\,\mathbf{A}=n$ が成り立つことである.したがって,$\mathrm{rank}\,\mathbf{A}=n$ が成り立つとき,A は逆写像 A^{-1} をもつ.

[証明] 条件より $\mathrm{rank}\,\mathbf{A}=\dim\mathbb{R}^n$ であるから,定理3.9より A は全射である.さらにこのとき,定理3.11より $\dim(\mathrm{Ker}\,\mathbf{A})=n-n=0$ であるから $\mathrm{Ker}\,\mathbf{A}=\{\mathbf{0}\}$.したがって定理3.12より A は単射である.逆も同様に示される.■

次の用語はよく使われますので,覚えておきましょう.

定義 3.9

行列 $\mathbf{A}$ によって定まる線形写像 $A:\mathbb{R}^n\to\mathbb{R}^n$ が全単射であるとき,$\mathbf{A}$ は**正則行列**であるという.

例題 3.6　次の行列 $\mathbf{A}$ は正則か．

$$\mathbf{A}=\begin{bmatrix}1&2&5\\2&3&5\\3&4&5\end{bmatrix}$$

［解答］　この行列の像は，

$$\operatorname{Im}\mathbf{A}=\operatorname{Span}\left\{\begin{bmatrix}1\\2\\3\end{bmatrix},\begin{bmatrix}2\\3\\4\end{bmatrix},\begin{bmatrix}5\\5\\5\end{bmatrix}\right\}=\operatorname{Span}\left\{\begin{bmatrix}1\\2\\3\end{bmatrix},\begin{bmatrix}2\\3\\4\end{bmatrix}\right\}$$

であるから，$\operatorname{rank}\mathbf{A}=2<3$．定理3.13より，写像 A は全単射ではないので逆写像をもたない．したがって $\mathbf{A}$ は正則ではない．

3.5 逆行列

逆写像を表す行列

正則行列 $\mathbf{A}$ が定める線形写像 $A:\mathbb{R}^n\to\mathbb{R}^n$ について，その逆写像 $A^{-1}:\mathbb{R}^n\to\mathbb{R}^n$ に対応する行列を A の逆行列（inverse of matrix A）といい，$\mathbf{A}^{-1}$ と書きます．定理3.13より，$\mathbf{A}^{-1}$ が存在するための必要十分条件は $\operatorname{rank}\mathbf{A}=n$ が成り立つことです．

例えば，行列 $\mathbf{A}=\begin{bmatrix}2&1\\0&1\end{bmatrix}$ を考えます．このとき $\operatorname{rank}\mathbf{A}=2$ ですから，写像 $A(\boldsymbol{x})=\begin{bmatrix}2x_1+x_2\\x_2\end{bmatrix}$ は逆写像をもちます．逆写像 A^{-1} は，連立方程式 $A(\boldsymbol{x})=\boldsymbol{y}$ を $\boldsymbol{x}$ について解くことで具体的に見出せます．つまり，

$$\begin{cases}2x_1+x_2=y_1\\x_2=y_2\end{cases}\quad\Rightarrow\quad x_1=\frac{y_1}{2}-\frac{y_2}{2},\quad x_2=y_2$$

により，$A^{-1}(\boldsymbol{y})=\begin{bmatrix}y_1/2-y_2/2\\y_2\end{bmatrix}$ となります．これより $\mathbf{A}$ の逆行列は，

$$\mathbf{A}^{-1}=\begin{bmatrix}1/2&-1/2\\0&1\end{bmatrix}$$

によって与えられます.

例題 3.7 以下の行列について，その逆行列を求めよ．逆行列が存在しないときは「存在しない」と答えよ．

$$(1)\ \mathbf{A}=\begin{bmatrix}1&3\\0&1\end{bmatrix}\qquad(2)\ \mathbf{B}=\begin{bmatrix}1&1\\1&1\end{bmatrix}\qquad(3)\ \mathbf{C}=\begin{bmatrix}1&1&1\\0&1&1\\0&0&1\end{bmatrix}$$

[解答]

(1) rank $\mathbf{A}=2$ より $\mathbf{A}$ は逆行列をもつ．実際に，$\mathbf{A}\boldsymbol{x}=\begin{bmatrix}x_1+3x_2\\x_2\end{bmatrix}=\begin{bmatrix}y_1\\y_2\end{bmatrix}$ を x_1, x_2 について解くことで，$x_1=y_1-3y_2,\ x_2=y_2$ が得られる．したがって，A の逆写像は $A^{-1}(\boldsymbol{y})=\begin{bmatrix}y_1-3y_2\\y_2\end{bmatrix}$ であり，求める逆行列は $\mathbf{A}^{-1}=\begin{bmatrix}1&-3\\0&1\end{bmatrix}$ である．

(2) rank $\mathbf{B}=1$ より $\mathbf{B}$ は逆行列をもたない．実際に，$\mathbf{B}\boldsymbol{x}=\begin{bmatrix}x_1+x_2\\x_1+x_2\end{bmatrix}=\begin{bmatrix}y_1\\y_2\end{bmatrix}$ とおいて，これを x_1, x_2 について解こうとしても，解は不定になってしまう．したがって，逆行列は存在しない．

(3) rank $\mathbf{C}=3$ より $\mathbf{C}$ は逆行列をもつ．実際に，

$$\mathbf{C}\boldsymbol{x}=\begin{bmatrix}x_1+x_2+x_3\\x_2+x_3\\x_3\end{bmatrix}=\begin{bmatrix}y_1\\y_2\\y_3\end{bmatrix}$$

を $\boldsymbol{x}$ について解けば，$x_1=y_1-y_2,\ x_2=y_2-y_3,\ x_3=y_3$ が得られる．したがって逆写像は $C^{-1}(\boldsymbol{y})=\begin{bmatrix}y_1-y_2\\y_2-y_3\\y_3\end{bmatrix}$ であり，対応する行列として，

$$\mathbf{C}^{-1}=\begin{bmatrix}1&-1&0\\0&1&-1\\0&0&1\end{bmatrix}$$

が得られる．

2次正方行列の逆行列

逆行列を求める計算は一般に非常に面倒であり，「行列式」や「余因子」などの新たな概念が必要になります．その詳細は次章で説明することとして，ここでは2次正方行列についてのみ，逆行列の計算公式を与えておきます．

定理 3.14

$\mathbf{A}=\begin{bmatrix} a_{11} & a_{12} \\ a_{21} & a_{22} \end{bmatrix}$ の逆行列は，$a_{11}a_{22}-a_{12}a_{21}\neq 0$ のとき，またそのときにのみ存在し，

$$\mathbf{A}^{-1}=\frac{1}{a_{11}a_{22}-a_{12}a_{21}}\begin{bmatrix} a_{22} & -a_{12} \\ -a_{21} & a_{11} \end{bmatrix} \tag{3.19}$$

によって与えられる．

［証明］　証明は直接計算により可能である．$\mathbf{A}\boldsymbol{x}=\boldsymbol{y}$ とおいて，これを $\boldsymbol{x}$ について解けばよい．■

実際に，$\mathbf{A}=\begin{bmatrix} 1 & 3 \\ 0 & 1 \end{bmatrix}$ のときに公式を用いてみると，

$$\mathbf{A}^{-1}=\frac{1}{1\cdot 1-0\cdot 3}\begin{bmatrix} 1 & -3 \\ 0 & 1 \end{bmatrix}=\begin{bmatrix} 1 & -3 \\ 0 & 1 \end{bmatrix}$$

となって例題3.7(1)の結果と一致します．またこのとき，

$$\begin{bmatrix} 1 & -3 \\ 0 & 1 \end{bmatrix}\begin{bmatrix} 1 & 3 \\ 0 & 1 \end{bmatrix}=\begin{bmatrix} 1\cdot 1-3\cdot 0 & 1\cdot 3-3\cdot 1 \\ 0\cdot 1+1\cdot 0 & 0\cdot 3+1\cdot 1 \end{bmatrix}=\mathbf{I}_2$$

が成り立ちます．

例題 3.8　次の行列のそれぞれについて，逆行列を計算し，$\mathbf{A}\mathbf{A}^{-1}=\mathbf{I}_2$ の成立を確認せよ．ただし $a\in\mathbb{R}$ とする．

(1) $\begin{bmatrix} 1 & a \\ 0 & 1 \end{bmatrix}$　　(2) $\begin{bmatrix} 1 & 1 \\ 1 & 1 \end{bmatrix}$　　(3) $\begin{bmatrix} 1/2 & 1/3 \\ 1/4 & 1/2 \end{bmatrix}$

[解答]　(1) $1\cdot 1-0\cdot a=1\neq 0$ より逆行列が存在し，

$$\begin{bmatrix}1 & a\\ 0 & 1\end{bmatrix}^{-1}=\frac{1}{1}\begin{bmatrix}1 & -a\\ 0 & 1\end{bmatrix}=\begin{bmatrix}1 & -a\\ 0 & 1\end{bmatrix}$$

を得る．また，このとき，

$$\begin{bmatrix}1 & a\\ 0 & 1\end{bmatrix}\begin{bmatrix}1 & -a\\ 0 & 1\end{bmatrix}=\begin{bmatrix}1\cdot 1+a\cdot 0 & 1\cdot(-a)+a\cdot 1\\ 0\cdot 1+1\cdot 0 & 0\cdot(-a)+1\cdot 1\end{bmatrix}=\mathbf{I}_2$$

が成立する．

(2) $1\cdot 1-1\cdot 1=0$ より逆行列が存在しない．

(3) $\frac{1}{2}\cdot\frac{1}{2}-\frac{1}{3}\cdot\frac{1}{4}=\frac{1}{6}\neq 0$ より逆行列が存在し，

$$\begin{bmatrix}1/2 & 1/3\\ 1/4 & 1/2\end{bmatrix}^{-1}=\frac{1}{1/6}\begin{bmatrix}1/2 & -1/3\\ -1/4 & 1/2\end{bmatrix}=\begin{bmatrix}3 & -2\\ -3/2 & 3\end{bmatrix}$$

を得る．また，このとき，

$$\begin{bmatrix}1/2 & 1/3\\ 1/4 & 1/2\end{bmatrix}\begin{bmatrix}3 & -2\\ -3/2 & 3\end{bmatrix}=\begin{bmatrix}(1/2)\cdot 3+(1/3)\cdot(-3/2) & (1/2)\cdot(-2)+(1/3)\cdot 3\\ (1/4)\cdot 3+(1/2)\cdot(-3/2) & (1/4)\cdot(-2)+(1/2)\cdot 3\end{bmatrix}=\mathbf{I}_2$$

が成立する．

演習問題

問題 3.1　次の行列の積を計算をせよ．

(1) $\begin{bmatrix}2 & 4\\ 0 & 2\end{bmatrix}\begin{bmatrix}1/2 & -1\\ 0 & 1/2\end{bmatrix}$　(2) $\begin{bmatrix}1 & 2 & 3\end{bmatrix}\begin{bmatrix}1 & 0 & 1\\ 1 & 2 & 0\\ 0 & 3 & 1\end{bmatrix}$　(3) $\begin{bmatrix}1 & 2 & 0\\ 0 & 1 & 2\\ 0 & 0 & 1\end{bmatrix}\begin{bmatrix}1 & -2\\ 0 & 1\\ 0 & 0\end{bmatrix}$

問題 3.2　$\mathbf{A}$, $\mathbf{B}$ を対角行列とするとき，$\mathbf{AB}=\mathbf{BA}$ が成り立つことを示せ．

問題 3.3　以下の問いに答えよ．

(1) $\mathbf{AB}\neq\mathbf{BA}$ であるとき，$(\mathbf{A}+\mathbf{B})^3$ を展開せよ．

(2) $\mathbf{AB}=\mathbf{BA}$ が成り立つとき，$(\mathbf{A}+\mathbf{B})^3=\mathbf{A}^3+3\mathbf{A}^2\mathbf{B}+3\mathbf{A}\mathbf{B}^2+\mathbf{B}^3$ が成立することを示せ．

問題 3.4　次の行列のランクを求めよ

(1) $\begin{bmatrix}2 & 1\\ 2 & 4\\ 2 & 0\end{bmatrix}$　(2) $\begin{bmatrix}1 & 0 & 1 & 0\\ 0 & 1 & 1 & 1\\ 1 & 0 & 1 & 1\end{bmatrix}$　(3) $\begin{bmatrix}3 & 1 & 0\\ 5 & 1 & 0\\ 0 & 0 & 0\end{bmatrix}$

問題 3.5　問題3.4のそれぞれの行列について，その核を示せ．

問題 3.6　$\boldsymbol{x} = \begin{bmatrix} x_1 \\ \vdots \\ x_n \end{bmatrix} \in \mathbb{R}^n$ とするとき，以下の問いに答えよ．

(1) n 次正方行列 $\boldsymbol{x}\boldsymbol{x}'$ を具体的に計算せよ，

(2) $\boldsymbol{x} \neq \boldsymbol{0}$ ならば $\operatorname{rank} \boldsymbol{x}\boldsymbol{x}' = 1$ であることを示せ．

問題 3.7　以下の行列について，その逆行列を求めよ．逆行列が存在しないときは「存在しない」と答えよ．

(1) $\begin{bmatrix} 1 & 3 \\ 3 & 1 \end{bmatrix}$　(2) $\begin{bmatrix} 1 & 2 & 3 \\ 0 & 1 & 2 \\ 0 & 0 & 1 \end{bmatrix}$　(3) $\begin{bmatrix} 1 & 2 & 3 \\ 0 & 1 & 2 \\ 1 & 1 & 1 \end{bmatrix}$

第4章 行列式と逆行列

この章では，行列が定める写像の拡大倍率である「行列式」を導入します．まずは，2次および3次の正方行列について行列式を定義し，その図形的な意味を説明します．その上で，一般の n 次正方行列の定義を与えます．行列式を用いることで，3次以上の次数をもつ逆行列が計算可能になります．

4.1 2次と3次の行列式

行列式とは何か

これまで何度となく強調してきたように，行列の本質は写像です．例えば $\mathbf{A} = \begin{bmatrix} 2 & 0 \\ 0 & 2 \end{bmatrix}$ という行列について考えます．この $\mathbf{A}$ によって，$\begin{bmatrix} 0 \\ 0 \end{bmatrix}, \begin{bmatrix} 1 \\ 0 \end{bmatrix}, \begin{bmatrix} 0 \\ 1 \end{bmatrix}, \begin{bmatrix} 1 \\ 1 \end{bmatrix}$ の4点を写像してみると，各点はそれぞれ，

$$\begin{bmatrix} 0 \\ 0 \end{bmatrix} \mapsto \begin{bmatrix} 2 & 0 \\ 0 & 2 \end{bmatrix}\begin{bmatrix} 0 \\ 0 \end{bmatrix} = \begin{bmatrix} 0 \\ 0 \end{bmatrix} \qquad \begin{bmatrix} 1 \\ 0 \end{bmatrix} \mapsto \begin{bmatrix} 2 & 0 \\ 0 & 2 \end{bmatrix}\begin{bmatrix} 1 \\ 0 \end{bmatrix} = \begin{bmatrix} 2 \\ 0 \end{bmatrix}$$

$$\begin{bmatrix} 0 \\ 1 \end{bmatrix} \mapsto \begin{bmatrix} 2 & 0 \\ 0 & 2 \end{bmatrix}\begin{bmatrix} 0 \\ 1 \end{bmatrix} = \begin{bmatrix} 0 \\ 2 \end{bmatrix} \qquad \begin{bmatrix} 1 \\ 1 \end{bmatrix} \mapsto \begin{bmatrix} 2 & 0 \\ 0 & 2 \end{bmatrix}\begin{bmatrix} 1 \\ 1 \end{bmatrix} = \begin{bmatrix} 2 \\ 2 \end{bmatrix}$$

に移ります．図4.1には，これら4点の写像される様子が描かれています．この図より，一辺の長さを1とする単位正方形が，$\mathbf{A}$ によって4倍の面積をもつ四角形に移されていることがわかります．この面積倍率4が，$\mathbf{A}$ の**行列式** (determinant) とよばれる量です．以下では，$\mathbf{A}$ の行列式を記号 $|\mathbf{A}|$ によっ

図4.1　行列 $\begin{bmatrix} \mathbf{2} & \mathbf{0} \\ \mathbf{0} & \mathbf{2} \end{bmatrix}$ による正方形の写像

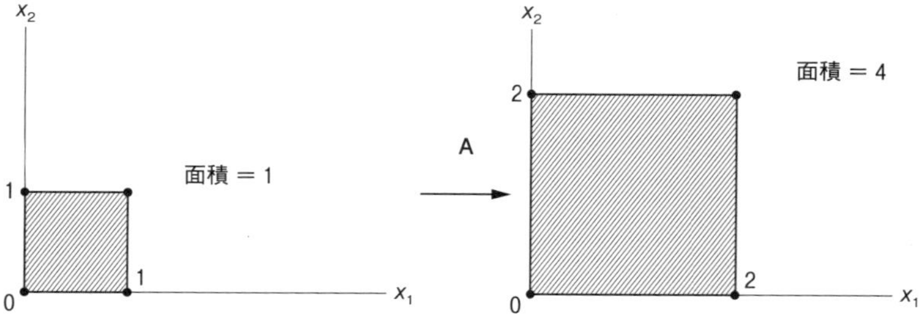

図4.2　3次正方行列による立方体の拡大

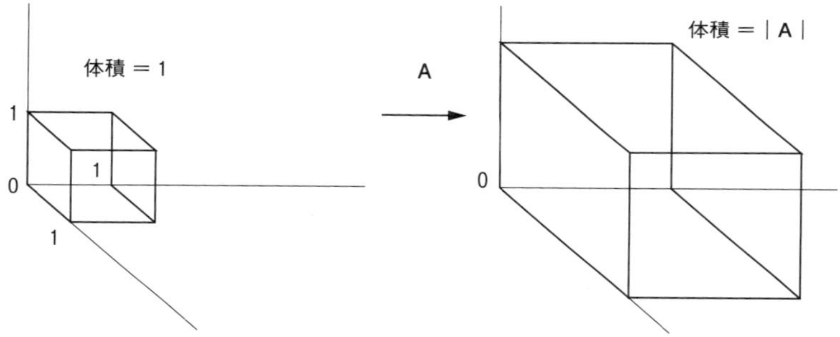

て表すことにしましょう．

また，$\mathbf{A}$ が3次正方行列である場合には，$\mathbf{A}$ は1辺の長さが1である立方体を他の立体へと写像します．その体積倍率をもって行列式 $|\mathbf{A}|$ とするのです（図4.2）．

行列式の定義

以上のような意味付けに沿って，行列式の数学的な定義を与えましょう．ただし一般の n 次正方行列について行列式の定義を与えるのは，「置換群」などの大掛かりな道具が必要となってはなはだ面倒です．したがって本書では，議論の出発点として，記述と計算の容易な2次および3次の行列式を天下り的に与えることにします．

定義 4.1

(i) $\mathbf{A}=\begin{bmatrix} a_{11} & a_{12} \\ a_{21} & a_{22} \end{bmatrix}$ について，その**行列式**（determinant）を

$$|\mathbf{A}|=a_{11}a_{22}-a_{12}a_{21} \tag{4.1}$$

によって定義する．

(ii) $\mathbf{A}=\begin{bmatrix} a_{11} & a_{12} & a_{13} \\ a_{21} & a_{22} & a_{23} \\ a_{31} & a_{32} & a_{33} \end{bmatrix}$ の行列式を

$$\begin{aligned} |\mathbf{A}| &= (a_{11}a_{22}a_{33}+a_{12}a_{23}a_{31}+a_{13}a_{21}a_{32}) \\ &\quad -(a_{11}a_{23}a_{32}+a_{13}a_{22}a_{31}+a_{12}a_{21}a_{33}) \end{aligned} \tag{4.2}$$

によって定義する．

定義式(4.2)は**サラスの公式**として知られているものです．一見すると複雑そうですが，添え字のパターンに注目すれば案外わかりやすい構造をしています．

行列式の他の表記法としては，$\det \mathbf{A}$ と書く場合や，とくに成分を明記したいときには $\begin{vmatrix} a_{11} & a_{12} \\ a_{21} & a_{22} \end{vmatrix}$ とすることもあります．

例題 4.1　定義式(4.1)を用いて次の行列式の値を計算せよ．

(1) $\begin{vmatrix} 2 & 0 \\ 0 & 2 \end{vmatrix}$　(2) $\begin{vmatrix} 1 & 1 \\ 2 & 4 \end{vmatrix}$　(3) $\begin{vmatrix} 1 & 1 \\ 1 & 1 \end{vmatrix}$

[解答]

(1) $\begin{vmatrix} 2 & 0 \\ 0 & 2 \end{vmatrix}=2\cdot 2-0\cdot 0=4$．この行列式の値は図4.1における面積倍率と一致している．

(2) $\begin{vmatrix} 1 & 1 \\ 2 & 4 \end{vmatrix}=1\cdot 4-1\cdot 2=2$．この行列による単位正方形の写像の様子を図4.3に示した．

図4.3　例題4.1(2)における写像の様子

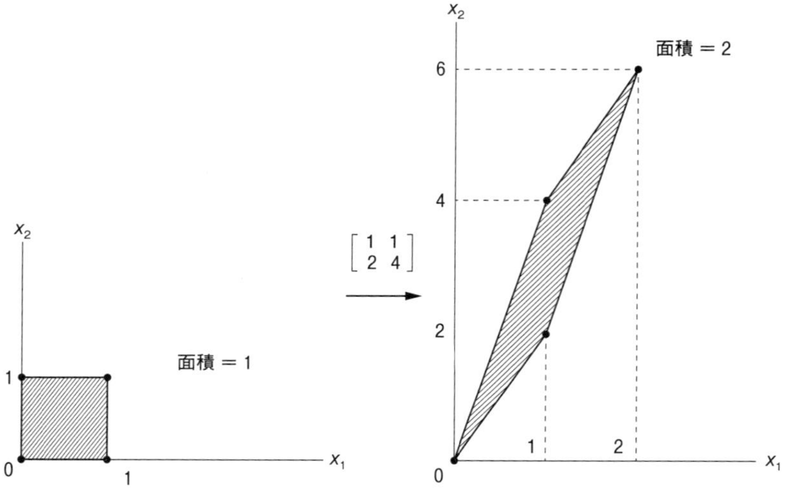

図4.4　例題4.1(3)における写像の様子

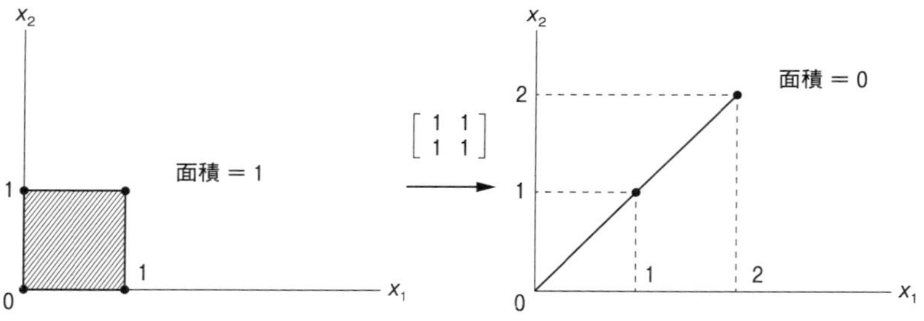

(3) $\begin{vmatrix} 1 & 1 \\ 1 & 1 \end{vmatrix} = 1\cdot 1 - 1\cdot 1 = 0$. この行列による単位正方形の写像の様子を図4.4に示した．単位正方形は線分に写像され，面積倍率が0になっている．

行列式と逆写像

例題4.1(3)に与えられた行列$\begin{bmatrix} 1 & 1 \\ 1 & 1 \end{bmatrix}$は，正方形を線分に潰しています．つまり，この行列が表現する写像は異なる辺上の点をひとつに重ねてしまいますので，単射ではないということになります．したがって，定理1.2より，$\begin{bmatrix} 1 & 1 \\ 1 & 1 \end{bmatrix}$ に対応する写像 $A(\boldsymbol{x}) = \begin{bmatrix} x_1 + x_2 \\ x_1 + x_2 \end{bmatrix}$ は逆写像をもちません．事実，$A\left(\begin{bmatrix} 1 \\ 0 \end{bmatrix}\right) = A\left(\begin{bmatrix} 0 \\ 1 \end{bmatrix}\right) = \begin{bmatrix} 1 \\ 1 \end{bmatrix}$ ですから単射ではありませんし，$A(\boldsymbol{x}) = \begin{bmatrix} 1 \\ -1 \end{bmatrix}$ を満たす $\boldsymbol{x}$ が存在しませんので全射でもありません．このように，行列式の値を知ることで，行列の写像としての性質を調べることができます．

例題 4.2　定義式(4.2)を用いて次の行列式の値を計算せよ．

$$(1)\ \begin{vmatrix} 2 & 1 & 0 \\ 1 & 2 & 0 \\ 0 & 1 & 2 \end{vmatrix} \qquad (2)\ \begin{vmatrix} 1 & 2 & 5 \\ 2 & 3 & 5 \\ 3 & 4 & 5 \end{vmatrix} \qquad (3)\ \begin{vmatrix} 1 & 1 & 1 \\ 0 & 1 & 1 \\ 0 & 0 & 1 \end{vmatrix}$$

[解答]

$$(1)\ \begin{vmatrix} 2 & 1 & 0 \\ 1 & 2 & 0 \\ 0 & 1 & 2 \end{vmatrix} = (2\cdot2\cdot2+1\cdot0\cdot0+0\cdot1\cdot1)-(2\cdot0\cdot1+0\cdot2\cdot0+1\cdot1\cdot2) = 6$$

$$(2)\ \begin{vmatrix} 1 & 2 & 5 \\ 2 & 3 & 5 \\ 3 & 4 & 5 \end{vmatrix} = 0 \qquad (3)\ \begin{vmatrix} 1 & 1 & 1 \\ 0 & 1 & 1 \\ 0 & 0 & 1 \end{vmatrix} = 1$$

4.2 一般の行列式

余因子

3次よりも大きなサイズの行列式を定義するには，多少の準備が必要です．まずは次の記号を導入します．

定義 4.2

一般の n 次正方行列 $\mathbf{A}$ について，その i 行目の成分と j 列目の成分をすべて取り除いてできる $(n-1)$ 次正方行列を $\mathbf{A}_{i,j}$ と書く．さらに，その行列

式 $|\mathbf{A}_{i,j}|$ に符号 $(-1)^{i+j}$ を付けた

$$\hat{a}_{ij} = (-1)^{i+j} |\mathbf{A}_{i,j}| \tag{4.3}$$

を，$\mathbf{A}$ の (i, j) **余因子**という．

各成分を中心に十字に数字を取り除き，「余った因子」で作るのが余因子です．とはいえ，この説明では正直「ちょっと何いってるかわからない」という読者が多いと思いますので，3次正方行列の例を示します．まずは，

$$\mathbf{A} = \begin{bmatrix} a_{11} & a_{12} & a_{13} \\ a_{21} & a_{22} & a_{23} \\ a_{31} & a_{32} & a_{33} \end{bmatrix}$$

から1行目を取り除き，

$$\mathbf{A}_1 = \begin{bmatrix} a_{21} & a_{22} & a_{23} \\ a_{31} & a_{32} & a_{33} \end{bmatrix}$$

を作ります．ここからさらに1列目も取り除いて，

$$\mathbf{A}_{1,1} = \begin{bmatrix} a_{22} & a_{23} \\ a_{32} & a_{33} \end{bmatrix}$$

とします．これより $\mathbf{A}$ の $(1, 1)$ 余因子は

$$\hat{a}_{11} = (-1)^{1+1} \begin{vmatrix} a_{22} & a_{23} \\ a_{32} & a_{33} \end{vmatrix} = a_{22}a_{33} - a_{23}a_{32}$$

となります．その他の (i, j) 余因子についても同様です．

3次行列の余因子展開

この余因子が，4次以上の行列式の定義と計算に際してどのように役に立つのかは，サラスの公式(4.2)から推測することができます．サラスの公式の右辺を整理すれば，余因子 $\hat{a}_{11} = |\mathbf{A}_{1,1}|$，$\hat{a}_{21} = -|\mathbf{A}_{2,1}|$，$\hat{a}_{31} = |\mathbf{A}_{3,1}|$ を用いて

$$\begin{aligned} |\mathbf{A}| &= a_{11}(a_{22}a_{33} - a_{23}a_{32}) - a_{21}(a_{12}a_{33} - a_{13}a_{32}) + a_{31}(a_{12}a_{23} - a_{13}a_{22}) \\ &= a_{11}\hat{a}_{11} + a_{21}\hat{a}_{21} + a_{31}\hat{a}_{31} \end{aligned}$$

と書けることがわかります．この性質を足掛かりにして，次の定義を与えましょう．

定義 4.3

$\mathbf{A}$ を n 次正方行列とし，この行列の i 行 j 列成分を a_{ij}，(i, j) 余因子を $\hat{a}_{ij}$ と表すことにする．このとき，

$$|\mathbf{A}| = a_{11}\hat{a}_{11} + a_{21}\hat{a}_{21} + \cdots + a_{n1}\hat{a}_{n1} \tag{4.4}$$

によって $\mathbf{A}$ の行列式 $|\mathbf{A}|$ を与える．

したがって n 次行列式 $|\mathbf{A}|$ の値を求めるには，$(n-1)$ 次行列式 $|\mathbf{A}_{i,1}|$ の値を，各 $i = 1, ..., n$ について合計 n 回計算すればいいわけです．例えば 4 次行列式については，

$$\begin{vmatrix} a_{11} & a_{12} & a_{13} & a_{14} \\ a_{21} & a_{22} & a_{23} & a_{24} \\ a_{31} & a_{32} & a_{33} & a_{34} \\ a_{41} & a_{42} & a_{43} & a_{44} \end{vmatrix} = a_{11}\begin{vmatrix} a_{22} & a_{23} & a_{24} \\ a_{32} & a_{33} & a_{34} \\ a_{42} & a_{43} & a_{44} \end{vmatrix} - a_{21}\begin{vmatrix} a_{12} & a_{13} & a_{14} \\ a_{32} & a_{33} & a_{34} \\ a_{42} & a_{43} & a_{44} \end{vmatrix}$$

$$+ a_{31}\begin{vmatrix} a_{12} & a_{13} & a_{14} \\ a_{22} & a_{23} & a_{24} \\ a_{42} & a_{43} & a_{44} \end{vmatrix} - a_{41}\begin{vmatrix} a_{12} & a_{13} & a_{14} \\ a_{22} & a_{23} & a_{24} \\ a_{32} & a_{33} & a_{34} \end{vmatrix}$$

によって値を計算します．さらにこの結果を用いれば，5 次行列式については

$$\begin{vmatrix} a_{11} & a_{12} & a_{13} & a_{14} & a_{15} \\ a_{21} & a_{22} & a_{23} & a_{24} & a_{25} \\ a_{31} & a_{32} & a_{33} & a_{34} & a_{35} \\ a_{41} & a_{42} & a_{43} & a_{44} & a_{45} \\ a_{51} & a_{52} & a_{53} & a_{54} & a_{55} \end{vmatrix} = a_{11}\begin{vmatrix} a_{22} & a_{23} & a_{24} & a_{25} \\ a_{32} & a_{33} & a_{34} & a_{35} \\ a_{42} & a_{43} & a_{44} & a_{45} \\ a_{52} & a_{53} & a_{54} & a_{55} \end{vmatrix} - \cdots + a_{51}\begin{vmatrix} a_{12} & a_{13} & a_{14} & a_{15} \\ a_{22} & a_{23} & a_{24} & a_{25} \\ a_{32} & a_{33} & a_{34} & a_{35} \\ a_{42} & a_{43} & a_{44} & a_{45} \end{vmatrix}$$

によって計算できます．以下，同様にして，6 次行列式，7 次行列式，……を帰納的に定義することができるのです．

余因子展開

実際に行列式を計算する際には，次のテクニックを使いましょう．

定理 4.1

$\mathbf{A}$ を n 次正方行列とし，この行列の i 行 j 列成分を a_{ij}，(i, j) 余因子を $\hat{a}_{ij}$ と表すことにする．このとき，各 $1 \leq i \leq n$ について，

$$|\mathbf{A}| = a_{i1}\hat{a}_{i1} + a_{i2}\hat{a}_{i2} + \cdots + a_{in}\hat{a}_{in} \tag{4.5}$$

が成り立つ．これを，***i* 行についての余因子展開**という．また各 $1 \leq j \leq n$ について，

$$|\mathbf{A}| = a_{1j}\hat{a}_{1j} + a_{2j}\hat{a}_{2j} + \cdots + a_{nj}\hat{a}_{nj} \tag{4.6}$$

が成り立つ．これを ***j* 列についての余因子展開**という．

つまり，行列式の定義4.3では1列目について余因子展開していましたが，実はどの列，どの行を用いて計算しても同じ結果が得られるということです．実際にサラスの公式を2列目の成分についてまとめれば，

$$\begin{aligned}|\mathbf{A}| &= -a_{12}(a_{21}a_{33} - a_{23}a_{31}) + a_{22}(a_{11}a_{33} - a_{13}a_{31}) - a_{32}(a_{11}a_{23} - a_{13}a_{21}) \\ &= a_{12}\hat{a}_{12} + a_{22}\hat{a}_{22} + a_{32}\hat{a}_{32}\end{aligned}$$

が成り立っていますし，3行目の要素でまとめれば

$$\begin{aligned}|\mathbf{A}| &= a_{31}(a_{12}a_{23} - a_{22}a_{13}) - a_{32}(a_{11}a_{23} - a_{13}a_{21}) + a_{33}(a_{11}a_{22} - a_{12}a_{21}) \\ &= a_{31}\hat{a}_{31} + a_{32}\hat{a}_{32} + a_{33}\hat{a}_{33}\end{aligned}$$

となります．

例題 4.3

行列 $\mathbf{A} = \begin{bmatrix} 1 & 2 & 3 \\ 1 & 2 & 0 \\ 1 & 0 & 0 \end{bmatrix}$ について，以下の問いに答えよ．

(1) サラスの公式によって行列式を計算せよ．

(2) 1行目について余因子展開せよ．

(3) 3行目について余因子展開せよ．

[解答]

(1) $|\mathbf{A}| = (0+0+0)-(0+6+0) = -6$

(2) $|\mathbf{A}| = 1\cdot(-1)^{1+1}\begin{vmatrix} 2 & 0 \\ 0 & 0 \end{vmatrix} + 2\cdot(-1)^{1+2}\begin{vmatrix} 1 & 0 \\ 1 & 0 \end{vmatrix} + 3\cdot(-1)^{1+3}\begin{vmatrix} 1 & 2 \\ 1 & 0 \end{vmatrix} = -6$

(3) $|\mathbf{A}| = 1\cdot(-1)^{3+1}\begin{vmatrix} 2 & 3 \\ 2 & 0 \end{vmatrix} + 0\cdot(-1)^{3+2}\begin{vmatrix} 1 & 3 \\ 1 & 0 \end{vmatrix} + 0\cdot(-1)^{3+3}\begin{vmatrix} 1 & 2 \\ 1 & 2 \end{vmatrix} = -6$

上記の3通りの計算はいずれも同じ結果を与える．ただし(3)の場合には，0を多く含む行について展開計算を行っているため，実質的には $|\mathbf{A}| = 1\cdot(-1)^{3+1}\begin{vmatrix} 2 & 3 \\ 2 & 0 \end{vmatrix}$ のみで計算が終了している．したがって余因子展開を行う場合には，できるだけ0を多く含む行または列について実施するとよい．

例題 4.4　次の行列式の値を計算せよ．

$$\begin{vmatrix} 1 & 2 & 3 & 4 & 5 \\ 1 & 2 & 3 & 4 & 0 \\ 1 & 2 & 3 & 0 & 0 \\ 1 & 2 & 0 & 0 & 0 \\ 1 & 0 & 0 & 0 & 0 \end{vmatrix}$$

[解答]

$$\begin{vmatrix} 1 & 2 & 3 & 4 & 5 \\ 1 & 2 & 3 & 4 & 0 \\ 1 & 2 & 3 & 0 & 0 \\ 1 & 2 & 0 & 0 & 0 \\ 1 & 0 & 0 & 0 & 0 \end{vmatrix} = 5\cdot(-1)^{1+5}\begin{vmatrix} 1 & 2 & 3 & 4 \\ 1 & 2 & 3 & 0 \\ 1 & 2 & 0 & 0 \\ 1 & 0 & 0 & 0 \end{vmatrix} = 5\cdot4\cdot(-1)^{1+4}\begin{vmatrix} 1 & 2 & 3 \\ 1 & 2 & 0 \\ 1 & 0 & 0 \end{vmatrix}$$

$$= -5\cdot4\cdot3\cdot(-1)^{1+3}\begin{vmatrix} 1 & 2 \\ 1 & 0 \end{vmatrix} = 120$$

4.3 逆行列と余因子行列

余因子行列

第3章3.5節で解説したように，行列 $\mathbf{A}$ の逆写像に対応する行列 $\mathbf{A}^{-1}$ を逆行列といいました．2次正方行列の逆行列については定理3.14によって計算することができますが，一般の次数の行列について逆行列を計算するには，次の行列の助けを借りることになります．

定義 4.4

n 次正方行列 $\mathbf{A}$ の余因子を並べて作る行列，

$$\hat{\mathbf{A}} = \begin{bmatrix} \hat{a}_{11} & \cdots & \hat{a}_{n1} \\ \vdots & \ddots & \vdots \\ \hat{a}_{1n} & \cdots & \hat{a}_{nn} \end{bmatrix}$$

を $\mathbf{A}$ の**余因子行列**という．余因子の配列に注意すること．各余因子は，通常の行列に対して転置の位置に配置されている．

例題 4.5　次の各行列について，余因子行列を求めよ．

$$(1)\ \mathbf{A} = \begin{bmatrix} a_{11} & a_{12} \\ a_{21} & a_{22} \end{bmatrix} \qquad (2)\ \mathbf{B} = \begin{bmatrix} 2 & 1 & 0 \\ 1 & 2 & 1 \\ 0 & 1 & 2 \end{bmatrix}$$

[解答]

$$(1)\ \hat{\mathbf{A}} = \begin{bmatrix} a_{22} & -a_{12} \\ -a_{21} & a_{11} \end{bmatrix} \qquad (2)\ \hat{\mathbf{B}} = \begin{bmatrix} 3 & -2 & 1 \\ -2 & 4 & -2 \\ 1 & -2 & 3 \end{bmatrix}$$

逆行列の計算

例題4.5の計算結果を眺めると，(1)の結果と $\mathbf{A}$ の逆行列の公式（定理3.14）

がよく似ていることに気が付きます．実際に $\hat{\mathbf{A}}\mathbf{A}$ を計算してみると，

$$\hat{\mathbf{A}}\mathbf{A} = \begin{bmatrix} a_{22} & -a_{12} \\ -a_{21} & a_{11} \end{bmatrix}\begin{bmatrix} a_{11} & a_{12} \\ a_{21} & a_{22} \end{bmatrix} = \begin{bmatrix} |\mathbf{A}| & 0 \\ 0 & |\mathbf{A}| \end{bmatrix}$$

が成り立っています．それでは(2)のほうはどうでしょう？　これも試みに計算してみると，

$$\hat{\mathbf{B}}\mathbf{B} = \begin{bmatrix} 3 & -2 & 1 \\ -2 & 4 & -2 \\ 1 & -2 & 3 \end{bmatrix}\begin{bmatrix} 2 & 1 & 0 \\ 1 & 2 & 1 \\ 0 & 1 & 2 \end{bmatrix} = \begin{bmatrix} 4 & 0 & 0 \\ 0 & 4 & 0 \\ 0 & 0 & 4 \end{bmatrix} = \begin{bmatrix} |\mathbf{B}| & 0 & 0 \\ 0 & |\mathbf{B}| & 0 \\ 0 & 0 & |\mathbf{B}| \end{bmatrix}$$

となります．これらの結果は偶然ではなく，一般に次の定理が成り立ちます．

定理 4.2

$|\mathbf{A}| \neq 0$ であるとき，またそのときにのみ，$\mathbf{A}$ の逆行列が存在して，

$$\mathbf{A}^{-1} = \frac{\hat{\mathbf{A}}}{|\mathbf{A}|} \tag{4.7}$$

が成り立つ．

例題 4.6

$\mathbf{A} = \begin{bmatrix} 2 & 1 & 1 \\ 0 & 2 & 1 \\ 0 & 0 & 2 \end{bmatrix}$ の逆行列を計算せよ．

[解答]

$|\mathbf{A}| = 8$, $\hat{\mathbf{A}} = \begin{bmatrix} 4 & -2 & -1 \\ 0 & 4 & -2 \\ 0 & 0 & 4 \end{bmatrix}$ より，$\mathbf{A}^{-1} = \dfrac{\hat{\mathbf{A}}}{|\mathbf{A}|} = \begin{bmatrix} 1/2 & -1/4 & -1/8 \\ 0 & 1/2 & -1/4 \\ 0 & 0 & 1/2 \end{bmatrix}$

行列の正則条件

上記の定理4.2に至るまでに，逆行列 $\mathbf{A}^{-1}$ が存在するための数々の条件が手を変え品を変えて現れました．この辺りで一連の結果を整理しておきましょ

う.

定理 4.3

n 次正方行列 $\mathbf{A}$ について，以下の条件(i)〜(vi)は同値である.

(i) $\mathbf{A}$ は正則である.

(ii) $\mathbf{A}$ が定める写像 $A: \mathbb{R}^n \to \mathbb{R}^n$ は全単射であり，逆写像 $A^{-1}: \mathbb{R}^n \to \mathbb{R}^n$ をもつ.

(iii) 逆行列 $\mathbf{A}^{-1}$ が存在して，$\mathbf{A}^{-1}\mathbf{A} = \mathbf{A}\mathbf{A}^{-1} = \mathbf{I}_n$ を満たす.

(iv) $\mathrm{rank}\ \mathbf{A} = n$

(v) $\mathrm{Ker}\ \mathbf{A} = \{\mathbf{0}\}$

(vi) $|\mathbf{A}| \neq 0$

4.4 便利な計算公式

ランクの性質

さまざまな場面で活躍する，便利な公式を紹介しておきます．まずはランクについてです．ランクの基本的な性質には以下のものがあります.

定理 4.4

一般の $m \times n$ 行列 $\mathbf{A}$ について，以下が成り立つ.

(i) $\mathrm{rank}\ \mathbf{A} = \mathrm{rank}\ \mathbf{A}' = \mathrm{rank}\ \mathbf{A}'\mathbf{A}$

(ii) $\mathbf{B}$, $\mathbf{C}$ が正則な m 次，n 次の正方行列であるとき，$\mathrm{rank}\ \mathbf{BA} = \mathrm{rank}\ \mathbf{AC} = \mathrm{rank}\ \mathbf{A}$

この定理は，シンプルな見た目に反して証明するのは大変です．ここでは証明は省略し，具体例によって定理の内容を確認するだけに留めましょう．例えば(i)について，$\mathbf{A} = \begin{bmatrix} 1 & 0 & 1 \\ 0 & 1 & 1 \end{bmatrix}$ とすれば，$\mathrm{rank}\ \mathbf{A} = 2$ となります．その一方で，

$$\mathrm{rank}\,\mathbf{A}' = \mathrm{rank}\begin{bmatrix} 1 & 0 \\ 0 & 1 \\ 1 & 1 \end{bmatrix} = 2, \quad \mathrm{rank}\,\mathbf{A}'\mathbf{A} = \mathrm{rank}\begin{bmatrix} 1 & 0 & 1 \\ 0 & 1 & 1 \\ 1 & 1 & 2 \end{bmatrix} = 2$$

となって，確かに定理は成立しています．また(ii)については $\mathbf{B} = \begin{bmatrix} 2 & 1 \\ 1 & 2 \end{bmatrix}$ とすれば，$|\mathbf{B}| = 3$ より $\mathbf{B}$ は逆行列をもち，やはりこのときも

$$\mathrm{rank}\,\mathbf{BA} = \mathrm{rank}\begin{bmatrix} 2 & 1 \\ 1 & 2 \end{bmatrix}\begin{bmatrix} 1 & 0 & 1 \\ 0 & 1 & 1 \end{bmatrix} = \mathrm{rank}\begin{bmatrix} 2 & 1 & 3 \\ 1 & 2 & 3 \end{bmatrix} = 2 = \mathrm{rank}\,\mathbf{A}$$

が成り立っています．

行列式の性質

行列式の基本的な性質には，次のようなものがあります．

定理 4.5

n 次正方行列について，以下が成り立つ．

(i) $|\mathbf{BA}| = |\mathbf{B}||\mathbf{A}|$

(ii) $a_1, a_2, \ldots, a_n$ を対角要素とする対角行列 $\mathbf{A}$ について，$|\mathbf{A}| = a_1 a_2 \cdots a_n$

(iii) $|\mathbf{I}_n| = 1$，$|\mathbf{O}_n| = 0$

(iv) 任意の実数 t について，$|t\mathbf{A}| = t^n|\mathbf{A}|$

[証明]

(i) 一般の場合は面倒であるので，$n = 2$ の場合について確認する．すなわち，

$$|\mathbf{BA}| = \begin{vmatrix} b_{11}a_{11} + b_{12}a_{21} & b_{11}a_{12} + b_{12}a_{22} \\ b_{21}a_{11} + b_{22}a_{21} & b_{21}a_{12} + b_{22}a_{22} \end{vmatrix} = (b_{11}b_{22} - b_{12}b_{21})(a_{11}a_{22} - a_{12}a_{21}) = |\mathbf{B}||\mathbf{A}|$$

(ii) 1列目についての余因子展開を繰り返すことにより，

$$\begin{vmatrix} a_1 & 0 & 0 & \cdots & 0 \\ 0 & a_2 & 0 & \cdots & 0 \\ 0 & 0 & a_3 & \cdots & 0 \\ \vdots & \vdots & \vdots & \ddots & \vdots \\ 0 & 0 & 0 & \cdots & a_n \end{vmatrix} = a_1 \begin{vmatrix} a_2 & 0 & \cdots & 0 \\ 0 & a_3 & \cdots & 0 \\ \vdots & \vdots & \ddots & \vdots \\ 0 & 0 & \cdots & a_n \end{vmatrix} = \cdots = a_1 a_2 \cdots a_n$$

(iii) (ii)において $a_1 = \cdots = a_n = 1$ とすることで $|\mathbf{I}_n| = 1$ を得る．また，$a_1 = \cdots$

$= a_n = 0$ とすることで $|\mathbf{O}_n| = 0$ を得る．

(iv) $t\mathbf{A} = (t\mathbf{I}_n)\mathbf{A}$ である．したがって(i)より $|t\mathbf{A}| = |t\mathbf{I}_n||\mathbf{A}|$．また，(ii)により $|t\mathbf{I}_n| = t^n$．■

逆行列の性質

逆行列の基本的な性質には，次があります．

定理 4.6

n 次正方行列 $\mathbf{A}, \mathbf{B}$ と，その逆行列 $\mathbf{A}^{-1}, \mathbf{B}^{-1}$ について，

(i) $\mathbf{A}^{-1}\mathbf{A} = \mathbf{A}\mathbf{A}^{-1} = \mathbf{I}_n$

(ii) $(\mathbf{A}^{-1})^{-1} = \mathbf{A}$

(iii) $(\mathbf{B}\mathbf{A})^{-1} = \mathbf{A}^{-1}\mathbf{B}^{-1}$　(4.8)

が成り立つ．

［証明］ (i) $\mathbf{A}, \mathbf{A}^{-1}$ に対応する線形写像を A, A^{-1} とするとき，逆写像の定義により，任意の $\boldsymbol{x} \in \mathbb{R}^n$ について $A^{-1}\circ A(\boldsymbol{x}) = \boldsymbol{x}$ が成り立つから，合成写像 $A^{-1}\circ A$ を表す行列は単位行列 $\mathbf{I}_n$ である．その一方で，行列の積の定義により，合成写像 $A^{-1}\circ A$ を表す行列は $\mathbf{A}^{-1}\mathbf{A}$ でもある．したがって $\mathbf{A}^{-1}\mathbf{A} = \mathbf{I}_n$ を得る．$\mathbf{A}\mathbf{A}^{-1} = \mathbf{I}_n$ についても同様． (ii) $\mathbf{C} = \mathbf{A}^{-1}$ とおく．(i)より $\mathbf{C}^{-1}\mathbf{C} = \mathbf{I}_n$．したがって $\mathbf{C}^{-1}\mathbf{A}^{-1} = \mathbf{I}_n$．再び(i)より $\mathbf{C}^{-1} = \mathbf{A}$ を得る． (iii) $(\mathbf{A}^{-1}\mathbf{B}^{-1})(\mathbf{B}\mathbf{A}) = \mathbf{A}^{-1}(\mathbf{B}^{-1}\mathbf{B})\mathbf{A} = \mathbf{A}^{-1}\mathbf{I}_n\mathbf{A} = \mathbf{A}^{-1}\mathbf{A} = \mathbf{I}_n$ であるから，$\mathbf{A}^{-1}\mathbf{B}^{-1} = (\mathbf{B}\mathbf{A})^{-1}$．■

転置，行列式，逆行列の関係

次の公式も何かと活躍します．

定理 4.7

n 次正方行列 $\mathbf{A}$ について以下が成り立つ．ただし，(i)と(ii)については $|\mathbf{A}| \neq 0$ とする．

(i) $|\mathbf{A}^{-1}| = |\mathbf{A}|^{-1}$

(ii) $(\mathbf{A}')^{-1} = (\mathbf{A}^{-1})'$

(iii) $|\mathbf{A}'| = |\mathbf{A}|$

［証明］ (i) $|\mathbf{I}_n| = |\mathbf{A}^{-1}||\mathbf{A}| = 1$．したがって $|\mathbf{A}^{-1}| = 1/|\mathbf{A}|$ を得る． (ii) $\mathbf{I}_n =$

$\mathbf{A}'(\mathbf{A}')^{-1}$の両辺について転置をとれば，定理3.5(2)より$\mathbf{I}_n=((\mathbf{A}')^{-1})'\mathbf{A}$．したがって$\mathbf{A}^{-1}=((\mathbf{A}')^{-1})'$．再びこの両辺の転置をとれば，$(\mathbf{A}^{-1})'=(\mathbf{A}')^{-1}$を得る．(iii) この証明は面倒であるが，行列式の定義に従い地道な計算を繰り返すことによって確認できる．■

演習問題

問題 4.1　以下の行列について，行列式の値を計算せよ．ただし，a, bは実数とする．

$$(1)\begin{bmatrix}1 & a & b\\ 0 & 1 & a\\ 0 & 0 & 1\end{bmatrix}\qquad (2)\begin{bmatrix}1 & a & b\\ a & 1 & a\\ b & a & 1\end{bmatrix}\qquad (3)\begin{bmatrix}1 & a & 0 & 0\\ a & 1 & a & 0\\ 0 & a & 1 & a\\ 0 & 0 & a & 1\end{bmatrix}$$

問題 4.2　問題4.1の各行列について，その逆行列を計算せよ．

問題 4.3　以下の行列式の値を計算せよ．これらを**ヴァンデルモンド行列式**（Vandermonde's determinant）という．ただし，a, b, c, dは実数である．

$$(1)\begin{vmatrix}1 & 1\\ a & b\end{vmatrix}\qquad (2)\begin{vmatrix}1 & 1 & 1\\ a & b & c\\ a^2 & b^2 & c^2\end{vmatrix}\qquad (3)\begin{vmatrix}1 & 1 & 1 & 1\\ a & b & c & d\\ a^2 & b^2 & c^2 & d^2\\ a^3 & b^3 & c^3 & d^3\end{vmatrix}$$

問題 4.4　$\mathbf{A}'=\mathbf{A}$であるとき，$(\mathbf{A}^{-1})'=\mathbf{A}^{-1}$となることを示せ．すなわち，対称行列の逆行列は，再び対称行列である．

問題 4.5　次の等式の成立を示せ．ただし，必要な逆行列はすべて存在するものとする．

$$(\mathbf{A}+\mathbf{B})^{-1}=\mathbf{B}^{-1}(\mathbf{B}^{-1}+\mathbf{A}^{-1})^{-1}\mathbf{A}^{-1}$$

問題 4.6　$\mathbf{A}$をn次正方行列とするとき，その対角成分の和$a_{11}+a_{22}+\cdots+a_{nn}$を$\mathbf{A}$の**トレース**（trace）といい，$\mathrm{tr}\,\mathbf{A}$によって表す．2つの正方行列$\mathbf{A}$，$\mathbf{B}$について，$\mathrm{tr}\,\mathbf{AB}=\mathrm{tr}\,\mathbf{BA}$が成り立つことを示せ．

第5章 内積と射影

この章では，ベクトル空間に長さと角度を導入します．すなわち，「ノルム」によってベクトルの長さを測り，「内積」によって2本のベクトルがなす角度を調べます．とくに内積を応用することにより，部分空間への「射影」が構成されます．射影は，最小二乗法に幾何学的な解釈を与える重要な概念です．

5.1 ノルムと内積

三平方の定理

この章では，ベクトルの長さを測るための「ノルム」と，2本のベクトルがなす角度を測る「内積」について考えます．ノルムと内積によって，線形空間上の対象を図形的に解釈することができるようになるのです．

すべての出発点になるのが，**三平方の定理**です．図5.1には，3辺の長さを a, b, c とする三角形 ABC が描かれています．ここで，角 C が直角であるならば $a^2+b^2=c^2$ が成立します．逆に $a^2+b^2=c^2$ が成り立つならば，角 C は直角です．これが三平方の定理の内容でした．

ベクトルのノルム

三平方の定理を応用すれば，図5.2のようにして，$\mathbb{R}^2$ 上のベクトル $\boldsymbol{x}=\begin{bmatrix} x_1 \\ x_2 \end{bmatrix}$ と $\boldsymbol{y}=\begin{bmatrix} y_1 \\ y_2 \end{bmatrix}$ のあいだの距離を

図5.1　三平方の定理 $a^2+b^2=c^2$

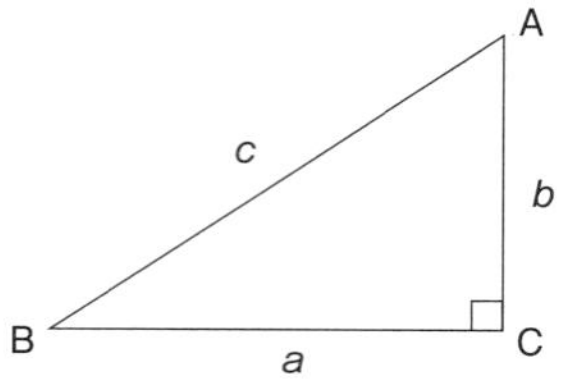

図5.2　ベクトル $\boldsymbol{x}$ と $\boldsymbol{y}$ のあいだの距離

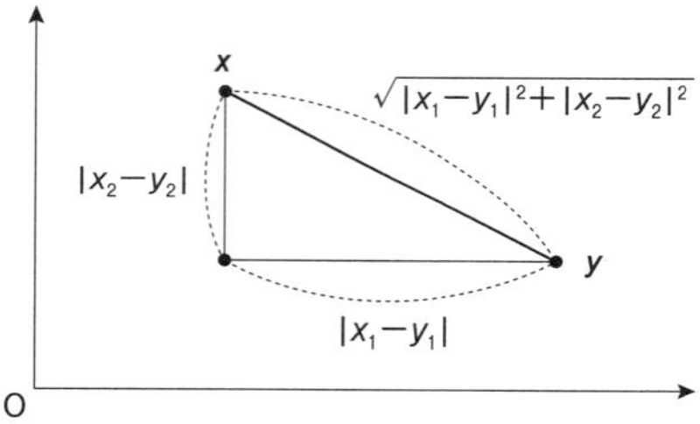

$$d(\boldsymbol{x},\boldsymbol{y})=\sqrt{|x_1-y_1|^2+|x_2-y_2|^2} \tag{5.1}$$

によって測ることができます．これを一般の次元に拡張すれば，次の定義5.1が得られます．

定義 5.1

(i) ベクトル $\boldsymbol{x}=\begin{bmatrix} x_1 \\ \vdots \\ x_n \end{bmatrix}$ の**ノルム**（norm）を，

$$\|\boldsymbol{x}\|=\sqrt{|x_1|^2+\cdots+|x_n|^2} \tag{5.2}$$

によって定義する．

(ii) ベクトル $\boldsymbol{x}=\begin{bmatrix} x_1 \\ \vdots \\ x_n \end{bmatrix}$ と $\boldsymbol{y}=\begin{bmatrix} y_1 \\ \vdots \\ y_n \end{bmatrix}$ のあいだの**距離**（distance）を，

$$d(\boldsymbol{x}, \boldsymbol{y}) = \|\boldsymbol{x}-\boldsymbol{y}\| = \sqrt{|x_1-y_1|^2+\cdots+|x_n-y_n|^2} \tag{5.3}$$

によって定義する.

転置ベクトルによる表現

ベクトル $\boldsymbol{x}$ の転置 $\boldsymbol{x}'$ を用いれば, $\boldsymbol{x}$ のノルムを

$$\|\boldsymbol{x}\| = \sqrt{\boldsymbol{x}'\boldsymbol{x}} \tag{5.4}$$

と書くことが可能になります. 同様にして, $\boldsymbol{x}$ と $\boldsymbol{y}$ のあいだの距離は,

$$d(\boldsymbol{x}, \boldsymbol{y}) = \sqrt{(\boldsymbol{x}-\boldsymbol{y})'(\boldsymbol{x}-\boldsymbol{y})} \tag{5.5}$$

と表すことができます.

例題 5.1 次のベクトルのノルムを計算せよ.

$$(1)\ \boldsymbol{x} = \begin{bmatrix} 1 \\ 2 \\ 3 \end{bmatrix} \qquad (2)\ \boldsymbol{y} = \begin{bmatrix} \sqrt{1} \\ \sqrt{2} \\ \vdots \\ \sqrt{n} \end{bmatrix}$$

[解答] (1) $\|\boldsymbol{x}\|^2 = \boldsymbol{x}'\boldsymbol{x} = 1^2+2^2+3^2 = 14$ より, $\|\boldsymbol{x}\| = \sqrt{14}$. (2) $\|\boldsymbol{y}\|^2 = 1+2+\cdots+n = n(n+1)/2$ より, $\|\boldsymbol{y}\| = \sqrt{n(n+1)/2}$.

内積

転置ベクトル $\boldsymbol{x}'$ をベクトル $\boldsymbol{y}$ に作用させれば, 次の概念が生まれます.

定義 5.2

2つの n 次元ベクトル, $\boldsymbol{x}$ と $\boldsymbol{y}$ の内積 (inner product) を

$$\boldsymbol{x}'\boldsymbol{y} = x_1y_1+\cdots+x_ny_n \tag{5.6}$$

によって定める．

内積は，同じ次元のベクトルのあいだでのみ定義されていることに気を付けましょう．また内積の表記法には他にも $\boldsymbol{x}\cdot\boldsymbol{y}$, $\langle \boldsymbol{x}, \boldsymbol{y}\rangle$ などがありますが，本書では $\boldsymbol{x}'\boldsymbol{y}$ を用います．

内積の性質

内積には次のような性質があります．証明は定義に従って具体的に計算することでただちに示されます．

定理 5.1

任意の n 次元ベクトル $\boldsymbol{x}$, $\boldsymbol{y}$, $\boldsymbol{z}$ について以下が成り立つ．

(i) $\boldsymbol{x}'\boldsymbol{y} = \boldsymbol{y}'\boldsymbol{x}$

(ii) 任意の実数 c について，$(c\boldsymbol{x})'\boldsymbol{y} = \boldsymbol{x}'(c\boldsymbol{y}) = c(\boldsymbol{x}'\boldsymbol{y})$

(iii) $(\boldsymbol{x}+\boldsymbol{z})'\boldsymbol{y} = \boldsymbol{x}'\boldsymbol{y}+\boldsymbol{z}'\boldsymbol{y}$, $\boldsymbol{x}'(\boldsymbol{y}+\boldsymbol{z}) = \boldsymbol{x}'\boldsymbol{y}+\boldsymbol{x}'\boldsymbol{z}$

コーシー・シュワルツの不等式

ノルムと内積の関係を示す重要な結果として，次の不等式があります．これは本当に便利な式で，さまざまな場面で大活躍します．

定理 5.2

任意の n 次元ベクトル $\boldsymbol{x}$, $\boldsymbol{y}$ について，

$$|\boldsymbol{x}'\boldsymbol{y}| \leq \|\boldsymbol{x}\|\|\boldsymbol{y}\| \tag{5.7}$$

が成り立つ（ただし $|\cdot|$ は絶対値を表す）．これを**コーシー・シュワルツの不等式**（**Cauchy-Schwarz inequality**）という．

[証明]　$\boldsymbol{x} = \boldsymbol{0}$ のときは自明であるので，$\boldsymbol{x} \neq \boldsymbol{0}$ であるとする．任意の実数 t について，定理5.1より，

$$\|t\boldsymbol{x}+\boldsymbol{y}\|^2=(t\boldsymbol{x}+\boldsymbol{y})'(t\boldsymbol{x}+\boldsymbol{y})=t^2\boldsymbol{x}'\boldsymbol{x}+2t\boldsymbol{x}'\boldsymbol{y}+\boldsymbol{y}'\boldsymbol{y}\geq 0$$

が成り立つ．したがって，任意の t について

$$\left(t\sqrt{\boldsymbol{x}'\boldsymbol{x}}+\frac{\boldsymbol{x}'\boldsymbol{y}}{\sqrt{\boldsymbol{x}'\boldsymbol{x}}}\right)^2-\frac{(\boldsymbol{x}'\boldsymbol{y})^2}{\boldsymbol{x}'\boldsymbol{x}}+\boldsymbol{y}'\boldsymbol{y}\geq 0$$

であるから，とくに $t=-\frac{\boldsymbol{x}'\boldsymbol{y}}{\boldsymbol{x}'\boldsymbol{x}}$ のときには $-\frac{(\boldsymbol{x}'\boldsymbol{y})^2}{\boldsymbol{x}'\boldsymbol{x}}+\boldsymbol{y}'\boldsymbol{y}\geq 0$ が成り立つ．これより目的の不等式が得られる．■

ノルムの性質

コーシー・シュワルツの不等式(5.7)の応用として，ノルムの基本的な性質に関する次の定理が証明できます．

定理 5.3

任意の n 次元ベクトル $\boldsymbol{x}$, $\boldsymbol{y}$ について以下が成り立つ．

(i) $\|\boldsymbol{x}\|\geq 0$. とくに $\|\boldsymbol{x}\|=0$ となるのは $\boldsymbol{x}=\boldsymbol{0}$ のときに限られる．

(ii) 任意の実数 c について，$\|c\boldsymbol{x}\|=|c|\|\boldsymbol{x}\|$

(iii) $\|\boldsymbol{x}+\boldsymbol{y}\|\leq\|\boldsymbol{x}\|+\|\boldsymbol{y}\|$

[証明]　(i) 定義より $\|\boldsymbol{x}\|\geq 0$ は明らか．また，$\|\boldsymbol{x}\|^2=|x_1|^2+\cdots+|x_n|^2=0$ となるのは $x_1=\cdots=x_n=0$ の場合に限られる．(ii) これも定義よりほぼ明らか．(iii) コーシー・シュワルツの不等式により，$\|\boldsymbol{x}+\boldsymbol{y}\|^2=\boldsymbol{x}'\boldsymbol{x}+2\boldsymbol{x}'\boldsymbol{y}+\boldsymbol{y}'\boldsymbol{y}\leq\|\boldsymbol{x}\|^2+2\|\boldsymbol{x}\|\|\boldsymbol{y}\|+\|\boldsymbol{y}\|^2=(\|\boldsymbol{x}\|+\|\boldsymbol{y}\|)^2$ を得る．■

直交性

内積の図形的な意味を考えましょう．$\mathbb{R}^2$ 上に，ベクトル $\boldsymbol{a}$, $\boldsymbol{b}$, $\boldsymbol{c}$ で与えられる3点をとり，それらを頂点とする三角形を描きます（図5.3）．

一般に $\|\boldsymbol{a}-\boldsymbol{b}\|^2=\|(\boldsymbol{a}-\boldsymbol{c})-(\boldsymbol{b}-\boldsymbol{c})\|^2=\|\boldsymbol{a}-\boldsymbol{c}\|^2+\|\boldsymbol{b}-\boldsymbol{c}\|^2-2(\boldsymbol{a}-\boldsymbol{c})'(\boldsymbol{b}-\boldsymbol{c})$ が成り立ちますから，$(\boldsymbol{a}-\boldsymbol{c})'(\boldsymbol{b}-\boldsymbol{c})=0$ であることと，$\|\boldsymbol{a}-\boldsymbol{b}\|^2=\|\boldsymbol{a}-\boldsymbol{c}\|^2+\|\boldsymbol{b}-\boldsymbol{c}\|^2$ であることは同じです．図5.3を見れば，$\|\boldsymbol{a}-\boldsymbol{b}\|^2=\|\boldsymbol{a}-\boldsymbol{c}\|^2+\|\boldsymbol{b}-\boldsymbol{c}\|^2$ の成立が，$\boldsymbol{a}-\boldsymbol{c}\perp\boldsymbol{b}-\boldsymbol{c}$ を意味することがわかります．したがって，$(\boldsymbol{a}-\boldsymbol{c})'(\boldsymbol{b}-\boldsymbol{c})=0$ は $\boldsymbol{a}-\boldsymbol{c}\perp\boldsymbol{b}-\boldsymbol{c}$ を意味します．

以上の観察を一般化すれば次の定義が得られます．

図5.3　ベクトル $\boldsymbol{a}, \boldsymbol{b}, \boldsymbol{c}$ が作る三角形

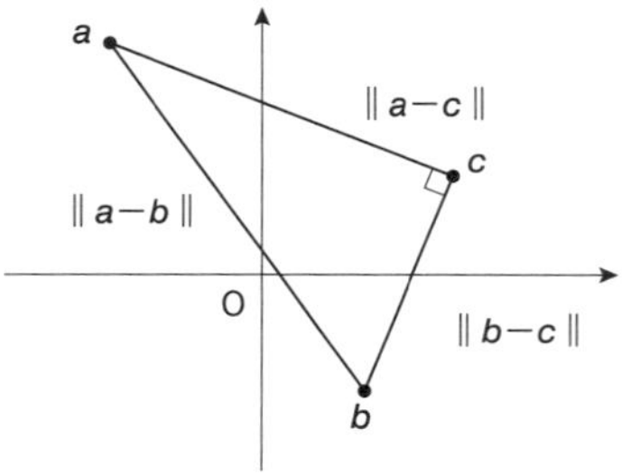

> **定義 5.3**
> $\boldsymbol{x}'\boldsymbol{y}=0$ であるとき，$\boldsymbol{x}$ と $\boldsymbol{y}$ は**直交する**（orthogonal）という．

例題 5.2　次のベクトル $\boldsymbol{a}, \boldsymbol{b}, \boldsymbol{c}$ について，問いに答えよ．

$$\boldsymbol{a}=\begin{bmatrix}2\\3\end{bmatrix},\quad \boldsymbol{b}=\begin{bmatrix}-1\\2\end{bmatrix},\quad \boldsymbol{c}=\begin{bmatrix}1\\1\end{bmatrix}$$

(1) 内積 $(\boldsymbol{a}-\boldsymbol{c})'(\boldsymbol{b}-\boldsymbol{c})$ を計算せよ．

(2) 座標平面 $\mathbb{R}^2$ 上に $\boldsymbol{a}$，$\boldsymbol{b}$，$\boldsymbol{c}$ をとり，$(\boldsymbol{a}-\boldsymbol{c})\perp(\boldsymbol{b}-\boldsymbol{c})$ であることを作図によって確かめよ．

［解答］　省略する．

5.2 射影

ベクトルと部分空間の直交

前節では，2つのベクトルが直交することの定義を与えました．この節では，ベクトルと「平面」，すなわちベクトルと部分空間の直交について考えます．

図5.4 ベクトル $\boldsymbol{a}$ と部分空間 M の直交

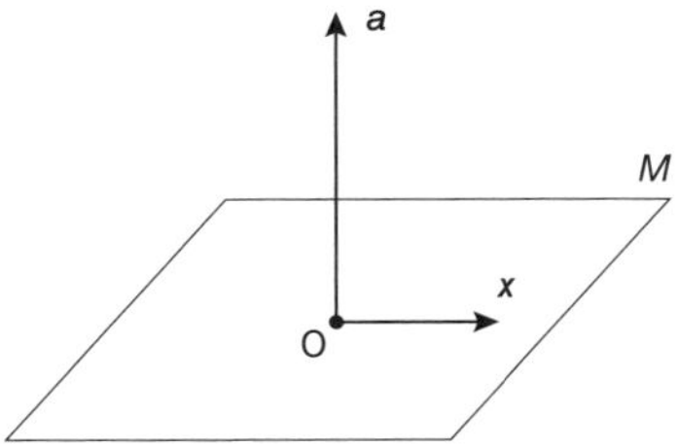

定義 5.4

$\mathbb{R}^n$ の部分空間 M とベクトル $\boldsymbol{a}$ が直交するとは，任意の $\boldsymbol{x} \in M$ について $\boldsymbol{a} \perp \boldsymbol{x}$ となることである（図5.4）．$\boldsymbol{a}$ が M に直交するとき，$\boldsymbol{a} \perp M$ と書く．

定理 5.4

$M = \mathrm{Span}\{\boldsymbol{x}_1, ..., \boldsymbol{x}_k\}$ とするとき，$\boldsymbol{a} \perp M$ であるための必要十分条件は，

$$\boldsymbol{a}'\boldsymbol{x}_1 = \cdots = \boldsymbol{a}'\boldsymbol{x}_k = 0 \tag{5.8}$$

が成り立つことである．

［証明］ 任意の $\boldsymbol{x} \in M$ について，係数 $c_1, ..., c_k$ が存在して $\boldsymbol{x} = c_1\boldsymbol{x}_1 + \cdots + c_k\boldsymbol{x}_k$ と書ける．したがって条件(5.8)式が成り立つとき，$\boldsymbol{a}'\boldsymbol{x} = c_1\boldsymbol{a}'\boldsymbol{x}_1 + \cdots + c_k\boldsymbol{a}'\boldsymbol{x}_k = 0$ となり，$\boldsymbol{a} \perp M$ がわかる．逆に $\boldsymbol{a} \perp M$ が成り立っているとき，定義よりすべての $\boldsymbol{x}_1, ..., \boldsymbol{x}_k \in M$ について $\boldsymbol{a}'\boldsymbol{x}_1 = \cdots \boldsymbol{a}'\boldsymbol{x}_k = 0$ であるから定理が成り立つ．■

直交補空間

部分空間 M が与えられたとき，それに直交するすべてのベクトルからなる新たな空間を構成することができます．

定義 5.5

$\mathbb{R}^n$ の部分空間 M に直交するすべてのベクトルからなる集合を，M の直

交補空間 $M^{\perp}$ といい，

$$M^{\perp} = \{\boldsymbol{u} \in \mathbb{R}^n \mid \boldsymbol{u} \perp M\} \tag{5.9}$$

によって定義する．

直交補空間が部分空間であることは定理5.4から確認できます．すなわち $M = \mathrm{Span}\,\{\boldsymbol{x}_1, \ldots, \boldsymbol{x}_k\}$ とすれば，任意の $\boldsymbol{u}, \boldsymbol{v} \in M^{\perp}$ について，$\boldsymbol{u}'\boldsymbol{x}_j = \boldsymbol{v}'\boldsymbol{x}_j = 0$ $(j = 1, \ldots, k)$ が成り立っています．したがって任意の実数 s, t について，$(s\boldsymbol{u} + t\boldsymbol{v})'\boldsymbol{x}_j = s\boldsymbol{u}'\boldsymbol{x}_j + t\boldsymbol{v}'\boldsymbol{x}_j = 0$ $(j = 1, \ldots, k)$．これより，$s\boldsymbol{u} + t\boldsymbol{v} \in M^{\perp}$ がわかります．

例題 5.3　以下の部分空間 $M \subset \mathbb{R}^3$ について，$M^{\perp}$ を具体的に構成せよ．

$$M = \mathrm{Span}\left\{\begin{bmatrix} 1 \\ 1 \\ 1 \end{bmatrix}\right\}$$

[解答]　M の基底を $\boldsymbol{x}$ とするとき，これに直交するベクトルとして，

$$\boldsymbol{u}_1 = \begin{bmatrix} 1 \\ -1 \\ 0 \end{bmatrix}, \quad \boldsymbol{u}_2 = \begin{bmatrix} 0 \\ 1 \\ -1 \end{bmatrix}$$

を選ぶ．このとき $\boldsymbol{x}, \boldsymbol{u}_1, \boldsymbol{u}_2$ は線形独立であるから，$\mathbb{R}^3 = \mathrm{Span}\,\{\boldsymbol{x}, \boldsymbol{u}_1, \boldsymbol{u}_2\}$ である．とくに $M^{\perp} \subset \mathbb{R}^3$ であるから，任意の $\boldsymbol{v} \in M^{\perp}$ について，適当な係数 c_1, c_2, c_3 を用いて $\boldsymbol{v} = c_1\boldsymbol{x} + c_2\boldsymbol{u}_1 + c_3\boldsymbol{u}_2$ と書ける．$\boldsymbol{x} \perp \boldsymbol{v}$ であるから $\boldsymbol{x}'\boldsymbol{v} = c_1\boldsymbol{x}'\boldsymbol{x} + c_2\boldsymbol{x}'\boldsymbol{u}_1 + c_3\boldsymbol{x}'\boldsymbol{u}_2 = 3c_1 = 0$，したがって $c_1 = 0$．ゆえに，$M^{\perp} = \mathrm{Span}\,\{\boldsymbol{u}_1, \boldsymbol{u}_2\}$ である．

部分空間への射影

あるベクトル $\boldsymbol{y} \in \mathbb{R}^n$ と，$\mathbb{R}^n$ の部分空間 M を与えられたものとしましょう．この $\boldsymbol{y}$ から M に垂線を下し，その足を $\boldsymbol{y}^*$ とします（図5.5）．このとき，$\boldsymbol{y}^*$ を $\boldsymbol{y}$ の M 上への**射影**といいます．

図5.5より，射影 $\boldsymbol{y}^*$ が満たすべき2つの条件が明らかになります．第一に，

図5.5　ベクトル $\boldsymbol{y}$ の M 上への射影 $\boldsymbol{y}^*$

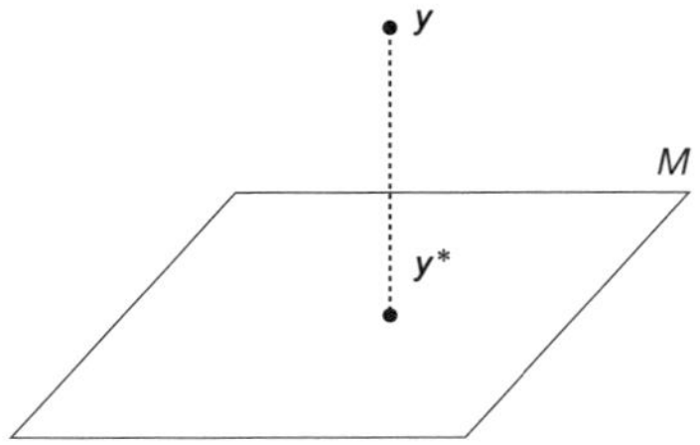

それが「M 上への」射影であるからには，$\boldsymbol{y}^* \in M$ でなければなりません．第二に，それが垂線の足であるためには，線分 $\boldsymbol{y}-\boldsymbol{y}^*$ は M に直交していなくてはなりません．以上の観察から，射影の定義が以下のように与えられます．

定義 5.6

ベクトル $\boldsymbol{y}^*$ が

$$\boldsymbol{y}^* \in M \quad \text{かつ} \quad \boldsymbol{y}-\boldsymbol{y}^* \perp M \tag{5.10}$$

を満たすとき，これを $\boldsymbol{y}$ の M 上への**射影**（projection）という．

射影の計算

とくに $M = \mathrm{Span}\{\boldsymbol{x}_1, ..., \boldsymbol{x}_k\}$ であるときに，$\boldsymbol{y}^*$ を具体的に計算してみましょう．ただし以下ではベクトル $\boldsymbol{x}_1, ..., \boldsymbol{x}_k$ は線形独立であるとします．また，これらを列成分とする $n \times k$ 行列を $\mathbf{X}$ とします．すなわち，

$$\boldsymbol{x}_1 = \begin{bmatrix} x_{11} \\ \vdots \\ x_{n1} \end{bmatrix}, \quad ..., \quad \boldsymbol{x}_k = \begin{bmatrix} x_{1k} \\ \vdots \\ x_{nk} \end{bmatrix}$$

であるとき，

$$\mathbf{X} = [\boldsymbol{x}_1 \quad \cdots \quad \boldsymbol{x}_k] = \begin{bmatrix} x_{11} & \cdots & x_{1k} \\ \vdots & & \vdots \\ x_{n1} & \cdots & x_{nk} \end{bmatrix}$$

とします．したがって，$M=\mathrm{Im}\,\mathbf{X}$，また $\mathrm{rank}\,\mathbf{X}=k$ となります．

射影の定義より $\boldsymbol{y}^*\in M$ ですから，適当なベクトル $\boldsymbol{b}\in\mathbb{R}^k$ によって

$$\boldsymbol{y}^*=\mathbf{X}\boldsymbol{b}=b_1\boldsymbol{x}_1+\cdots+b_k\boldsymbol{x}_k$$

と書けます．さらに，$\boldsymbol{y}-\boldsymbol{y}^*\perp M$ より

$$\boldsymbol{x}_j'(\boldsymbol{y}-\boldsymbol{y}^*)=\boldsymbol{x}_j'\boldsymbol{y}-b_1\boldsymbol{x}_j'\boldsymbol{x}_1-\cdots-b_k\boldsymbol{x}_j'\boldsymbol{x}_k=0 \quad (j=1,\dots,k)$$

が成り立ちますから，

$$\begin{bmatrix}\boldsymbol{x}_1'\boldsymbol{y}\\ \vdots\\ \boldsymbol{x}_k'\boldsymbol{y}\end{bmatrix}=\begin{bmatrix}\boldsymbol{x}_1'\boldsymbol{x}_1 & \cdots & \boldsymbol{x}_1'\boldsymbol{x}_k\\ \vdots & \ddots & \vdots\\ \boldsymbol{x}_k'\boldsymbol{x}_1 & \cdots & \boldsymbol{x}_k'\boldsymbol{x}_k\end{bmatrix}\begin{bmatrix}b_1\\ \vdots\\ b_k\end{bmatrix}$$

あるいは $\mathbf{X}'\boldsymbol{y}=\mathbf{X}'\mathbf{X}\boldsymbol{b}$ を得ます．仮定より $\mathrm{rank}\,\mathbf{X}=k$，さらに定理4.4により $\mathrm{rank}\,\mathbf{X}'\mathbf{X}=k$ ですから，k 次正方行列 $\mathbf{X}'\mathbf{X}$ は正則です．したがって，射影 $\boldsymbol{y}^*$ の係数ベクトル $\boldsymbol{b}$ は，

$$\boldsymbol{b}=(\mathbf{X}'\mathbf{X})^{-1}\mathbf{X}'\boldsymbol{y} \tag{5.11}$$

によって与えられることがわかります．

以上の計算により，次の定理が得られます．

定理 5.5

$n\times k$ 行列 $\mathbf{X}$ が $\mathrm{rank}\,\mathbf{X}=k$ を満たすとき，$\boldsymbol{y}\in\mathbb{R}^n$ の $\mathrm{Im}\,\mathbf{X}$ 上への射影 $\boldsymbol{y}^*$ は，

$$\boldsymbol{y}^*=\mathbf{X}(\mathbf{X}'\mathbf{X})^{-1}\mathbf{X}'\boldsymbol{y} \tag{5.12}$$

によって与えられる．

ところで(5.11)式は，第2章の冒頭で紹介した最小二乗法の計算公式(2.7)と同じものですね．この一致は偶然ではありません．しかし，その理由について考えるのはあとのお楽しみとして，いまは射影の性質を理解することに専念します．

図5.6 例題5.4における $\boldsymbol{x}$, $\boldsymbol{y}$, $\boldsymbol{y}^*$ の位置関係

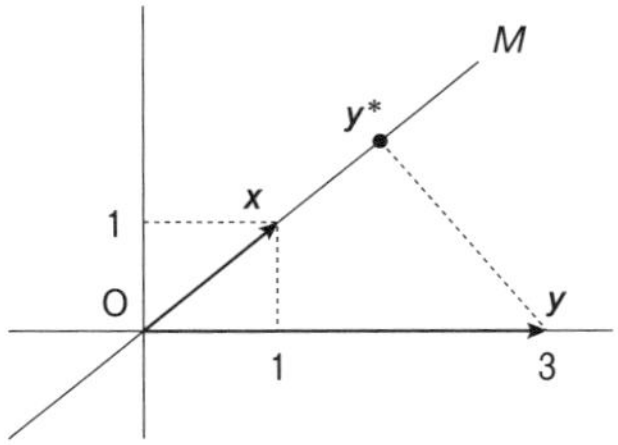

例題 5.4

部分空間 $M = \mathrm{Span}\left\{\begin{bmatrix}1\\1\end{bmatrix}\right\}$ 上への，$\boldsymbol{y} = \begin{bmatrix}3\\0\end{bmatrix}$ の射影を $\boldsymbol{y}^*$ とするとき，$\boldsymbol{y}^*$ を求めよ．

[解答]

$\boldsymbol{x} = \begin{bmatrix}1\\1\end{bmatrix}$ として例題の状況を図示すると，図5.6のようになる．定理5.5に従って計算すれば，$\mathbf{X} = \boldsymbol{x}$ より

$$\boldsymbol{y}^* = \begin{bmatrix}1\\1\end{bmatrix}\left(\begin{bmatrix}1 & 1\end{bmatrix}\begin{bmatrix}1\\1\end{bmatrix}\right)^{-1}\begin{bmatrix}1 & 1\end{bmatrix}\begin{bmatrix}3\\0\end{bmatrix} = \frac{1}{2}\begin{bmatrix}1 & 1\\1 & 1\end{bmatrix}\begin{bmatrix}3\\0\end{bmatrix} = \begin{bmatrix}3/2\\3/2\end{bmatrix}$$

を得る．

例題 5.5

$\mathbf{X} = \begin{bmatrix}1 & 0\\1 & 0\\0 & 1\end{bmatrix}$ とするとき，$M = \mathrm{Im}\,\mathbf{X}$ 上への $\boldsymbol{y} = \begin{bmatrix}1\\1\\1\end{bmatrix}$ の射影 $\boldsymbol{y}^*$ を求めよ．

[解答] 定理5.5に従って計算すれば，

$$\boldsymbol{y}^* = \begin{bmatrix} 1 & 0 \\ 1 & 0 \\ 0 & 1 \end{bmatrix} \left(\begin{bmatrix} 1 & 1 & 0 \\ 0 & 0 & 1 \end{bmatrix} \begin{bmatrix} 1 & 0 \\ 1 & 0 \\ 0 & 1 \end{bmatrix} \right)^{-1} \begin{bmatrix} 1 & 1 & 0 \\ 0 & 0 & 1 \end{bmatrix} \begin{bmatrix} 1 \\ 1 \\ 1 \end{bmatrix} = \begin{bmatrix} 1 \\ 1 \\ 1 \end{bmatrix}$$

したがって $\boldsymbol{y}^* = \boldsymbol{y}$ となっている．実は最初から $\boldsymbol{y} \in M$ であるため，$\boldsymbol{y}$ を M 上に射影しても変化が生じないのである．

5.3 射影行列の性質

射影行列

定理5.5によれば，任意のベクトル $\boldsymbol{y}$ は，行列 $\mathbf{X}(\mathbf{X}'\mathbf{X})^{-1}\mathbf{X}'$ によって，その射影 $\boldsymbol{y}^*$ へと移されます．この行列に特別な名前を与えましょう．

定義 5.7

$n \times k$ 行列 $\mathbf{X}$ について $\operatorname{rank} \mathbf{X} = k$ であるとする．このとき，次によって定まる n 次正方行列

$$\mathbf{P}_M = \mathbf{X}(\mathbf{X}'\mathbf{X})^{-1}\mathbf{X}' \tag{5.13}$$

を，$M = \operatorname{Im} \mathbf{X}$ 上への**射影行列**（projection matrix）という．

以下に示すように，この行列には数々の特別な性質があります．

定理 5.6

射影行列 $\mathbf{P}_M$ について，以下が成り立つ．

(i) $(\mathbf{P}_M)^2 = \mathbf{P}_M$

(ii) $\boldsymbol{y} \in M$ であれば $\mathbf{P}_M\boldsymbol{y} = \boldsymbol{y}$

(iii) $\operatorname{rank} \mathbf{P}_M = k$

(iv) $(\mathbf{P}_M)' = \mathbf{P}_M$

[証明]　(i) $(\mathbf{P}_M)^2 = \mathbf{X}(\mathbf{X}'\mathbf{X})^{-1}\mathbf{X}'\mathbf{X}(\mathbf{X}'\mathbf{X})^{-1}\mathbf{X}' = \mathbf{X}(\mathbf{X}'\mathbf{X})^{-1}\mathbf{X}'$．(ii) $\boldsymbol{y} \in M = \operatorname{Im} \mathbf{X}$ であるなら，適当な係数ベクトル $\boldsymbol{b} \in \mathbf{R}^k$ によって $\boldsymbol{y} = \mathbf{X}\boldsymbol{b}$ と書ける．このとき，$\mathbf{P}_M\boldsymbol{y} = \mathbf{X}(\mathbf{X}'\mathbf{X})^{-1}\mathbf{X}'\mathbf{X}\boldsymbol{b} = \mathbf{X}\boldsymbol{b} = \boldsymbol{y}$ である．(iii) 射影の定義より $\operatorname{Im} \mathbf{P}_M = M$．したが

って $\mathrm{rank}\,\mathbf{P}_M = \dim M = k$. (iv) 定理3.5より，一般に $(\mathbf{BA})' = \mathbf{A}'\mathbf{B}'$，また定理4.7より $(\mathbf{A}^{-1})' = (\mathbf{A}')^{-1}$．これらを繰り返し使うことにより(iv)が示される．■

直交補空間上への射影

ここで改めて射影の定義5.6を見てみましょう．定義によれば，ベクトル $\boldsymbol{y}$ と，その M 上への射影 $\boldsymbol{y}^* = \mathbf{P}_M\boldsymbol{y}$ について，それらの差 $\boldsymbol{y}-\boldsymbol{y}^* = (\mathbf{I}_n-\mathbf{P}_M)\boldsymbol{y}$ は M の直交補空間 $M^\perp$ に属します．したがって，次のようにして新たな射影行列が得られます．

定理 5.7

$\mathbf{P}_M$ を M 上への射影行列とするとき，

$$\mathbf{I}_n-\mathbf{P}_M = \mathbf{I}_n-\mathbf{X}(\mathbf{X}'\mathbf{X})^{-1}\mathbf{X}' \tag{5.14}$$

は $M^\perp$ 上への射影行列である．

[証明] 記述を簡単にするため，$\mathbf{Q}_M = \mathbf{I}_n-\mathbf{P}_M$ とおく．射影の定義により，確認すべきことは，任意の $\boldsymbol{y} \in \mathbb{R}^n$ について $\mathbf{Q}_M\boldsymbol{y} \in M^\perp$ および $\boldsymbol{y}-\mathbf{Q}_M\boldsymbol{y} \perp M^\perp$ が成り立つことである．$\mathbf{Q}_M\boldsymbol{y} \in M^\perp$ を示すには，任意の $\boldsymbol{z} \in M$ について必ず $(\mathbf{Q}_M\boldsymbol{y})'\boldsymbol{z} = 0$ となることを示せばよい．適当な係数ベクトル $\boldsymbol{c} \in \mathbb{R}^k$ が存在して $\boldsymbol{z} = \mathbf{X}\boldsymbol{c}$ と表されることを用いれば，$(\mathbf{P}_M)' = \mathbf{P}_M$ より $(\mathbf{Q}_M\boldsymbol{y})'\boldsymbol{z} = \boldsymbol{y}'(\mathbf{I}_n-\mathbf{P}_M)'\boldsymbol{z} = \boldsymbol{y}'(\mathbf{I}_n-\mathbf{P}_M)\mathbf{X}\boldsymbol{c} = \boldsymbol{y}'(\mathbf{X}\boldsymbol{c}-\mathbf{X}\boldsymbol{c}) = 0$ を得る．また，$\boldsymbol{y}-\mathbf{Q}_M\boldsymbol{y} \perp M^\perp$ については，$\mathbf{Q}_M$ の定義より $\boldsymbol{y}-\mathbf{Q}_M\boldsymbol{y} = \mathbf{P}_M\boldsymbol{y} \in M$ であることからわかる．■

直交分解

この定理は，さらに次の事実を導きます．

定理 5.8

任意の $\boldsymbol{y} \in \mathbb{R}^n$ は，

$$\boldsymbol{y} = \boldsymbol{u}+\boldsymbol{v}, \quad \boldsymbol{u} \in M, \quad \boldsymbol{v} \in M^\perp \tag{5.15}$$

と分解できる．しかも，このような分解は一通りしかない．

[証明] 分解の可能性については，$\boldsymbol{u} = \mathbf{P}_M\boldsymbol{y}$, $\boldsymbol{v} = (\mathbf{I}_n-\mathbf{P}_M)\boldsymbol{y}$ とすることで直ちに示

される．いま，$\boldsymbol{y} = \boldsymbol{u}_1 + \boldsymbol{v}_1 = \boldsymbol{u}_2 + \boldsymbol{v}_2$ と2通りに分解されたとする．ただし，$\boldsymbol{u}_1$, $\boldsymbol{u}_2 \in M$，また $\boldsymbol{v}_1$, $\boldsymbol{v}_2 \in M^{\perp}$ である．このとき $\boldsymbol{u}_1 - \boldsymbol{u}_2 = \boldsymbol{v}_2 - \boldsymbol{v}_1$ であるから，$\boldsymbol{w} = \boldsymbol{u}_1 - \boldsymbol{u}_2$ とおけば $\boldsymbol{w} = \boldsymbol{u}_1 - \boldsymbol{u}_2 \in M$ かつ $\boldsymbol{w} = \boldsymbol{v}_2 - \boldsymbol{v}_1 \in M^{\perp}$ である．したがって $\|\boldsymbol{w}\|^2 = \boldsymbol{w}'\boldsymbol{w} = 0$ となるので，$\boldsymbol{w} = \boldsymbol{0}$ を得る．■

直交補空間への射影行列

直交補空間への射影 $\mathbf{I}_n - \mathbf{P}_M$ は以下の性質をもちます．

定理 5.9

$M^{\perp}$ 上への射影行列 $\mathbf{I}_n - \mathbf{P}_M$ について，以下が成り立つ．

(i) $(\mathbf{I}_n - \mathbf{P}_M)^2 = \mathbf{I}_n - \mathbf{P}_M$

(ii) $\boldsymbol{z} \in M$ であれば $(\mathbf{I}_n - \mathbf{P}_M)\boldsymbol{z} = \boldsymbol{0}$

(iii) $\boldsymbol{z} \in M^{\perp}$ であれば $(\mathbf{I}_n - \mathbf{P}_M)\boldsymbol{z} = \boldsymbol{z}$

(iv) $\mathrm{rank}\,(\mathbf{I}_n - \mathbf{P}_M) = n - k$

(v) $(\mathbf{I}_n - \mathbf{P}_M)' = \mathbf{I}_n - \mathbf{P}_M$

[証明]　(iv)のみ示す．それ以外は定理5.6から直ちに従う．仮定より部分空間 M の次元は $\dim M = k$，よって定理5.8により $\dim M^{\perp} = n - k$ である．一方，射影の定義より $\mathrm{Im}\,(\mathbf{I}_n - \mathbf{P}_M) = M^{\perp}$ であるから，$\mathrm{rank}\,(\mathbf{I}_n - \mathbf{P}_M) = \dim M^{\perp} = n - k$ を得る．
■

演習問題

問題 5.1　コーシー・シュワルツの不等式(5.7)式において，等号 $|\boldsymbol{x}'\boldsymbol{y}| = \|\boldsymbol{x}\|\|\boldsymbol{y}\|$ が成立するための必要十分条件は何か．ただし $\boldsymbol{x} \neq \boldsymbol{0}$, $\boldsymbol{y} \neq \boldsymbol{0}$ とする．

問題 5.2　以下に与えられる部分空間について，それぞれの上への射影行列を求めよ．

$$(1)\ \mathrm{Im}\begin{bmatrix} 1 & 0 \\ 1 & 0 \\ 1 & 1 \end{bmatrix} \qquad (2)\ \mathrm{Im}\begin{bmatrix} 2 & 0 \\ 1 & 0 \end{bmatrix} \qquad (3)\ \mathrm{Im}\begin{bmatrix} 1 & 1 & 1 \\ 0 & 1 & 2 \end{bmatrix}$$

問題 5.3　問題5.2に与えられた部分空間のそれぞれについて，直交補空間を具体的に求めよ．

問題 5.4　M を $\mathbb{R}^n$ の部分空間，$\boldsymbol{y}^*$ を $\boldsymbol{y} \in \mathbb{R}^n$ の M 上への射影とするとき，$\|\boldsymbol{y}^*\| \leq \|\boldsymbol{y}\|$ が成り立つことを示せ．

問題 5.5　$\mathbb{R}^n$ の基底 $\boldsymbol{e}_1, \ldots, \boldsymbol{e}_n$ について，$i \neq j$ ならば $\boldsymbol{e}_i'\boldsymbol{e}_j = 0$ が満たされるとき，これを $\mathbb{R}^n$ の**直交基底**という．任意の線形独立なベクトル $\boldsymbol{x}_1, \ldots, \boldsymbol{x}_n$ が与えられたとき，

$$\boldsymbol{w}_1 = \boldsymbol{x}_1,\quad \boldsymbol{w}_2 = \boldsymbol{x}_2 - \frac{\boldsymbol{w}_1'\boldsymbol{x}_2}{\boldsymbol{w}_1'\boldsymbol{w}_1}\boldsymbol{w}_1,\quad \ldots,\quad \boldsymbol{w}_n = \boldsymbol{x}_n - \sum_{j=1}^{n-1} \frac{\boldsymbol{w}_j'\boldsymbol{x}_n}{\boldsymbol{w}_j'\boldsymbol{w}_j}\boldsymbol{w}_j \tag{5.16}$$

によって生成される $\boldsymbol{w}_1, \ldots, \boldsymbol{w}_n$ は $\mathbb{R}^n$ の直交基底であることを示せ．(5.16)式によって直交基底を作り出す方法を，**シュミットの直交化**という．

問題 5.6　以下の 3 本のベクトルにシュミットの直交化を適用することにより，$\mathbb{R}^3$ の直交基底を生成せよ．なお，解答は一通りには定まらない．

$$\begin{bmatrix} 1 \\ 1 \\ 1 \end{bmatrix},\quad \begin{bmatrix} 1 \\ 1 \\ 0 \end{bmatrix},\quad \begin{bmatrix} 1 \\ 0 \\ 0 \end{bmatrix}$$

第6章 二次形式と対角化

この章では，行列を用いて二次多項式を表現する方法を考えます．この方法を応用することにより，行列の「符号」を判定したり，ベクトル空間上に定義された関数の最小化問題を解くことができるようになります．計量経済学で扱われる推定法の多くは，本章で解説される手法に基づいて計算されています．

6.1 二次形式と定符号行列

二次関数と行列

行列は，本質的に一次式と大変相性のよいものです．しかし，行列が表現できるのは一次式だけではありません．ノルムや内積の考え方をうまく一般化すれば，行列によって二次多項式を表現することもできるのです．

例えば2次元ベクトル $\boldsymbol{b}=\begin{bmatrix} b_1 \\ b_2 \end{bmatrix}$ を変数とする二次多項式，

$$A(\boldsymbol{b})=a_{11}b_1^2+2a_{12}b_1b_2+a_{22}b_2^2 \tag{6.1}$$

を考えます．なお，この章では後々の参照の便を考え，変数として $\boldsymbol{x}$ ではなく $\boldsymbol{b}$ を用います．奇異な感じがあると思いますが慣れてください．(6.1)式の右辺を変形すれば，$A(\boldsymbol{b})=b_1(a_{11}b_1+a_{12}b_2)+b_2(a_{12}b_1+a_{22}b_2)$ となりますから，

$$A(\boldsymbol{b})=[b_1 \quad b_2]\begin{bmatrix} a_{11}b_1+a_{12}b_2 \\ a_{12}b_1+a_{22}b_2 \end{bmatrix}=[b_1 \quad b_2]\begin{bmatrix} a_{11} & a_{12} \\ a_{12} & a_{22} \end{bmatrix}\begin{bmatrix} b_1 \\ b_2 \end{bmatrix}$$

となります．そこで $\mathbf{A}=\begin{bmatrix} a_{11} & a_{12} \\ a_{12} & a_{22} \end{bmatrix}$ とおけば，二次多項式 $A(\boldsymbol{b})$ は $A(\boldsymbol{b})=\boldsymbol{b}'\mathbf{A}\boldsymbol{b}$ のように対称行列とベクトルの組み合わせとして表現されることになります．

二次形式

この例を一般化すれば，次の定義が得られます．

定義 6.1

k 次対称行列 $\mathbf{A}$ と，k 次元ベクトル $\boldsymbol{b}$ から構成される二次多項式

$$\boldsymbol{b}'\mathbf{A}\boldsymbol{b} \tag{6.2}$$

を，$\mathbf{A}$ による**二次形式**（quadratic form）という．

例題 6.1　以下の行列による二次形式を，$\boldsymbol{b}$ の二次多項式として書け．

(1) $\begin{bmatrix} 1 & -1 \\ -1 & 0 \end{bmatrix}$　(2) $\begin{bmatrix} 1 & -1 & 0 \\ -1 & 0 & -1 \\ 0 & -1 & 1 \end{bmatrix}$

[解答]　(1) $b_1^2-2b_1b_2$　(2) $b_1^2-2b_1b_2-2b_2b_3+b_3^2$

例題 6.2　以下の二次多項式を二次形式として与える対称行列を見いだせ．

(1) $2b_1^2-b_1b_2+b_2^2$　(2) $2b_1b_2+4b_2b_3-6b_3b_1$

[解答]

(1) $\begin{bmatrix} 2 & -1/2 \\ -1/2 & 1 \end{bmatrix}$　(2) $\begin{bmatrix} 0 & 1 & -3 \\ 1 & 0 & 2 \\ -3 & 2 & 0 \end{bmatrix}$

一般化されたノルム

これまではベクトル $\boldsymbol{b}$ のノルムを $\|\boldsymbol{b}\| = \sqrt{\boldsymbol{b}'\boldsymbol{b}}$ によって定義していました．しかしながら，これだけがベクトルの長さを測る方法ではありません．

例えば，個人の外見的特徴を，体重 w(kg) と身長 h(cm) の組 $\boldsymbol{b} = \begin{bmatrix} w \\ h \end{bmatrix}$ によって数量化することにしましょう．そして，2つの外見ベクトル $\boldsymbol{b}_1 = \begin{bmatrix} w_1 \\ h_1 \end{bmatrix}$ と $\boldsymbol{b}_2 = \begin{bmatrix} w_2 \\ h_2 \end{bmatrix}$ の類似性を，距離

$$d(\boldsymbol{b}_1, \boldsymbol{b}_2) = \sqrt{(\boldsymbol{b}_1 - \boldsymbol{b}_2)'(\boldsymbol{b}_1 - \boldsymbol{b}_2)} = \sqrt{(w_1 - w_2)^2 + (h_1 - h_2)^2}$$

によって測るとしましょう．この距離が近いほど，2人の個人は似ていると考えるのです．

しかし評価者によっては，身長が近いことよりも体重が近いことを重要視するかもしれません．そのような場合には，適当なウェイト $a_1(>1)$ を用いて

$$d'(\boldsymbol{b}_1, \boldsymbol{b}_2) = \sqrt{a_1(w_1 - w_2)^2 + (h_1 - h_2)^2}$$

とすることが考えられます．逆に，体重よりも身長の類似を重要視する評価者であれば，また別のウェイト $a_2(>1)$ を用いて

$$d''(\boldsymbol{b}_1, \boldsymbol{b}_2) = \sqrt{(w_1 - w_2)^2 + a_2(h_1 - h_2)^2}$$

としたいかもしれません．あるいは，いっそのこと $\mathbf{A} = \begin{bmatrix} a_1 & 0 \\ 0 & a_2 \end{bmatrix}$ として，

$$d_{\mathbf{A}}(\boldsymbol{b}_1, \boldsymbol{b}_2) = \sqrt{(\boldsymbol{b}_1 - \boldsymbol{b}_2)'\mathbf{A}(\boldsymbol{b}_1 - \boldsymbol{b}_2)} = \sqrt{a_1(w_1 - w_2)^2 + a_2(h_1 - h_2)^2}$$

によって距離を測ることにすれば，より細かな評価基準の調整が可能になります．

定義 6.2

k 次正方行列 $\mathbf{A}$ をウェイトとするノルムを，各 $\boldsymbol{b} \in \mathbb{R}^k$ について

$$\|\boldsymbol{b}\|_{\mathbf{A}} = \sqrt{\boldsymbol{b}'\mathbf{A}\boldsymbol{b}}$$

によって定める．さらに，$\mathbf{A}$ をウェイトとする距離を $d_{\mathbf{A}}(\boldsymbol{b}_1, \boldsymbol{b}_2) = \|\boldsymbol{b}_1 - \boldsymbol{b}_2\|_{\mathbf{A}}$ によって定義する．

この一般化された距離 $d_{\mathbf{A}}(\boldsymbol{b}_1, \boldsymbol{b}_2)$ は**マハラノビス距離**（Mahalanobis' distance）とも呼ばれ，計量経済学においてしばしば重要な役割を果たします．これまで用いてきた距離は，ウェイト行列として単位行列 $\mathbf{I}_k$ を用いた場合に相当し，これをとくに**ユークリッド距離**（Euclidian distance）といいます．

定符号行列

一般化された距離の定義6.2が有意味であるためには，一つの要請が満たされねばなりません．それは「二次形式 $\boldsymbol{b}'\mathbf{A}\boldsymbol{b}$ の値はいつでも非負でなければならない」という要請です．仮に $\boldsymbol{b}'\mathbf{A}\boldsymbol{b} < 0$ となってしまうと，距離の値が虚数になって困ります．そういうわけで，次の概念が新たに必要になってくるのです．

定義 6.3

二次形式 $\boldsymbol{b}'\mathbf{A}\boldsymbol{b}$ の符号が $\boldsymbol{b}$ によらずに定まっているような行列 $\mathbf{A}$ を**定符号行列**という．とくに 任意の $\boldsymbol{b}$ について必ず $\boldsymbol{b}'\mathbf{A}\boldsymbol{b} \geq 0$ が成立するとき，行列 $\mathbf{A}$ は**半正定値**（positive semi-definite）であるという．また，$\boldsymbol{b} \neq \mathbf{0}$ である限り必ず $\boldsymbol{b}'\mathbf{A}\boldsymbol{b} > 0$ となる $\mathbf{A}$ は**正定値**（positive definite）であるという．

定義6.2で用いられるべきウェイト行列 $\mathbf{A}$ は，したがって（半）正定値でなければなりません．定符号行列の例として単位行列 $\mathbf{I}_k$ を挙げることができますが，これ以外にも次のような例を考えることができます．

例題 6.3　以下の行列の定符号性を確認せよ．

$$(1)\begin{bmatrix}1&1\\1&1\end{bmatrix}\qquad(2)\begin{bmatrix}2&-1\\-1&2\end{bmatrix}\qquad(3)\begin{bmatrix}2&1&0\\1&2&1\\0&1&2\end{bmatrix}$$

［解答］　任意の $b_1, b_2, b_3 \neq 0$ について，以下の符号が成立する．

(1) $[b_1\ \ b_2]\begin{bmatrix}1&1\\1&1\end{bmatrix}\begin{bmatrix}b_1\\b_2\end{bmatrix}=(b_1+b_2)^2\geq 0$，したがって半正定値．

(2) $[b_1\ \ b_2]\begin{bmatrix}2&-1\\-1&2\end{bmatrix}\begin{bmatrix}b_1\\b_2\end{bmatrix}=2\left(b_1-\frac{b_2}{2}\right)^2+\frac{3}{2}(b_2)^2>0$，したがって正定値．

(3) $[b_1\ \ b_2\ \ b_3]\begin{bmatrix}2&1&0\\1&2&1\\0&1&2\end{bmatrix}\begin{bmatrix}b_1\\b_2\\b_3\end{bmatrix}=(b_1+b_2)^2+(b_2+b_3)^2+b_1^2+b_3^2>0$，したがって正定値．

例題 6.4　以下の行列が半正定値もしくは正定値であることを示せ．

(1) 対角成分がすべて正（$a_1>0,\ldots,a_k>0$）である k 次対角行列 $\mathbf{A}=diag[a_1,\ldots,a_k]$．

(2) (1)で定めた $\mathbf{A}$ と $k\times l$ 行列 $\mathbf{B}$ の積，$\mathbf{B}'\mathbf{AB}$．

(3) ベクトル $\boldsymbol{c}$ によって作られる行列，$\mathbf{C}=\boldsymbol{cc}'$．

［解答］　(1) 任意の $\boldsymbol{b}\neq\mathbf{0}$ について，$\boldsymbol{b}'\mathbf{A}\boldsymbol{b}=\sum_{i=1}^{k}a_ib_i^2>0$ となるので $\mathbf{A}$ は正定値．(2) 任意の $\boldsymbol{b}$ について $\boldsymbol{\xi}=\mathbf{B}\boldsymbol{b}$ とすれば，$\boldsymbol{b}'\mathbf{B}'\mathbf{AB}\boldsymbol{b}=\boldsymbol{\xi}'\mathbf{A}\boldsymbol{\xi}\geq 0$．とくに $\boldsymbol{b}\in\mathrm{Ker}\,\mathbf{B}$ であるときには，$\boldsymbol{b}\neq\mathbf{0}$ であっても $\boldsymbol{b}'\mathbf{B}'\mathbf{AB}\boldsymbol{b}=0$．(3) 任意の $\boldsymbol{b}$ について $\boldsymbol{b}'\mathbf{C}\boldsymbol{b}=(\boldsymbol{b}'\boldsymbol{c})^2\geq 0$ より $\mathbf{C}$ は半正定値．とくに $\boldsymbol{b}\perp\boldsymbol{c}$ であるときには $\boldsymbol{b}'\mathbf{C}\boldsymbol{b}=0$ となる．

対角化による定符号性の判定

以上の例題では，さまざまに工夫して行列の符号を判定しています．しかし，もっと機械的な計算によって，同じ判定ができないものでしょうか．そのための手がかりが例題6.4にあります．例えば，ある 2 次正方行列 $\mathbf{A}$ が与えられたとしましょう．このとき，何らかの行列 $\mathbf{B}$ と，非負の対角成分 $\lambda_{11}\geq 0$，$\lambda_{22}\geq 0$ をもつ対角行列 $\mathbf{\Lambda}=\begin{bmatrix}\lambda_1&0\\0&\lambda_2\end{bmatrix}$ が存在して，

図6.1　行列 $\mathbf{A}=\begin{bmatrix}\mathbf{1} & \mathbf{-1/6}\\ \mathbf{-1/6} & \mathbf{1}\end{bmatrix}$ がベクトル $\boldsymbol{x}=\begin{bmatrix}\mathbf{1}\\ \mathbf{3}\end{bmatrix}$ に作用する様子

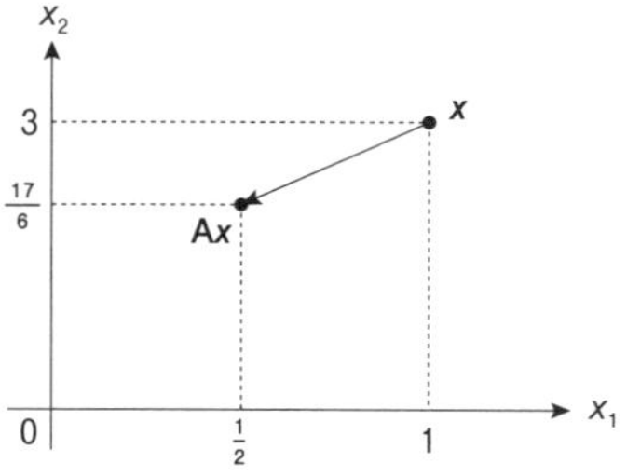

$$\mathbf{A}=\mathbf{B}'\mathbf{\Lambda}\mathbf{B} \tag{6.3}$$

とできたとしましょう．このとき，例題6.4により，$\mathbf{A}$ は半正定値であると結論できます．あとは，このような分解を与える $\mathbf{B}$ をどうやって見つけるかです．

与えられた行列を(6.3)式の右辺のように分解することを，行列の**対角化**(diagonalization) といいます．次の節では，対角化の計算方法を考えます．

6.2 固有ベクトル

ベクトル場

一般に，ある写像の特徴を理解するには，その「グラフ」を描いてみることが有効です．この節では，行列の「グラフ」を描くことで，写像としての行列を理解する方法を考えます．

以下に説明するように，行列の「グラフ」とは，その行列が各点を動かす様子を矢印によって描くものです．例として $\mathbf{A}=\begin{bmatrix}1 & -1/6\\ -1/6 & 1\end{bmatrix}$ を選びましょう．この $\mathbf{A}$ に $\boldsymbol{x}=\begin{bmatrix}1\\ 3\end{bmatrix}$ を与えてみれば，その出力は $\mathbf{A}\boldsymbol{x}=\begin{bmatrix}1/2\\ 17/6\end{bmatrix}$ となります．そこで，始点を $\boldsymbol{x}$，終点を $\mathbf{A}\boldsymbol{x}$ とする矢印を図6.1のように描きます．

同じ作業をたくさんの点について行った結果が図6.2です．この図のように，空間の各点に矢印を配することで写像 $\mathbf{A}$ の振る舞いを図示したものを，$\mathbf{A}$ の

図6.2　行列 $\mathbf{A}$ が定めるベクトル場

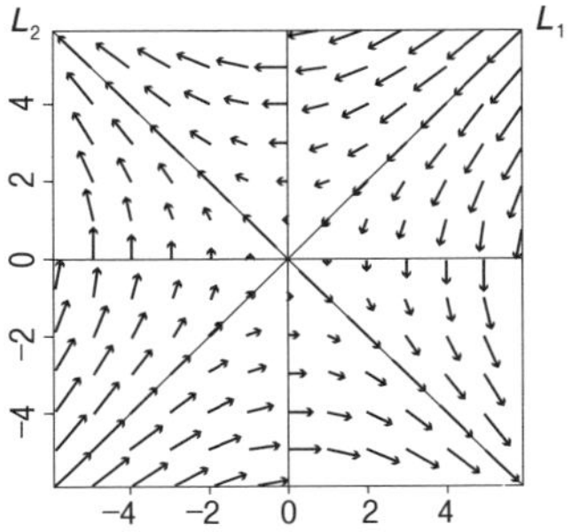

ベクトル場（vector field）といいます．

行列の固有空間

図6.2を見れば，写像としての $\mathbf{A}$ の性格がわかります．第１・第３象限にあるベクトルたちは，$\mathbf{A}$ によって原点の方へ引っ張り込まれているようです．その一方で，第２・第４象限にあるベクトルたちは原点に反発するように遠ざけられています．

これらのなかでも特異な動きをしているのが，２つの45度線 L_1 と L_2 の上にあるベクトルたちです．正の45度線 L_1 上にあるベクトルは，その線を踏み外すことなくまっすぐに原点に吸い込まれていきます．また負の45度線 L_2 上にあるベクトルたちは，そのまま L_2 の上だけを進んで原点から遠ざかっていきます．このように，「一度その線の上に乗ったら，以後はその線上を動き続ける」という性質をもつベクトル場上の直線（＝部分空間）を，その行列の**固有空間**といいます．

また，固有空間 L_1, L_2 上にない一般のベクトルたちは，L_1 の引っ張り込む力と L_2 の反発する力の両方を受けて，曲線の軌道を描きながら動いていることがわかります．その意味で，ベクトル場の流れは固有空間上に働く力を合成したものといえます．

行列の固有ベクトル

図6.2に現れている固有空間 L_1, L_2 は，ベクトル $\boldsymbol{\ell}_1=\begin{bmatrix}1\\1\end{bmatrix}$, $\boldsymbol{\ell}_2=\begin{bmatrix}1\\-1\end{bmatrix}$ を用いて，

$$L_1=\mathrm{Span}\,\{\boldsymbol{\ell}_1\},\quad L_2=\mathrm{Span}\,\{\boldsymbol{\ell}_2\} \tag{6.4}$$

のように表すことができます．したがって，固有空間を見出すには，次のような性質をもつベクトル $\boldsymbol{\ell}_1$, $\boldsymbol{\ell}_2$ を見つければよいということがわかります．

定義 6.4

行列 $\mathbf{A}$ の**固有ベクトル**（eigen vector）とは，適当な数 λ によって

$$\mathbf{A}\boldsymbol{\ell}=\lambda\boldsymbol{\ell} \tag{6.5}$$

を成り立たせるベクトル $\boldsymbol{\ell}\,(\neq\mathbf{0})$ のことである．また，条件(6.5)式を満たす λ を $\mathbf{A}$ の**固有値**（eigen value）という（本書では扱わないが，固有値が複素数になる場合もある）．

実際に，$\mathbf{A}=\begin{bmatrix}1&-1/6\\-1/6&1\end{bmatrix}$ と $\boldsymbol{\ell}_1=\begin{bmatrix}1\\1\end{bmatrix}$, $\boldsymbol{\ell}_2=\begin{bmatrix}1\\-1\end{bmatrix}$ について，

$$\mathbf{A}\boldsymbol{\ell}_1=\frac{5}{6}\begin{bmatrix}1\\1\end{bmatrix}=\frac{5}{6}\boldsymbol{\ell}_1\ ,\quad \mathbf{A}\boldsymbol{\ell}_2=\frac{7}{6}\begin{bmatrix}1\\-1\end{bmatrix}=\frac{7}{6}\boldsymbol{\ell}_2$$

が成り立っています．したがって，$L_1=\mathrm{Span}\{\boldsymbol{\ell}_1\}$ 上のベクトルたちは $\lambda_1=5/6$ の縮小率で原点に引っ張り込まれ，$L_2=\mathrm{Span}\{\boldsymbol{\ell}_2\}$ 上のベクトルたちは $\lambda_2=7/6$ の拡大率で原点から遠ざけられていることになります．このように，固有値 λ_1, λ_2 は，固有空間上での移動方向を表す指標になっています．

例題 6.5

行列 $\begin{bmatrix}5/3&1/3\\7/6&5/6\end{bmatrix}$ について，以下の問いに答えよ．

図6.3　$\begin{bmatrix} 5/3 & 1/3 \\ 7/6 & 5/6 \end{bmatrix}$が定める流れの概略

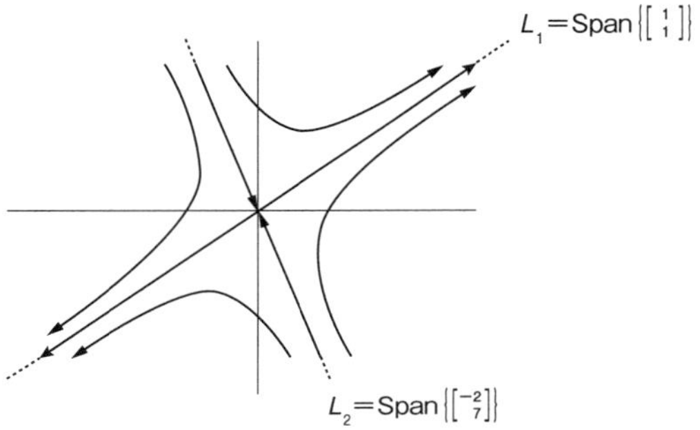

(1) この行列が$\begin{bmatrix} 1 \\ 1 \end{bmatrix}$, $\begin{bmatrix} -2 \\ 7 \end{bmatrix}$を固有ベクトルとしてもつことを示せ.

(2) この行列が定めるベクトル場の流れの概略を図示せよ.

[解答]　(1) 直接計算により,

$$\begin{bmatrix} 5/3 & 1/3 \\ 7/6 & 5/6 \end{bmatrix}\begin{bmatrix} 1 \\ 1 \end{bmatrix} = 2\begin{bmatrix} 1 \\ 1 \end{bmatrix},\quad \begin{bmatrix} 5/3 & 1/3 \\ 7/6 & 5/6 \end{bmatrix}\begin{bmatrix} -2 \\ 7 \end{bmatrix} = \frac{1}{2}\begin{bmatrix} -2 \\ 7 \end{bmatrix}$$

であることがわかる.

(2) 各固有ベクトルに対応する固有値が$\lambda = 2, \frac{1}{2}$であるから, 与えれた行列が定める流れの概略は図6.3のようになる.

固有方程式

固有ベクトルを見つければ, 行列の性質を図示できることがわかりました. では, その固有ベクトルはどうすれば見つかるのでしょうか. ある行列$\mathbf{A}$の固有ベクトルを$\boldsymbol{\ell}$, 固有値をλとしてみましょう. したがって定義より, $\mathbf{A}\boldsymbol{\ell} = \lambda\boldsymbol{\ell}$が成り立ちます. これより, $(\mathbf{A}-\lambda\mathbf{I}_2)\boldsymbol{\ell} = \mathbf{0}$を得ます. この式は, 固有値を特定するのに役立ちます. というのも, これは, 連立方程式$(\mathbf{A}-\lambda\mathbf{I}_2)\boldsymbol{\ell} = \mathbf{0}$が$\mathbf{0}$ではない解$\boldsymbol{\ell}$をもっていることを意味しているからです. したがって$\mathrm{Ker}\,(\mathbf{A}-\lambda\mathbf{I}_2) \neq \{\mathbf{0}\}$となり, 定理4.3より$|\mathbf{A}-\lambda\mathbf{I}_2| = 0$になります.

以上の考察より，次の結果が得られます．

定理 6.1

k 次正方行列 $\mathbf{A}$ の固有値を λ とするなら，λ は方程式

$$|\mathbf{A}-\lambda\mathbf{I}_k|=0 \tag{6.6}$$

を解く．これを $\mathbf{A}$ の**固有方程式**という．

例題6.5の行列 $\mathbf{A}=\begin{bmatrix}5/3 & 1/3\\ 7/6 & 5/6\end{bmatrix}$ ついて，固有方程式を立ててみると，

$$|\mathbf{A}-\lambda\mathbf{I}_2|=\begin{vmatrix}5/3-\lambda & 1/3\\ 7/6 & 5/6-\lambda\end{vmatrix}=\lambda^2-\frac{5}{2}\lambda+1=(\lambda-2)\left(\lambda-\frac{1}{2}\right)=0$$

となります．したがって，$\mathbf{A}$ の固有値は $\lambda=2,\frac{1}{2}$ の 2 つになります．この結果は例題6.5の解答と一致しています．

固有ベクトルの計算

固有値が見つかれば，それに対応する固有ベクトルを選ぶことが可能になります．$\mathbf{A}=\begin{bmatrix}5/3 & 1/3\\ 7/6 & 5/6\end{bmatrix}$ の固有ベクトルを $\boldsymbol{\ell}=\begin{bmatrix}\ell_1\\ \ell_2\end{bmatrix}$ と書くことにすれば，固有値 $\lambda=2$ に対しては，

$$\begin{bmatrix}5/3 & 1/3\\ 7/6 & 5/6\end{bmatrix}\begin{bmatrix}\ell_1\\ \ell_2\end{bmatrix}=\begin{bmatrix}(5\ell_1+\ell_2)/3\\ (7\ell_1+5\ell_2)/6\end{bmatrix}=2\begin{bmatrix}\ell_1\\ \ell_2\end{bmatrix}$$

より $(5\ell_1+\ell_2)/3=2\ell_1$，あるいは $\ell_1=\ell_2$ という関係が得られます．そこで，$\boldsymbol{\ell}=\begin{bmatrix}1\\ 1\end{bmatrix}$ を固有ベクトルに選びましょう．ここで，固有ベクトルは方向のみ定まって大きさは定まらないことに注意しましょう．したがって，$\boldsymbol{\ell}=\begin{bmatrix}1\\ 1\end{bmatrix}$ が固有ベクトルであるなら，$2\boldsymbol{\ell}=\begin{bmatrix}2\\ 2\end{bmatrix}$ や $3\boldsymbol{\ell}=\begin{bmatrix}3\\ 3\end{bmatrix}$ も固有ベクトルたり得ます．

同様に固有値 $\lambda=\frac{1}{2}$ に対しては，

$$\begin{bmatrix} (5\ell_1+\ell_2)/3 \\ (7\ell_1+5\ell_2)/6 \end{bmatrix} = \frac{1}{2}\begin{bmatrix} \ell_1 \\ \ell_2 \end{bmatrix}$$

より $(5\ell_1+\ell_2)/3 = \ell_1/2$，あるいは $7\ell_1 = -2\ell_2$ という関係が得られます．そこで，$\boldsymbol{\ell} = \begin{bmatrix} -2 \\ 7 \end{bmatrix}$ を $\lambda = \frac{1}{2}$ に対応する固有ベクトルとして選びましょう．

固有ベクトルの線形独立性

行列の対角化計算では，次の定理が重要な役割を果たします．

定理 6.2

k 次正方行列 $\mathbf{A}$ が相異なる固有値 $\lambda_1, \ldots, \lambda_k$ をもつとき，固有ベクトル $\boldsymbol{\ell}_1, \ldots, \boldsymbol{\ell}_k$ は線形独立である．

［証明］ $a_1\boldsymbol{\ell}_1+\cdots+a_k\boldsymbol{\ell}_k = \mathbf{0}$ が成り立つとする．両辺に $\mathbf{A}$ を作用させれば，$a_1\lambda_1\boldsymbol{\ell}_1+\cdots+a_k\lambda_k\boldsymbol{\ell}_k = \mathbf{0}$．繰り返し $\mathbf{A}$ を作用させることで，$0 \leq j \leq k-1$ について $a_1(\lambda_1)^j\boldsymbol{\ell}_1+\cdots+a_k(\lambda_k)^j\boldsymbol{\ell}_k = \mathbf{0}$ を得る．ここで新たに，

$$\mathbf{V} = \begin{bmatrix} 1 & 1 & \cdots & 1 \\ \lambda_1 & \lambda_2 & \cdots & \lambda_k \\ \vdots & \vdots & & \vdots \\ \lambda_1^{k-1} & \lambda_2^{k-1} & \cdots & \lambda_k^{k-1} \end{bmatrix}$$

とすれば，$[a_1\boldsymbol{\ell}_1 \ \cdots \ a_k\boldsymbol{\ell}_k]\mathbf{V}' = \mathbf{O}_k$，また $|\mathbf{V}| = \prod_{i<j}(\lambda_j-\lambda_i)$ である（問題4.3参照）．したがって，相異なる固有値のもとで $\mathbf{V}$ は正則であるから，$[a_1\boldsymbol{\ell}_1 \ \cdots \ a_k\boldsymbol{\ell}_k] = \mathbf{O}_k$．定義より固有ベクトルは $\mathbf{0}$ ではないので，$a_1 = \cdots = a_k = 0$ である．■

例題 6.6 次のそれぞれの行列について，固有値と固有ベクトルを求めよ．ただし a は実数である．

$$(1)\ \begin{bmatrix} 3 & 1 \\ 1 & 3 \end{bmatrix} \qquad (2)\ \begin{bmatrix} 2 & 1 \\ -1 & 0 \end{bmatrix} \qquad (3)\ \begin{bmatrix} 1 & a \\ 0 & 2 \end{bmatrix}$$

［解答］ 固有値 λ_1, λ_2 のそれぞれに対応する固有ベクトルを $\boldsymbol{\ell}_1, \boldsymbol{\ell}_2$ とする．

(1) $\lambda_1 = 2$，$\lambda_2 = 4$，$\boldsymbol{\ell}_1 = \begin{bmatrix} 1 \\ -1 \end{bmatrix}$，$\boldsymbol{\ell}_2 = \begin{bmatrix} 1 \\ 1 \end{bmatrix}$ (2) $\lambda = 1$，$\boldsymbol{\ell} = \begin{bmatrix} 1 \\ -1 \end{bmatrix}$

(3) $\lambda_1 = 1,\ \lambda_2 = 2,\ \boldsymbol{\ell}_1 = \begin{bmatrix} 1 \\ 0 \end{bmatrix},\ \boldsymbol{\ell}_2 = \begin{bmatrix} a \\ 1 \end{bmatrix}$

6.3 行列の対角化

固有ベクトルと対角化

固有ベクトルを用いれば，行列の定符号性を判定することができます．

定理 6.3

k 次正方行列 $\mathbf{A}$ が相異なる実数の固有値 $\lambda_1, \ldots, \lambda_k$ をもつものとする．各固有値に対応する固有ベクトルを

$$\boldsymbol{\ell}_1 = \begin{bmatrix} \ell_{11} \\ \vdots \\ \ell_{k1} \end{bmatrix}, \quad \ldots, \quad \boldsymbol{\ell}_k = \begin{bmatrix} \ell_{1k} \\ \vdots \\ \ell_{kk} \end{bmatrix}$$

これらを結合した行列を

$$\mathbf{L} = [\boldsymbol{\ell}_1 \ \cdots \ \boldsymbol{\ell}_k] = \begin{bmatrix} \ell_{11} & \cdots & \ell_{1k} \\ \vdots & \ddots & \vdots \\ \ell_{k1} & \cdots & \ell_{kk} \end{bmatrix}$$

とする．さらに，固有値を対角成分とし，それ以外の成分はすべて0である対角行列を

$$\mathbf{\Lambda} = \begin{bmatrix} \lambda_1 & & \\ & \ddots & \\ & & \lambda_k \end{bmatrix} = diag[\lambda_1, \ldots, \lambda_k]$$

とするとき，$\mathbf{A} = \mathbf{L}\mathbf{\Lambda}\mathbf{L}^{-1}$ が成り立つ．

[証明]　固有ベクトルの定義により，$\mathbf{A}\mathbf{L} = [\mathbf{A}\boldsymbol{\ell}_1 \ \cdots \ \mathbf{A}\boldsymbol{\ell}_k] = [\lambda_1\boldsymbol{\ell}_1 \ \cdots \ \lambda_k\boldsymbol{\ell}_k] = \mathbf{L}\mathbf{\Lambda}$ となる．定理6.2より，固有値が相異なるとき $\mathbf{L}$ は正則であるから結論を得る．■

系 6.1

k 次正方行列 $\mathbf{A}$ の固有値を $\lambda_1, \ldots, \lambda_k$ とするとき，$|\mathbf{A}| = \prod_{j=1}^{k} \lambda_j$ が成り立つ．すなわち，行列式は固有値の積に等しい．

［証明］　これは任意の行列について成立する結果であるが，簡単のため，相違なる実数固有値をもつ行列についてのみ示す．このとき $\mathbf{A}=\mathbf{L}\mathbf{\Lambda}\mathbf{L}^{-1}$．したがって行列式の性質より $|\mathbf{A}|=|\mathbf{L}||\mathbf{\Lambda}||\mathbf{L}|^{-1}=|\mathbf{\Lambda}|=\prod_{j=1}^{k}\lambda_j$．■

例題 6.7　例題6.6の行列(1)〜(3)を対角化せよ．

［解答］

(1) $\mathbf{L}=\begin{bmatrix}1 & 1\\ -1 & 1\end{bmatrix}$，$\mathbf{\Lambda}=\begin{bmatrix}2 & 0\\ 0 & 4\end{bmatrix}$ より $\mathbf{L}\mathbf{\Lambda}\mathbf{L}^{-1}=\begin{bmatrix}1 & 1\\ -1 & 1\end{bmatrix}\begin{bmatrix}2 & 0\\ 0 & 4\end{bmatrix}\begin{bmatrix}1/2 & -1/2\\ 1/2 & 1/2\end{bmatrix}=\begin{bmatrix}3 & 1\\ 1 & 3\end{bmatrix}$

(2) 固有方程式が重解 $\lambda=1$ をもつので，定理の適用範囲外である．

(3) $\mathbf{L}=\begin{bmatrix}1 & a\\ 0 & 1\end{bmatrix}$，$\mathbf{\Lambda}=\begin{bmatrix}1 & 0\\ 0 & 2\end{bmatrix}$ とすれば，$\mathbf{L}\mathbf{\Lambda}\mathbf{L}^{-1}=\begin{bmatrix}1 & a\\ 0 & 1\end{bmatrix}\begin{bmatrix}1 & 0\\ 0 & 2\end{bmatrix}\begin{bmatrix}1 & -a\\ 0 & 1\end{bmatrix}=\begin{bmatrix}1 & a\\ 0 & 2\end{bmatrix}$

対称行列の対角化

固有方程式が重解をもったり，複素数解をもったりする場合には，定理6.3を用いることができません．それらの場合には，さらなる計算の工夫が必要になります．幸いにして計量経済学への応用では，そのような場合はほとんど生じません．それどころか，計量経済学において対角化の対象となる行列は多くの場合で対称行列ですので，次の定理に示されるようにさらに計算に都合のよい結果が成り立ちます．

定理 6.4

k 次正方行列 $\mathbf{A}$ が対称かつ相異なる実数固有値 $\lambda_1,\ldots,\lambda_k$ をもつとき，$\mathbf{L}'\mathbf{L}=\mathbf{I}_k$ を満たす k 次正方行列 $\mathbf{L}$ が存在して，$\mathbf{A}=\mathbf{L}\mathbf{\Lambda}\mathbf{L}'$ が成り立つ．

［証明］　対称行列の固有ベクトル $\boldsymbol{\ell}_i$, $\boldsymbol{\ell}_j$ は互いに直交することを示す．すなわち固有ベクトルの定義と $\mathbf{A}$ の対称性により，$\lambda_i\boldsymbol{\ell}_i'\boldsymbol{\ell}_j=(\mathbf{A}\boldsymbol{\ell}_i)'\boldsymbol{\ell}_j=\boldsymbol{\ell}_i'\mathbf{A}\boldsymbol{\ell}_j=\lambda_j\boldsymbol{\ell}_i'\boldsymbol{\ell}_j$．したがって，$\lambda_i\neq\lambda_j$ であるなら $\boldsymbol{\ell}_i'\boldsymbol{\ell}_j=0$ である．次に，

$$\tilde{\boldsymbol{\ell}}_1=\frac{\boldsymbol{\ell}_1}{\|\boldsymbol{\ell}_1\|},\quad \ldots,\quad \tilde{\boldsymbol{\ell}}_k=\frac{\boldsymbol{\ell}_k}{\|\boldsymbol{\ell}_k\|}$$

として，$\mathbf{L}=[\,\tilde{\boldsymbol{\ell}}_1\ \cdots\ \tilde{\boldsymbol{\ell}}_k\,]$ とすれば，$\mathbf{L}'\mathbf{L}=\mathbf{I}_k$ かつ $\mathbf{A}=\mathbf{L}\mathbf{\Lambda}\mathbf{L}'$ が成立する．■

というわけで，対称行列については，逆行列を計算することなく対角化の計

算が可能なのです．

例題 6.8

行列 $\mathbf{A}=\begin{bmatrix}2&1&0\\1&2&0\\0&0&2\end{bmatrix}$ を対角化せよ．

［解答］　固有方程式は $|\mathbf{A}-\lambda\mathbf{I}_3|=(1-\lambda)(2-\lambda)(3-\lambda)=0$，固有値は $\lambda=1,2,3$，固有ベクトルは，$\boldsymbol{\ell}_1=\begin{bmatrix}1\\-1\\0\end{bmatrix}$，$\boldsymbol{\ell}_2=\begin{bmatrix}0\\0\\1\end{bmatrix}$，$\boldsymbol{\ell}_3=\begin{bmatrix}1\\1\\0\end{bmatrix}$，対角化に用いる行列は $\mathbf{L}=\frac{1}{\sqrt{2}}\begin{bmatrix}1&0&1\\-1&0&1\\0&\sqrt{2}&0\end{bmatrix}$ である．このとき，

$$\mathbf{L}'\mathbf{L}=\frac{1}{\sqrt{2}}\begin{bmatrix}1&-1&0\\0&0&\sqrt{2}\\1&1&0\end{bmatrix}\frac{1}{\sqrt{2}}\begin{bmatrix}1&0&1\\-1&0&1\\0&\sqrt{2}&0\end{bmatrix}=\begin{bmatrix}1&0&0\\0&1&0\\0&0&1\end{bmatrix}$$

さらに，

$$\mathbf{L}\boldsymbol{\Lambda}\mathbf{L}'=\frac{1}{\sqrt{2}}\begin{bmatrix}1&0&1\\-1&0&1\\0&\sqrt{2}&0\end{bmatrix}\begin{bmatrix}1&0&0\\0&2&0\\0&0&3\end{bmatrix}\frac{1}{\sqrt{2}}\begin{bmatrix}1&-1&0\\0&0&\sqrt{2}\\1&1&0\end{bmatrix}=\begin{bmatrix}2&1&0\\1&2&0\\0&0&2\end{bmatrix}=\mathbf{A}.$$

対称行列の定符号性

というわけで，私たちは，行列の対角化を考え始めるに至った最初の問題に帰り着くことができました．

系 6.2

k 次正方行列 $\mathbf{A}$ が対称かつ相異なる実数固有値 $\lambda_1,\dots,\lambda_k$ をもつとき，

(i) $\lambda_1\geq 0,\dots,\lambda_k\geq 0$ であるなら $\mathbf{A}$ は半正定値である．

(ii) $\lambda_1>0,\dots,\lambda_k>0$ であるなら $\mathbf{A}$ は正定値である．

［証明］　(ii)についてのみ示す．$\mathbf{L}$ は $\mathbf{L}'$ を逆行列としてもつから正則であり，よって $\mathrm{Ker}\,\mathbf{L} = \{\mathbf{0}\}$ である．したがって任意の $\boldsymbol{b} \neq \mathbf{0}$ について必ず $\mathbf{L}\boldsymbol{b} \neq \mathbf{0}$ であるから，$\lambda_1 > 0, \ldots, \lambda_k > 0$ であるなら $\boldsymbol{b}'\mathbf{A}\boldsymbol{b} = (\mathbf{L}'\boldsymbol{b})'\boldsymbol{\Lambda}(\mathbf{L}'\boldsymbol{b}) > 0$ である．■

例題 6.9　以下の行列が正定値となるために a, b が満たすべき条件は何か，ただし a, b は実数とする．

$$(1)\ \mathbf{A} = \begin{bmatrix} a & 1 \\ 1 & a \end{bmatrix} \qquad (2)\ \mathbf{B} = \begin{bmatrix} 2 & b & 0 \\ b & 2 & b \\ 0 & b & 2 \end{bmatrix}$$

［解答］　(1)　$|\mathbf{A} - \lambda\mathbf{I}_2| = (a+1-\lambda)(a-1-\lambda) = 0$ より，固有値は $\lambda = a \pm 1$．したがって $a > 1$ であれば $\mathbf{A}$ は正定値．　(2)　$|\mathbf{B} - \lambda\mathbf{I}_3| = (2-\lambda)(\lambda^2 - 4\lambda + 4 - 2b^2) = 0$．解と係数の関係により，すべての固有値が正になる条件は $4 - 2b^2 > 0$．したがって $-\sqrt{2} < b < \sqrt{2}$ であれば $\mathbf{B}$ は正定値である．

6.4　多変数関数の最小化

一階の条件

計量経済学においては，多くの推定量がある種の最小化問題の解として定義されます．そこでこの節では，ベクトル空間 $\mathbb{R}^k$ 上に定義された関数の最小化問題について考えます．

一般に，何らかの関数を最小化する際には，その関数を微分する必要があります．ベクトル $\boldsymbol{b} \in \mathbb{R}^k$ を変数とする多変数関数 $f(\boldsymbol{b})$ について，その微分は一般に次のようにして定義されます．

定義 6.5

関数 $f : \mathbb{R}^k \to \mathbb{R}$ の $\boldsymbol{b} \in \mathbb{R}^k$ における微分 $\mathbf{D}f(\boldsymbol{b})$ とは，任意の $h \in \mathbb{R}^k$ について，

$$\lim_{\|\boldsymbol{h}\| \to 0} \frac{|f(\boldsymbol{b}+\boldsymbol{h}) - f(\boldsymbol{b}) - \boldsymbol{h}'\mathbf{D}f(\boldsymbol{b})|}{\|\boldsymbol{h}\|} = 0 \tag{6.7}$$

を満たす k 次元ベクトル $\mathbf{D}f(\boldsymbol{b})$ のことである．

一次関数の微分

例えば，定数ベクトル $\boldsymbol{a}$ を係数にもつ一次関数 $f(\boldsymbol{b}) = \boldsymbol{a}'\boldsymbol{b}$ の微分を考えてみましょう．このとき次が示されます．

> **定理 6.5**
>
> 係数 $\boldsymbol{a} \in \mathbb{R}^k$ をもつ一次関数 $f(\boldsymbol{b}) = \boldsymbol{a}'\boldsymbol{b}$ の微分は $\mathbf{D}f(\boldsymbol{b}) = \boldsymbol{a}$ である．

[証明]　任意の $\boldsymbol{h}$ について，$|f(\boldsymbol{b}+\boldsymbol{h}) - f(\boldsymbol{b}) - \boldsymbol{h}'\boldsymbol{a}| \equiv 0$．したがって，$\mathbf{D}f(\boldsymbol{b}) = \boldsymbol{a}$ とすれば微分の定義(6.7)式が満たされる．■

二次形式の微分

今度は，対称行列 $\mathbf{A}$ による二次形式 $f(\boldsymbol{b}) = \boldsymbol{b}'\mathbf{A}\boldsymbol{b}$ の微分を計算してみます．

> **定理 6.6**
>
> k 次対称行列 $\mathbf{A}$ が定める二次形式 $f(\boldsymbol{b}) = \boldsymbol{b}'\mathbf{A}\boldsymbol{b}$ の微分は $\mathbf{D}f(\boldsymbol{b}) = 2\mathbf{A}\boldsymbol{b}$ である．

[証明]　任意の $\boldsymbol{h} \in \mathbb{R}^k$ について，$f(\boldsymbol{b}+\boldsymbol{h}) = (\boldsymbol{b}+\boldsymbol{h})'\mathbf{A}(\boldsymbol{b}+\boldsymbol{h}) = \boldsymbol{b}'\mathbf{A}\boldsymbol{b} + 2\boldsymbol{h}'\mathbf{A}\boldsymbol{b} + \boldsymbol{h}'\mathbf{A}\boldsymbol{h}$ であるから，$f(\boldsymbol{b}+\boldsymbol{h}) - f(\boldsymbol{b}) = 2\boldsymbol{h}'\mathbf{A}\boldsymbol{b} + \boldsymbol{h}'\mathbf{A}\boldsymbol{h}$ となる．コーシー・シュワルツの不等式（定理5.2）より $|\boldsymbol{h}'\mathbf{A}\boldsymbol{h}| \leq \|\boldsymbol{h}\|\|\mathbf{A}\boldsymbol{h}\|$，したがって $\|\boldsymbol{h}\| \to 0$ のとき

$$\frac{|f(\boldsymbol{b}+\boldsymbol{h}) - f(\boldsymbol{b}) - 2\boldsymbol{h}'\mathbf{A}\boldsymbol{b}|}{\|\boldsymbol{h}\|} \leq \|\mathbf{A}\boldsymbol{h}\| \to 0$$

が成り立つ．■

> **系 6.3**
>
> $\boldsymbol{y} \in \mathbb{R}^n$，$\mathbf{X}$ を $n \times k$ 行列とするとき，$f(\boldsymbol{b}) = (\boldsymbol{y} - \mathbf{X}\boldsymbol{b})'(\boldsymbol{y} - \mathbf{X}\boldsymbol{b})$ の微分は $\mathbf{D}f(\boldsymbol{b}) = -2\mathbf{X}'\boldsymbol{y} + 2\mathbf{X}'\mathbf{X}\boldsymbol{b}$ である．

[証明]　$f(\boldsymbol{b}) = (\boldsymbol{y} - \mathbf{X}\boldsymbol{b})'(\boldsymbol{y} - \mathbf{X}\boldsymbol{b}) = \boldsymbol{y}'\boldsymbol{y} - 2\boldsymbol{y}'\mathbf{X}\boldsymbol{b} + \boldsymbol{b}'\mathbf{X}'\mathbf{X}\boldsymbol{b}$ の各項に定理6.5，6.6を適用する．■

最小化の一階の条件

関数 $f : \mathbb{R}^k \to \mathbb{R}$ が点 $\hat{\boldsymbol{b}}$ で最小値をとるのは，すべての $\boldsymbol{b} \in \mathbb{R}^k$ に対してつ

ねに $f(\hat{\boldsymbol{b}}) \leq f(\boldsymbol{b})$ が成り立つときです．このとき，次が成り立ちます．

定理 6.7

関数 $f:\mathbb{R}^k \to \mathbb{R}$ が $\hat{\boldsymbol{b}}$ で最小値をとるとき，$\mathbf{D}f(\hat{\boldsymbol{b}}) = \mathbf{0}$ が成り立つ．これを最小化の**一階の条件**（First Order Conditions：FOC）という．

［証明］　関数 f は点 $\hat{\boldsymbol{b}}$ で最小であるから，任意の $\boldsymbol{h} \in \mathbb{R}^k$ について $f(\hat{\boldsymbol{b}}+\boldsymbol{h}) \geq f(\hat{\boldsymbol{b}})$ が成り立つ．一方で，微分の定義より，

$$f(\hat{\boldsymbol{b}}+\boldsymbol{h}) - f(\hat{\boldsymbol{b}}) = \boldsymbol{h}'\mathbf{D}f(\hat{\boldsymbol{b}}) + o(\boldsymbol{h})$$

が成り立つ．ここで $o(\boldsymbol{h})$ は，$\|\boldsymbol{h}\| \to 0$ のとき $o(\boldsymbol{h})/\|\boldsymbol{h}\| \to 0$ を満たす量のことである．したがって，いかなる $\boldsymbol{h}$ についても，必ず

$$\lim_{\|\boldsymbol{h}\| \to 0} \frac{\boldsymbol{h}'\mathbf{D}f(\hat{\boldsymbol{b}})}{\|\boldsymbol{h}\|} = \lim_{\|\boldsymbol{h}\| \to 0} \left(\frac{\boldsymbol{h}}{\|\boldsymbol{h}\|}\right)' \mathbf{D}f(\hat{\boldsymbol{b}}) \geq 0$$

が成り立たねばならない．これは $\|\boldsymbol{u}\| = 1$ であるような任意の $\boldsymbol{u} \in \mathbf{R}^k$ について，必ず $\boldsymbol{u}'\mathbf{D}f(\hat{\boldsymbol{b}}) \geq 0$ であることを意味する．これは $\mathbf{D}f(\hat{\boldsymbol{b}}) = \mathbf{0}$ であるときにのみ可能である．■

最小化の二階の条件

定理6.7の証明からもわかるように，一階の条件 $\mathbf{D}f(\hat{\boldsymbol{b}}) = \mathbf{0}$ は，あくまでも最小化の必要条件であって，十分条件ではありません．関数 f を最小化する $\hat{\boldsymbol{b}}$ は必ず一階の条件を満たしますが，一階の条件を満たす $\boldsymbol{b}$ が f を最小化するとは限らないのです．

例えば，二次以下の多項式関数 $f(\boldsymbol{b}) = \frac{1}{2}\boldsymbol{b}'\mathbf{A}\boldsymbol{b} + \boldsymbol{a}'\boldsymbol{b} + c$ を考えてみます．ここで，対称行列 $\mathbf{A}$，ベクトル $\boldsymbol{a}$，および定数 c はすべて与えられたものとします．この $f(\boldsymbol{b})$ を最小化するとき，一階の条件は $\mathbf{D}f(\hat{\boldsymbol{b}}) = \mathbf{A}\hat{\boldsymbol{b}} + \boldsymbol{a} = \mathbf{0}$ となります．この一階の条件を満たす $\hat{\boldsymbol{b}}$ が実際に f を最小化するためには，任意の $\boldsymbol{h}$ について，$f(\hat{\boldsymbol{b}}+\boldsymbol{h}) \geq f(\hat{\boldsymbol{b}})$ でなくてはなりません．ここで

$$\begin{aligned} f(\hat{\boldsymbol{b}}+\boldsymbol{h}) &= \frac{1}{2}(\hat{\boldsymbol{b}}+\boldsymbol{h})'\mathbf{A}(\hat{\boldsymbol{b}}+\boldsymbol{h}) + \boldsymbol{a}'(\hat{\boldsymbol{b}}+\boldsymbol{h}) + c \\ &= f(\hat{\boldsymbol{b}}) + \boldsymbol{h}'(\mathbf{A}\hat{\boldsymbol{b}}+\boldsymbol{a}) + \frac{1}{2}\boldsymbol{h}'\mathbf{A}\boldsymbol{h} \end{aligned}$$

となりますから，一階の条件 $\mathbf{A}\hat{\boldsymbol{b}} + \boldsymbol{a} = \mathbf{0}$ のもとで f が最小化されるのは，任

意の $\boldsymbol{h}$ について $\boldsymbol{h}'\mathbf{A}\boldsymbol{h} \geq 0$ が成り立つとき，すなわち $\mathbf{A}$ が半正定値行列であるときに限られます．もしも $\mathbf{A}$ が半正定値でなかったら，$\mathbf{A}\hat{\boldsymbol{b}}+\boldsymbol{a}=\mathbf{0}$ を満たす $\hat{\boldsymbol{b}}$ であっても f を最小化していないのです．

定理 6.8

関数 $f:\mathbb{R}^k \to \mathbb{R}$ が $f(\boldsymbol{b})=\frac{1}{2}\boldsymbol{b}'\mathbf{A}\boldsymbol{b}+\boldsymbol{a}'\boldsymbol{b}+c$ によって与えられるものとする．ただし，$\mathbf{A}$ は所与の対称行列，$\boldsymbol{a}$ は定数ベクトル，c は定数とする．このとき，一階の条件 $\mathbf{D}f(\boldsymbol{b})=\mathbf{0}$ の解 $\hat{\boldsymbol{b}}$ が $f(\boldsymbol{b})$ を最小化するための十分条件は，$\mathbf{A}$ が半正定値行列であることである．これを最小化の**二階の条件**（Second Order Conditions：SOC）という．

例題 6.10　関数 $f(\boldsymbol{b})=2b_1^2+b_1b_2+2b_2^2-4b_1-6b_2+3$ の値を最小化する $\boldsymbol{b}$ を求めよ．

［解答］　$f(\boldsymbol{b})=\dfrac{1}{2}\boldsymbol{b}'\begin{bmatrix}4 & 1\\1 & 4\end{bmatrix}\boldsymbol{b}-[4\ \ 6]\boldsymbol{b}+3$ であるから，一階の条件は $\begin{bmatrix}4 & 1\\1 & 4\end{bmatrix}\boldsymbol{b}=\begin{bmatrix}4\\6\end{bmatrix}$，これを解いて $\hat{\boldsymbol{b}}=\begin{bmatrix}2/3\\4/3\end{bmatrix}$ を得る．また，$\begin{vmatrix}4-\lambda & 1\\1 & 4-\lambda\end{vmatrix}=(3-\lambda)(5-\lambda)=0$ より，$\lambda=3,5>0$ であるから，$\begin{bmatrix}4 & 1\\1 & 4\end{bmatrix}$ は正定値．したがって $f(\boldsymbol{b})$ は $\hat{\boldsymbol{b}}=\begin{bmatrix}2/3\\4/3\end{bmatrix}$ において最小値をとる．

一般の関数の最小化

中級レベルまでの計量経済学に現れる最小化問題は，ほとんどの場合は二次以下の多項式関数の最小化です．もし，それに限らない一般の関数 $f(\boldsymbol{b})$ について最小化問題を考えるなら，次の結果を用います．詳細については，適当な解析学のテキストを参照してください．

定理 6.9

一般の関数 $f : \mathbb{R}^k \to \mathbb{R}$ について，以下が成り立つ．

(i) f が $\hat{\boldsymbol{b}}$ において最小値をとるとき，$\mathbf{D}f(\hat{\boldsymbol{b}}) = \begin{bmatrix} \dfrac{\partial f}{\partial b_1}(\hat{\boldsymbol{b}}) \\ \vdots \\ \dfrac{\partial f}{\partial b_k}(\hat{\boldsymbol{b}}) \end{bmatrix} = \mathbf{0}$ が成り立つ．

(ii) 任意の $\boldsymbol{b}$ について，$f(\boldsymbol{b})$ のヘッセ行列

$$\begin{bmatrix} \dfrac{\partial^2 f}{\partial b_1^2}(\boldsymbol{b}) & \cdots & \dfrac{\partial^2 f}{\partial b_1 \partial b_k}(\boldsymbol{b}) \\ \vdots & \ddots & \vdots \\ \dfrac{\partial^2 f}{\partial b_k \partial b_1}(\boldsymbol{b}) & \cdots & \dfrac{\partial^2 f}{\partial b_k^2}(\boldsymbol{b}) \end{bmatrix}$$

が半正定値になるならば，一階の条件 $\mathbf{D}f(\hat{\boldsymbol{b}}) = \mathbf{0}$ を満たす $\hat{\boldsymbol{b}}$ のもとで $f(\boldsymbol{b})$ は最小値をとる．

演習問題

問題 6.1　次の行列の固有値と固有ベクトルを求めよ．ただし，a, b, c は実数とする．

$$(1)\ \begin{bmatrix} a & b \\ b & a \end{bmatrix} \qquad (2)\ \begin{bmatrix} a & a & a \\ 0 & b & b \\ 0 & 0 & c \end{bmatrix}$$

問題 6.2　次の行列を対角化せよ．ただし $b \neq 0$ とする．

$$(1)\ \begin{bmatrix} a & b \\ b & a \end{bmatrix} \qquad (2)\ \begin{bmatrix} a^2 & ab \\ ab & b^2 \end{bmatrix}$$

問題 6.3

$\begin{bmatrix} 1 & a & b \\ a & 1 & a \\ b & a & 1 \end{bmatrix}$ が半正定値行列になるために，実数 a, b が満たすべき条件は何か．

問題 6.4　次の関数を最小化せよ．解が存在しないときは「解なし」と答えよ．

(1) $f(\boldsymbol{b}) = 4b_1^2 + b_1 b_2 + b_2^2 - 2b_1 - 4b_2$

(2) $f(\boldsymbol{b}) = b_1^2 + 6b_1 b_2 + b_2^2 - 8b_1 - 8b_2 + 4$

(3) $f(\boldsymbol{b}) = \|\boldsymbol{y} - \mathbf{X}\boldsymbol{b}\|^2$，ただし $\boldsymbol{b} \in \mathbb{R}^k$，$\boldsymbol{y} \in \mathbb{R}^n$, $\mathbf{X}$ は $n \times k$ 行列かつ $\mathrm{rank}\, \mathbf{X} = k$ である．

問題 6.5　部分空間 M への射影行列を $\mathbf{P}$ とする．このとき，$\mathbf{P}$ の固有値は 0 または 1 であることを示せ．

問題 6.6　$\mathbf{A} = \mathbf{B}^2$ が成り立つとき，$\mathbf{B} = \mathbf{A}^{1/2}$ と書くことにする．$\mathbf{L}'\mathbf{L} = \mathbf{I}_k$ を満たす $\mathbf{L}$ と，非負の対角成分をもつ対角行列 $\mathbf{\Lambda}$ によって $\mathbf{A} = \mathbf{L}\mathbf{\Lambda}\mathbf{L}'$ と表現される $\mathbf{A}$ に対しては，必ず $\mathbf{A}^{1/2}$ が存在することを示せ．とくに $\mathbf{A} = \begin{bmatrix} 4 & 1 \\ 1 & 4 \end{bmatrix}$ であるとき，$\mathbf{A}^{1/2}$ を求めよ．

第Ⅱ部

確率論と回帰分析の基礎

第7章 確率空間

この章では，確率論の理論的な土台である「確率空間」の考え方を説明します．確率空間の考え方は，不確実な現象にまつわる諸概念を曖昧さなく記述するために欠かすことができないものです．この章では集合論の言葉を多用しますので，必要に応じて第1章に立ち戻りながら，ゆっくりと読み進んでください．

7.1 確率空間

そもそも確率とは何か

例えば「コインの表が出る確率」を考えます．コインを投げれば「表が出る」か「裏が出る」か，2通りの可能性のうちいずれかが実現します．「表が出る」のはそのうちの一方の可能性ですから，表が出る確率は2分の1となります．以上の議論に，私たちはさしたる疑問を抱きません．

それでは今度は「月にウサギがいる確率」を考えてみましょう．月にウサギは「いる」か「いない」か，ただ2通りの可能性が存在します．「いる」のはそのうちの一方の可能性ですから，月にウサギがいる確率は2分の1です．そんな馬鹿な，と私たちは思います．なぜなら，これまでの人類の月面調査ではウサギは見つかっていませんし，そもそも月には空気も水も植物もなく，ウサギが生存できる環境ではありません．コインの表と裏が出る可能性はどちらも「同様に確からしい」のに対して，月にウサギが「いる」か「いない」かが「同様に確からしい」とはとても思えないわけです．

それなら「同様に確からしい」とはどういうことなのか．それは「確率が等しい」ということではないのか．これから「確率」とは何かを定義しようとしているときに，「確率」の概念を用いてよいのか．よくない．というわけで，確率の意味をめぐる議論は泥沼に沈んでいきます．

コルモゴロフのおもちゃ

それならば，「確率」の意味などは忘れてしまおう．そして，私たちが「確率」とよんでいるものが満たすべき形式的な条件だけを相手にしよう．このように考えて，「確率」にまつわる哲学的泥沼を無視し，その形式的側面に注目して確率論を構築したのが，ロシアの大数学者コルモゴロフ（1903～1987）です[1]．コルモゴロフは，確率の形式に注目して確率モデルという「数学的おもちゃ」を作り上げました．そして，コルモゴロフの後継者たちは，そのおもちゃで遊ぶことにより数々の数学的発見を成し遂げてきたわけです．そうして得られた多くの発見が，どういうわけか自然や社会の分析に役に立ってしまうのは，数学ではよくある「偶然」です．

標本空間

まずは**標本空間**（sample space）を用意します．この標本空間が，今後の議論における全体集合の役割を担います．標本空間の元 $\omega \in \Omega$ を**状態**（status）といいます．

「標本空間」と「状態」を，日常の言葉に置き換えてみます．まず，同じ条件で何度でも繰り返すことのできる作業を**試行**（trial）とよぶことにしましょう．例えば，コインを投げたりサイコロを振ったりするのが試行です．大統領選挙やマクロ経済政策などは試行とはいい難いものです．この試行の結果として実現しうることのひとつひとつが状態 ω であり，すべての可能な状態からなる集合が標本空間 Ω というわけです．

コインを投げるという試行においては，「表が出る」という状態 H（Head）と，「裏が出る」という状態 T（Tail）からなる $\Omega = \{H, T\}$ が標本空間となります．またサイコロを投げる試行においては，$\Omega = \{$1の目が出る，2の目が出る，..., 6の目が出る$\}$ が標本空間であり，「1の目が出る」，...,「6の目が出る」が状態です.

例題 7.1　コインを 2 回投げる試行を考える．2 回連続で表が出る状態を HH，1 回目に表，2 回目に裏が出る状態を HT のように記すとき，この試行に対応する標本空間 Ω を構成せよ.

[解答]　$\Omega = \{HH, HT, TH, TT\}$ である．これは，コインを 1 回投げるときの標本空間の直積 $\{H, T\} \times \{H, T\}$ と本質的に同じものである.

例題 7.2　表が出るまでコインを投げ続け，表が出たらコイン投げを止める．この試行に対応する標本空間を構成せよ.

[解答]　例題7.1と同じ記法により，$\Omega = \{H, TH, TTH, TTTH, ...\}$ とする.

事象

Ω の部分集合を**事象**（event）といいます．状態が Ω の元であったのに対して，事象は Ω の部分集合であることに注意しましょう．コインを 2 回投げる試行 $\Omega = \{HH, HT, TH, TT\}$ であれば，「少なくとも 1 回表が出る」という事象は，$\{HH, HT, TH\} \subset \Omega$ によって表現されます．また，「1 回も表が出ない」という事象は $\{TT\} \subset \Omega$ となります．状態 $TT \in \Omega$ との使い分けに気を付けましょう.

例題 7.3　表が出るまでコインを投げ続ける試行において，以下の事象を具体的に書け.

(1)「2 回目に表が出る」

(2)「3 回以内に表が出る」

(3)「表が出るまでに 4 回以上投げる」

[解答]　(1) $\{TH\}$　(2) $\{H, TH, TTH\}$　(3) $\{TTTH, TTTTH, TTTTTH, ...\}$

確率測度

Ω 上の事象を集めて集合族 $\mathcal{F}$ を作りましょう．これを**事象族**といいます．さらに，この $\mathcal{F}$ に属する各事象 $A \in \mathcal{F}$ に対して，その事象が実現する確率 $\mathbf{P}A$ を対応させる写像 $\mathbf{P}$ を考えましょう．これを，**確率測度**（probability measure）といいます．すなわち，Ω 上の集合族 $\mathcal{F}$ を定義域とし，区間 $[0,1]$ を値域とする写像 $\mathbf{P} : \mathcal{F} \to [0,1]$ が確率測度です．

ここで重要なポイントとなるのが，「確率が定義されるのは，状態 $\omega \in \Omega$ に対してではなく，事象 $A \in \mathcal{F}$ に対してである」ということです．例えばコインを2回投げるとき，私たちは「2回続けて表が出る確率」とか，「少なくとも1回表が出る確率」とかを考えます．これは，確率が個々の状態 HH や HT についてではなく，事象 $\{HH\}$ や $\{HH, HT, TH\}$ について定義されることを示しています．

確率測度が満たすべき条件

確率測度が「確率」とよばれるに相応しい存在であるためには，いくつかの条件を満たさなければなりません．例えば，それ自身が事象のひとつである標本空間 Ω に対して，その確率は

$$\mathbf{P}\Omega = 1 \tag{7.1}$$

であることが自然です．

また，ある事象 A が生起する確率と，その補集合（確率論では「余事象」ということが多いです）A^c が実現する確率のあいだには，

$$\mathbf{P}(A^c) = 1 - \mathbf{P}A \tag{7.2}$$

という関係があるべきでしょう．

さらに，複数の事象 $A_1, A_2, A_3, \ldots$ について，条件

$$A_i \cap A_j = \emptyset \quad (i \neq j)$$

が成り立つとき（このとき，「$A_1, A_2, A_3, \ldots$ は**互いに素**である」といいます），

$$\mathbf{P}\left(\bigcup_{j=1}^{\infty} A_j\right) = \sum_{j=1}^{\infty} \mathbf{P} A_j \tag{7.3}$$

が成立することが求められます．性質(7.3)式を確率測度の**σ加法性**（**σ-additivity**）といいます．

σ加法性の例を挙げましょう．サイコロを1回投げる試行 $\Omega = \{1$ の目が出る，…，6の目が出る$\}$ において，$A = \{1$ の目が出る，3の目が出る$\}$ の確率を $\mathbf{P}A = \frac{1}{3}$，$B = \{5$ の目が出る$\}$ の確率を $\mathbf{P}B = \frac{1}{6}$ とします．このとき，和事象 $A \cup B = \{1$ の目が出る，3の目が出る，5の目が出る$\}$ の確率は

$$\mathbf{P}(A \cup B) = \mathbf{P}A + \mathbf{P}B = \frac{1}{3} + \frac{1}{6} = \frac{1}{2}$$

となります．これを一般化したものが条件(7.3)式というわけです．

事象族が満たすべき条件

確率測度に求められる条件(7.1)～(7.3)式は，裏を返せば事象族 $\mathcal{F}$ に課せられる条件でもあります．

例えば(7.1)式は，「全体事象 Ω は事象族 $\mathcal{F}$ に属している」ことを前提条件にしています．もし Ω が $\mathcal{F}$ に属していないなら，写像 $\mathbf{P}: \mathcal{F} \to [0,1]$ によって $\mathbf{P}\Omega$ の値を計算することが不可能になります．したがって，(7.1)式が意味をもつためには，$\Omega \in \mathcal{F}$ であることが大前提になります．条件(7.2)式は，「A の確率を計算できるなら，そのときには自動的に A^c の確率も計算できる」ことを要求しています．つまり，$A \in \mathcal{F}$ ならば自動的に $A^c \in \mathcal{F}$ となります．同様に，条件(7.3)式の左辺が意味をもつのは，$\cup_{j=1}^{\infty} A_j \in \mathcal{F}$ であるときです．

したがって，私たちは，必然的に以下の定義に辿り着きます．

定義 7.1

集合 Ω の部分集合族 $\mathcal{F}$ が以下の条件(S1)～(S3)を満たすとき，これを Ω 上の**σ加法族**という．

(S1) $\Omega \in \mathcal{F}$

(S2) $A \in \mathcal{F}$ ならば $A^c \in \mathcal{F}$

(S3) $A_1, A_2, A_3, \ldots \in \mathscr{F}$ ならば $\bigcup_{j=1}^{\infty} A_n \in \mathscr{F}$

標本空間 Ω 上の事象族 $\mathscr{F}$ には σ 加法族であることが要求される.

可測性

標本空間と事象族のペア $(\Omega, \mathscr{F})$ を**可測空間**（measurable space）といいます．また，$\mathscr{F}$ に属する事象 $A \in \mathscr{F}$ を，**可測集合**（measurable set）といいます．ひとことで言えば，「可測」とは「確率を『測』ることが『可』能であること」を意味しています．

例題 7.4　A, B を可測空間 $(\Omega, \mathscr{F})$ 上の可測集合とするとき，$A \cap B$, $A \backslash B$ も可測であることを示せ．

[証明]　ド・モルガンの法則（定理1.1）より，$A \cap B = (A^c \cup B^c)^c$．σ 加法族の条件(S2)より $A^c, B^c \in \mathscr{F}$，また(S3)より $A^c \cup B^c \in \mathscr{F}$ であるから，(S2)より $A \cap B \in \mathscr{F}$ である．また演習問題1.1より $A \backslash B = A \cap B^c$ であるから $A \backslash B \in \mathscr{F}$ であることもわかる．

確率測度の定義

事象族の定義7.1は，そのまま確率測度の定義でもあります．すなわち，次のようにして，確率測度の正式な定義が与えられることになります．

定義 7.2

可測空間 $(\Omega, \mathscr{F})$ 上の確率測度とは，以下の条件(P1)～(P3)を満たす写像 $\mathbf{P} : \mathscr{F} \to [0, 1]$ のことである．

(P1) $\mathbf{P}\Omega = 1$

(P2) $\mathbf{P}(A^c) = 1 - \mathbf{P}A$

(P3) $A_1, A_2, A_3, \ldots \in \mathscr{F}$ が互いに素であるならば $\mathbf{P}\left(\bigcup_{j=1}^{\infty} A_j\right) = \sum_{i=1}^{\infty} \mathbf{P}A_i$ が成り立つ．

またこのとき，3つの組 $(\Omega, \mathscr{F}, \mathbf{P})$ を**確率空間**（probability space）といいま

す．こうしてようやく，確率論を考えるための舞台が整いました．

簡単な確率空間の例

コインを1回だけ投げる試行 $\Omega=\{H,T\}$ の場合には，その事象族を

$$\mathcal{F}=\{\emptyset,\Omega,\{H\},\{T\}\}$$

とすれば，$\mathcal{F}$ は条件(S1)〜(S3)をすべて満たします．さらに，定数 $p\in[0,1]$ を用いて

$$\mathbf{P}\Omega=1,\quad \mathbf{P}\{H\}=p,\quad \mathbf{P}\{T\}=1-p,\quad \mathbf{P}\emptyset=0$$

とすれば，$\mathbf{P}:\mathcal{F}\to[0,1]$ は条件(P1)〜(P3)を満たします．このとき，$(\Omega,\mathcal{F},\mathbf{P})$ は確率空間を構成します．

また，コインを2回投げる試行 $\Omega=\{HH,HT,TH,TT\}$ であれば，例えば

$$\mathcal{F}=\{\emptyset,\Omega,\{HH,HT\},\{TH,TT\}\}$$

とすれば(S1)〜(S3)が満たされます．さらに定数 $p\in[0,1]$ を用いて

$$\mathbf{P}\Omega=1,\quad \mathbf{P}\{HH,HT\}=p,\quad \mathbf{P}\{TH,TT\}=1-p,\quad \mathbf{P}\emptyset=0$$

とすれば，やはり $\mathbf{P}$ は(P1)〜(P3)を満たし，$(\Omega,\mathcal{F},\mathbf{P})$ は確率空間になります．

確率測度の性質

条件(P1)〜(P3)をうまく用いれば，確率測度のさまざまな性質を引き出すことができます．例えば，一般に $\mathbf{P}\emptyset=0$ が成り立ちますが，この性質は，(P1)と(P2)，および $\emptyset=\Omega^c$ から，

$$\mathbf{P}\emptyset=\mathbf{P}(\Omega^c)=1-\mathbf{P}\Omega=1-1=0$$

のようにして導出されます．

また，2つの事象 $A,B\in\mathcal{F}$ について，$A\subset B$ であるなら $\mathbf{P}A\leq\mathbf{P}B$ であることが期待されます．この性質を**確率測度の単調性**といいます．これも，条件(P1)〜(P3)の組み合わせにより，次のようにして導出できます．まずは $C=$

$B\backslash A$ とおきましょう．仮定 $A \subset B$ より $A \cup C = B$．また $A \cap C = \emptyset$ ですから，(P3)より $\mathbf{P}B = \mathbf{P}(A \cup C) = \mathbf{P}A + \mathbf{P}C \geq \mathbf{P}A$．これより，$\mathbf{P}B \geq \mathbf{P}A$ が得られました．

互いに素とは限らない一般の事象 $A, B \in \mathcal{F}$ については，$\mathbf{P}(A \cup B) \leq \mathbf{P}A + \mathbf{P}B$ が成り立ちます（これを確率測度の**劣加法性**（sub-additivity）といいます）．この証明は演習問題としますので，各自考えてみてください．

確率質量関数

標本空間が可算集合 $\Omega = \{\omega_1, \omega_2, \omega_3, ...\}$ であるときには，事象族としてべき集合族 $\mathcal{F} = 2^\Omega$ を選択することが可能です．このときには，すべての部分集合 $A \subset \Omega$ が可測になります．とくに，たった一つの状態からなる事象 $\{\omega\}$ が可測になりますので，次のような便利な関数を考えることが可能になります．

定義 7.3

確率空間 $(\Omega, \mathcal{F}, \mathbf{P})$ において，$\Omega = \{\omega_1, \omega_2, \omega_3, ...\}$，$\mathcal{F} = 2^\Omega$ であるとする．このとき，各 $\omega \in \Omega$ に対して

$$p(\omega) = \mathbf{P}\{\omega\} \tag{7.4}$$

によって定義される関数 $p : \Omega \to [0, 1]$ を，$\mathbf{P}$ の**確率質量関数**という．

確率測度の σ 加法性(P3)により，任意の $A \in \mathcal{F}$ について，

$$\mathbf{P}A = \sum_{\omega \in A} p(\omega)$$

が成り立ちます．したがって，確率質量関数さえ知ることができれば任意の事象の確率が計算できるわけです．

確率空間の具体例

コイン2回投げ $\Omega = \{HH, HT, TH, TT\}$ の例において，事象族を $\mathcal{F} = 2^\Omega$ とし，すべての $\omega \in \Omega$ について

$$p(\omega) = \frac{1}{4}$$

であるとします．このとき，例えば少なくとも 1 回表が出る確率は，

$$\mathbf{P}\{HH, HT, TH\} = p(HH) + p(HT) + p(TH) = \frac{1}{4} + \frac{1}{4} + \frac{1}{4} = \frac{3}{4}$$

のように計算されます．このようにして構成される確率測度 $\mathbf{P}$ は，条件(P1)〜(P3)をすべて満たしています．

σ 加法族の生成

いま，σ 加法族とは限らない集合族 $\mathcal{F}_0$ が，Ω 上に与えられているとしましょう．この $\mathcal{F}_0$ が σ 加法族になるように，必要最低限の集合を追加する作業を **σ 加法族の生成**といいます．また，その結果得られた σ 加法族を $\sigma[\mathcal{F}_0]$ と書き表し，これを **$\mathcal{F}_0$ から生成された σ 加法族**といいます．

定義 7.4
Ω 上の集合族 $\mathcal{F}_0$ を含む最小の σ 加法族 $\mathcal{F}$ を，$\mathcal{F}_0$ から**生成された σ 加法族**といい，$\mathcal{F} = \sigma[\mathcal{F}_0]$ と表す．

例えば，コイン 2 回投げの試行において，$\mathcal{F}_0 = \{\{HH\}, \{HH, TT\}\}$ という集合族が与えられているとしましょう．このとき，以下の手順によって必要な集合を追加することで，σ 加法族 $\sigma[\mathcal{F}_0]$ を生成することができます．

(Step 1) $\mathcal{F}_0$ には Ω が含められていないので，これを追加して $\mathcal{F}_1 = \{\Omega, \{HH\}, \{HH, TT\}\}$ とする．

(Step 2) 各事象の余事象，$\Omega^c = \emptyset$，$\{HH\}^c = \{HT, TH, TT\}$，$\{HH, TT\}^c = \{HT, TH\}$ を追加して，$\mathcal{F}_2 = \{\emptyset, \Omega, \{HH\}, \{HH, TT\}, \{HT, TH\}, \{HT, TH, TT\}\}$ とする．

(Step 3) 不足している和集合，$\{HH\} \cup \{HT, TH\} = \{HH, HT, TH\}$ を追加して，

$$\mathcal{F}_3 = \{\emptyset, \Omega, \{HH\}, \{HH, TT\}, \{HT, TH\}, \{HH, HT, TH\}, \{HT, TH, TT\}\}$$

とする．

(Step 2′) 余事象 $\{HH, HT, TH\}^c = \{TT\}$ を $\mathcal{F}_3$ に追加して，

$$\sigma[\mathcal{F}_0] = \{\emptyset, \Omega, \{HH\}, \{TT\}, \{HH, TT\}, \{HT, TH\}, \{HH, HT, TH\}, \{HT, TH, TT\}\}$$

が完成する．

このように，余事象をとる操作と和集合を作る操作を交互に繰り返すことで，σ 加法族となるために必要な集合を次々と追加することができます．σ 加法族の生成には，ある種の娯楽性があるように筆者は思います．章末にいくつか演習問題を与えてありますので，皆さんもぜひ楽しんでみてください．

ボレル集合族

標本空間 Ω が可算集合であるときには，べき集合族 2^Ω を事象族に選べばあらゆる集合が可測になるので便利です．しかし Ω が非可算集合であるとき，とくに $\Omega = \mathbb{R}^k$ であるときには，べき集合族を事象族としてしまうと，さまざまな病的な現象が生じて，確率論の建設に支障をきたすことが知られています．

したがって，$\mathbb{R}^k$ 上での確率論を考えるときには，多くの場合は次によって定義される集合族を事象族として採用します．

定義 7.5

$\mathbb{R}$ 上のあらゆる開区間 (a, b) からなる集合族を $\mathcal{I}$ とするとき，$\mathcal{B} = \sigma[\mathcal{I}]$ を **1次元ボレル集合族**（**Borel sets**）という．また，$\mathbb{R}^k$ 上のあらゆる直方体 $\prod_{i=1}^{k}(a_i, b_i)$ からなる集合族を $\mathcal{I}^k$ とするとき，$\mathcal{B}^k = \sigma[\mathcal{I}^k]$ を **$\boldsymbol{k}$ 次元ボレル集合族**という．

ボレル集合族に属する集合を，**ボレル集合**（**Borel set**）といいます．ボレル

集合とは，あらゆる区間 (a, b)，開区間の和 $\bigcup_{i=1}^{\infty}(a_i, b_i)$ や積 $\bigcap_{i=1}^{\infty}(a_i, b_i)$，あるいはそれらの組み合わせとして表現されるすべての集合です．思い切っていってしまえば，皆さんがすぐに考えつくレベルの平凡な集合は全部ボレル集合であり，あえてボレル集合ではないものを作ろうとすれば相当の工夫が必要です．ボレル集合族は，実数ベクトル空間上に確率測度を定義するのに十分な豊かさをもつ事象族なのです．

その一方で，ボレル集合族からは，確率論に破壊的な結果をもたらす病的な集合が排除されています．ここで排除されている病的な集合がどのようなものであるのか，それについて具体的に知りたい読者は，例えば文献［5］などを参照してください．**バナッハ・タルスキの定理（Banach-Tarski Theorem）**として知られる驚くべき定理によれば，体積1の球を特別なやり方で分割すれば，それぞれの体積が1である5つの部分集合が得られることが解説されています．これを確率論に置き換えると，Ω を互いに素な部分集合 $\Omega_1, \ldots, \Omega_5$ に特殊なやり方で分割すれば，$\mathbf{P}\Omega_1 = \cdots = \mathbf{P}\Omega_5 = 1$ となる例を作れてしまうのです！　このような $\Omega_1, \ldots, \Omega_5$ が入り込まないように構成されているのがボレル集合族です．

例題 7.5　以下の区間はいずれも1次元ボレル集合族 $\mathcal{B}$ に属することを示せ．ただし $a < b$ とする．

(1) $(-\infty, a)$　　(2) $[a, \infty)$　　(3) $[a, b)$　　(4) $(a, b]$　　(5) $[a, b]$

[解答]　(1) ボレル集合の定義より，任意の自然数 i について $(-i, a) \in \mathcal{B}$．したがって，σ 加法族の条件(S3)より $(-\infty, a) = \bigcup_{i=1}^{\infty}(-i, a) \in \mathcal{B}$．　(2) $[a, \infty) = (-\infty, a)^c \in \mathcal{B}$．　(3) 一般に，$A, B$ が可測であるなら $A \cap B$, $A \backslash B$ も可測である（例題7.4）．したがって，$[a, b) = [a, \infty) \cap (-\infty, b) \in \mathcal{B}$．　(4) $(a, b] = (-\infty, b] \backslash (-\infty, a] \in \mathcal{B}$．(5) 演習問題1.3より，$[a, b] = \bigcap_{n=1}^{\infty}\left[a, b+\frac{1}{n}\right) \in \mathcal{B}$．

7.2 確率変数

確率変数

こうして，確率論を展開するための舞台である確率空間 $(\Omega, \mathcal{F}, \mathbf{P})$ の設営が完了しました．つぎは，この舞台の上でパフォーマンスを見せてくれる踊り手に登場を願いましょう．それが**確率変数**（random variable）です．

確率変数とは，日常的な感覚では「値が確率的に定まる変数」として理解されているものです．値がふらふらと定まらないものを数学的にきっちりと把握するのは難しいことのように思えますが，確率測度空間 $(\Omega, \mathcal{F}, \mathbf{P})$ が準備されていれば，その定義はとてもシンプルです．

> **定義 7.6**
> 可測空間 $(\Omega, \mathcal{F})$ 上の**確率変数**とは，任意の $t \in \mathbb{R}$ について $\{\omega \in \Omega \mid X(\omega) \leq t\} \in \mathcal{F}$ を満たす関数 $X : \Omega \to \mathbb{R}$ のことである．

要するに，Ω 上の関数 $X : \Omega \to \mathbb{R}$ が確率変数です．条件 $\{\omega \in \Omega \mid X(\omega) \leq t\} \in \mathcal{F}$ は，あとで X の「期待値」を定義する際に必要になる技術的な要求にすぎません．確率変数の本質は，それが Ω 上の関数であることに尽きます．

この確率変数の定義には，曖昧で不確実なところは何もありません．もし，私たちが確率変数の挙動に不確実さを感じるのだとすれば，それは Ω の上で起こっている現象に由来するものです．不確実なのは Ω の世界の話であって，そこで選ばれた状態 $\omega \in \Omega$ を数値化する関数 $X : \Omega \to \mathbb{R}$ には，何の不確実性もないのです．このように，正面切って扱いにくい不確実さをすべて Ω に押し付け，曖昧さを取り除いた X について考えることで，現代の確率論は大成功を遂げたのです．

確率変数ベクトル

任意のベクトル $\boldsymbol{t} \in \mathbb{R}^k$ について，$\{\omega \in \Omega \mid \boldsymbol{X}(\omega) \leq \boldsymbol{t}\} \in \mathcal{F}$ を満たすベク

トル値関数 $\boldsymbol{X}:\Omega\to\mathbb{R}^k$ を **($\boldsymbol{k}$ 次元) 確率変数ベクトル**といいます．ただし，2 つのベクトルの大小関係 $\boldsymbol{X}(\omega)\le\boldsymbol{t}$ は，ベクトルの各成分について同様の大小関係 $X_1(\omega)\le t_1,\ldots,X_k(\omega)\le t_k$ が成立することを意味しています．

事象の略記

以下では，「X が t 以下になる」という事象 $\{\omega\in\Omega\mid X(\omega)\le t\}$ を $\{X\le t\}$ と略記することにします．同様に，「X の値が D に属する」という事象 $\{\omega\in\Omega\mid X(\omega)\in D\}$ も，$\{X\in D\}$ と書きます．後者は，X による D の逆像 $X^{-1}(D)$ と同じものです．この略記法により，X が確率変数であることは，

$$\text{任意の } t\in\mathbb{R} \text{ について } \{X\le t\}\in\mathscr{F} \text{ であること}$$

と簡単に書けるようになります．

例題 7.6 コインを 2 回投げる試行 $\Omega=\{HH,HT,TH,TT\}$ 上の事象族を

$$\mathscr{F}=\{\emptyset,\Omega,\{HH\},\{TT\},\{HH,TT\},\{HT,TH\},\{HH,HT,TH\},\{HT,TH,TT\}\}$$

とする．

(1) コインを 2 回投げ，そのうち表が出た回数を X とする．X は $(\Omega,\mathscr{F})$ 上の確率変数になるか．

(2) コインを 2 回投げ，最初の 1 回目で表が出たときは $Z=1$，2 回目で初めて表が出たときは $Z=2$，2 回とも裏であったときは $Z=3$ とする．このとき，Z は $(\Omega,\mathscr{F})$ 上の確率変数になるか．

[解答] (1) なる．(2) 事象 $\{Z\le 1\}=\{HH,HT\}$ は $\mathscr{F}$ に属さないので Z は確率変数ではない．このように，与えられた関数 $Z:\Omega\to\mathbb{R}$ が確率変数になり得るか否かは，事象族 $\mathscr{F}$ の選択に大きく依存する．

例題 7.7 X を $(\Omega,\mathscr{F})$ 上の確率変数とするとき，以下の事象はいずれも可測になることを示せ．ただし t, s は任意の実数である．

(1) $\{X > t\}$　(2) $\{X \geq t\}$　(3) $\{X < t\}$
(4) $\{X = t\}$　(5) $\{s < X \leq t\}$

[証明]　(1) σ 加法族の条件(S2)により，$\{X > t\} = \{X \leq t\}^c \in \mathcal{F}$．(2) ド・モルガンの法則（定理1.1）より，$\{X \geq t\} = \cap_{n=1}^{\infty}\{X > t-1/n\} = (\cup_{n=1}^{\infty}\{X \leq t-1/n\})^c$．したがって，$\sigma$ 加法族の条件(S2)・(S3)より $\{X \geq t\} \in \mathcal{F}$．(3) $\{X < t\} = \{X \geq t\}^c \in \mathcal{F}$．(4) $\{X = t\} = \{X \leq t\} \cap \{X \geq t\} \in \mathcal{F}$．(5) $\{s < X \leq t\} = \{X \leq t\} \cap \{X > s\} \in \mathcal{F}$．

確率変数の空間

次の定理に示すように，可測空間 $(\Omega, \mathcal{F})$ 上に定義された確率変数 X, $Y : \Omega \to \mathbb{R}^k$ について，その任意の線形結合 $aX + bY$ は再び確率変数になります．したがって，$(\Omega, \mathcal{F})$ 上のあらゆる確率変数からなる集合を $L_0 = L_0(\Omega, \mathcal{F})$ とするとき，これはベクトル空間です．

定理 7.1
任意の $X, Y \in L_0$ と，任意の実数 a, b について，$aX + bY \in L_0$ である．

[証明]　任意の実数 t について $\{aX \leq t\}$ を考える．$a = 0$ であるとき，$\{aX \leq t\}$ は Ω であるか，または $\emptyset$ である．$a > 0$ であるときは，ただちに $\{aX \leq t\} = \{X \leq t/a\} \in \mathcal{F}$ を得る．$a < 0$ であるときには，$\{aX \leq t\} = \{X < t/a\}^c \in \mathcal{F}$ である．ゆえに，いずれの場合も $aX \in L_0$．同様に $bY \in L_0$ も示される．さて，一般的な設定下で $aX + bY \in L_0$ を示すのは少々面倒なので，とくに X の値域が可算集合 $\mathcal{X} = \{x_1, x_2, \ldots\}$ である場合について示す．このとき例題7.7(4)より $\{X = x_i\} \in \mathcal{F}$．したがって，$\{aX + bY \leq t\} = \cup_{i=1}^{\infty}[\{X = x_i\} \cap \{bY \leq t - ax_i\}] \in \mathcal{F}$ を得る．

確率変数が生成する事象族

ざっくりいって「統計学」とは，「データ」とよばれる確率変数の実現値から「情報」を取り出す技術のことです．そこで，確率変数 $X : \Omega \to \mathbb{R}$ を観察することで得られる「情報」について考えてみましょう．

ある確率変数 X の実現値 x が観察されたとしましょう．このとき，各 $t \in \mathbb{R}$ について，事象 $\{X \leq t\}$ の成立・不成立が判定できるようになります．例えば $x \leq t$ が観測されたならば事象 $\{X \leq t\}$ が成立していますし，$t < x$ ならば $\{X \leq t\}$ は不成立となります．さらに，余事象 $\{X \leq t\}^c = \{X > t\}$ や，

事象の組み合わせ $\bigcup_{j=1}^{m}\{X \le t_j\}$, $\bigcap_{j=1}^{m}\{X \le t_j\}$ などの成立・不成立もわかります.

さらに例を挙げましょう. コインの2回投げにおいて, コインの表が出た回数を X とします. ここでは $X=1$ が観察されたとしましょう. この観察からは,「事象 $\{X=1\}=\{HT, TH\}$ が実現した」ということがわかります. これは直ちに「$\{X \ne 1\}=\{HH, TT\}$ が実現しなかった」ことを意味します. さらには「$\{X \ge 1\}=\{HH, HT, TH\}$, $\{X \le 1\}=\{HT, TH, TT\}$ が実現した」ことや,「$\{X=2\}=\{HH\}$, $\{X=0\}=\{TT\}$ が実現しなかった」こともわかります. 以上のようにして, $X=1$ の観察から成立・不成立が判明する事象を並べれば,

- 成立　：$\{HT, TH\}$, $\{HH, HT, TH\}$, $\{HT, TH, TT\}$, Ω
- 不成立：$\{HH, TT\}$, $\{HH\}$, $\{TT\}$, $\emptyset$

となります. 慧眼な読者はすでにお気付きでしょう. これらの事象を集めれば, σ 加法族が出来上がります.

したがって, X の実現値を知れば, 集合族 $\{\{X \le t\} \mid t \in \mathbb{R}\}$ から生成される可測集合のそれぞれを知ることができるのです. この集合族を $\sigma[X]$ によって表し, **確率変数が生成する事象族**といいます. すなわち,

$$\sigma[X] = \sigma[\{\, \{X \le t\} \mid t \in \mathbb{R}\}] \tag{7.5}$$

ということです.

同様に, 確率変数ベクトル $\boldsymbol{X} : \Omega \to \mathbb{R}^k$ が生成する事象族は,

$$\sigma[\boldsymbol{X}] = \sigma[\{\, \{\boldsymbol{X} \le \boldsymbol{t}\} \mid \boldsymbol{t} \in \mathbb{R}^k\}] \tag{7.6}$$

によって定義されます.

具体的な $\sigma[X]$ の表現

X の値域が可算集合 $\mathcal{X} = \{x_1, x_2, \ldots\}$ である場合には, それが生成する σ 加法族には次のような簡潔な表現を与えることができます.

定理 7.2

X の値域 $\mathcal{X}=X(\Omega)$ が可算集合であるとき,

$$\sigma[X]=\{\{X\in\mathcal{X}_0\}\mid\mathcal{X}_0\subset\mathcal{X}\} \tag{7.7}$$

が成り立つ.

[証明]　$\mathcal{G}=\{\{X\in\mathcal{X}_0\}\mid\mathcal{X}_0\subset\mathcal{X}\}$ として,まずは $\mathcal{G}$ が σ 加法族であることを示す.とくに $\mathcal{X}_0=\mathcal{X}$ ととれば $\{X\in\mathcal{X}\}=\Omega$, $\mathcal{X}_0=\emptyset$ とすれば $\{X\in\emptyset\}=\emptyset$ である.したがって,$\Omega,\emptyset\in\mathcal{G}$.また $A\in\mathcal{G}$ とすれば,適当な $\mathcal{X}_0\subset\mathcal{X}$ が存在して $A=\{X\in\mathcal{X}_0\}$ と書ける.これより $A^c=\{X\in(\mathcal{X}_0)^c\}\in\mathcal{G}$ がわかる.同様に $A_1, A_2, \ldots\in\mathcal{G}$ であるなら,適当な $\mathcal{X}_1,\mathcal{X}_2,\ldots\subset\mathcal{X}$ が存在して,$\bigcup_{j=1}^{\infty}A_j=\bigcup_{j=1}^{\infty}\{X\in\mathcal{X}_j\}=\{X\in\bigcup_{j=1}^{\infty}\mathcal{X}_j\}\in\mathcal{G}$.以上より,$\mathcal{G}$ は σ 加法族である.

任意の実数 t について,$\mathcal{X}_t=\{x\in\mathcal{X}\mid x\leq t\}$ とする.このとき,$\{X\leq t\}=\{X\in\mathcal{X}_t\}\in\mathcal{G}$ である.定義により,$\sigma[X]$ はあらゆる $\{X\leq t\}$ を含む最小の σ 加法族であるから,$\sigma[X]\subset\mathcal{G}$ である.一方で任意の $A\in\mathcal{G}$ について,$A=\{X\in\mathcal{X}_A\}$ と書ける.ここで $\mathcal{X}_A=\{\xi_1,\xi_2,\ldots\}$ と具体的に書き出せば,$A=\bigcup_j\{X=\xi_j\}\in\sigma[X]$.これより $\mathcal{G}\subset\sigma[X]$ であることもわかる.したがって,$\sigma[X]=\mathcal{G}$ が示された.■

$\boldsymbol{X}$ 可測な確率変数

同じ可測空間上に,X, Y という2つの確率変数が与えられているとき,$\sigma[Y]\subset\sigma[X]$ が成り立つならば,**$\boldsymbol{Y}$ は $\boldsymbol{X}$ 可測である**といいます.直感的には,Y が X 可測であることは「X の値を観察できれば Y の値もわかる」ということを意味します.したがって Y が X 可測であるなら,Y から得られる情報の質は,X から得られるものより劣ります.

例題 7.8　コインを2回投げて表が出た回数を X とする.また少なくとも1回表が出たときは $Y=1$, 1回も表が出なかったときは $Y=0$ とする.このとき,Y は X 可測であることを示せ.

[解答]　X が生成する事象族はすでに示したとおり (p.133).また,$\{Y=1\}=\{HH,HT,TH\}$, $\{Y=0\}=\{TT\}$ であるから,$\sigma[Y]=\{\emptyset,\Omega,\{HH,HT,TH\},\{TT\}\}$

である．したがって $\sigma[Y] \subset \sigma[X]$ である．

例題 7.9 X を $(\Omega, \mathcal{F})$ 上の任意の確率変数，Y を定数とするとき，Y が X 可測であることを示せ．

[解答] $Y = c$ であるとき，Y が生成する事象は，$c' \geq c$ であれば $\{Y \leq c'\} = \Omega$，$c'' < c$ であれば $\{Y \leq c''\} = \emptyset$ である．したがって $\sigma[Y] = \{\emptyset, \Omega\} \subset \sigma[X]$ が必ず成立する．

7.3 確率モデル

分布関数

確率変数の定義において，注意すべきことがひとつあります．それは，確率変数の定義においては，確率測度の出番はなかったということです．あらためて定義を確認すれば，X が確率変数であることは事象族 $\mathcal{F}$ だけにかかわる性質であり，$\mathbf{P}$ には無関係であったことがわかるでしょう．

しかしその定義には直接かかわりはないとしても，確率測度を用いれば，確率変数の振る舞いを記述する関数を構成することが可能になります．

定義 7.7
$(\Omega, \mathcal{F}, \mathbf{P})$ を確率空間，$X : \Omega \to \mathbb{R}$ をその上の確率変数とするとき，各 $t \in \mathbb{R}$ について，

$$F_X(t) = \mathbf{P}\{X \leq t\} \tag{7.8}$$

によって定義される関数 $F_X : \mathbb{R} \to [0, 1]$ を X の**分布関数**（distribution function）という．

例として，コインを 2 回投げる試行の確率空間 $(\Omega, 2^{\Omega}, \mathbf{P})$ を考えます．確率測度 $\mathbf{P}$ は確率質量関数 $p(\omega) \equiv 1/4$ によって与えられるものとします．コインの表が出た回数を X とすれば，X の分布関数 F_X は，

図7.1　コイン2回投げにおける，表が出る回数 $\boldsymbol{X}$ の分布関数

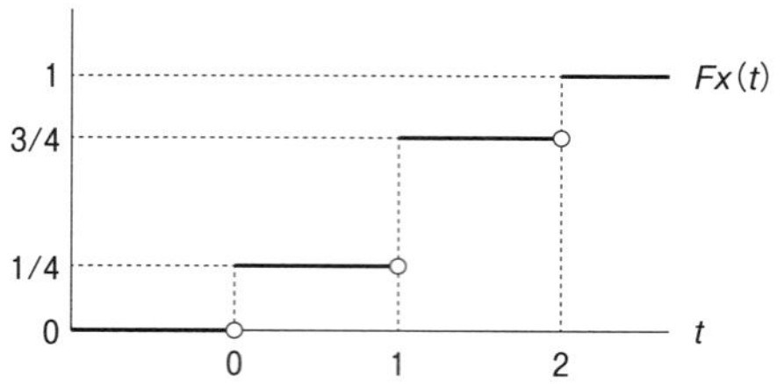

$$F_X(t)=\begin{cases}\mathbf{P}\,\emptyset\ =0 & (t<0)\\ \mathbf{P}\{TT\}=\frac{1}{4} & (0\le t<1)\\ \mathbf{P}\{TT,HT,TH\}=\frac{3}{4} & (1\le t<2)\\ \mathbf{P}\Omega=1 & (2\le t)\end{cases}$$

となります．グラフを描けば図7.1のとおりです．

分布関数の性質

確率空間についての理解を確認することも兼ねて，分布関数の重要な性質を2つ示しておきましょう．

> **定理 7.3**
>
> F_X は単調非減少関数である．すなわち，$s\le t$ ならば $F_X(s)\le F_X(t)$ である．

[証明]　任意の確率変数 X について，$s\le t$ であるなら必ず $\{X\le s\}\subset\{X\le t\}$．したがって確率測度の単調性より，$F_X(s)=\mathbf{P}\{X\le s\}\le\mathbf{P}\{X\le t\}=F_X(t)$ を得る．■

> **定理 7.4**
>
> $$\lim_{t\to\infty}F_X(t)=1,\quad \lim_{t\to-\infty}F_X(t)=0$$

[証明]　自然数 $i=1,2,3,\ldots$ について $A_i=\{i-1<X\le i\}$，また $A_0=\{X\le 0\}$ とすれば，任意の自然数 n について，$\{X\le n\}=\bigcup_{i=0}^{n}A_i$ である．とくに $\bigcup_{i=0}^{\infty}A_i=\Omega$ となる．事象 A_0, A_1, ..., A_n は互いに素であるから，確率測度の条件(P3)より

$F_X(n) = \mathbf{P}\{X \leq n\} = \sum_{i=0}^{n} \mathbf{P}A_i$. したがって $\lim_{n\to\infty} F_X(n) = \sum_{i=0}^{\infty} \mathbf{P}A_i = \mathbf{P}\left(\bigcup_{i=0}^{\infty} A_i\right) = \mathbf{P}\Omega = 1$ が成り立つ．極限 $\lim_{t\to-\infty} F_X(t) = 0$ についても同様である．■

離散と連続

確率変数 $X : \Omega \to \mathbb{R}$ の像 $\mathscr{X} = X(\Omega)$ が可算集合 $\mathscr{X} = \{x_1, x_2, \ldots\}$ になるとき，その X を**離散確率変数**（discrete random variable）といいます．それに対して，X の分布関数 F_X が $\mathbb{R}$ 上の連続関数になる場合には，X は**連続確率変数**（continuous random variable）であるといいます．後者の場合，$\mathscr{X}$ は区間 $[a, b]$ や $\mathbb{R}$ 全体などの非可算集合になります．

密度関数

X が連続確率変数であるときには，分布関数そのものではなく，その微分を用いて X の振る舞いをモデル化することができます．

定義 7.8

連続確率変数 X の分布関数を F_X とする．任意の $t \in \mathbb{R}$ について

$$F_X(t) = \int_{-\infty}^{t} f_X(x)\,dx \tag{7.9}$$

を成立させる関数 $f_X : \mathbb{R} \to \mathbb{R}$ が存在するとき，これを $\boldsymbol{X}$**の密度関数**（density function）という．したがって，

$$f_X(x) = \frac{dF_X}{dx}(x) \tag{7.10}$$

が成り立つ．

分布関数 F_X は単調非減少でしたから，すべての密度関数について $f_X \geq 0$ がつねに成り立ちます．また，$\int_{-\infty}^{\infty} f_X(x)\,dx = \lim_{t\to\infty} F_X(t) = 1$ が満たされます．

確率変数ベクトルの密度関数

値を $\mathbb{R}^k$ にとる確率変数ベクトル $\boldsymbol{X}$ の場合，その密度関数は次のように定

義されます.

定義 7.9

確率変数ベクトル $\boldsymbol{X}$ の分布関数を $F_{\boldsymbol{X}}(\boldsymbol{t}) = \mathbf{P}\{\boldsymbol{X} \le \boldsymbol{t}\}$ とするとき，任意の $\boldsymbol{t} \in \mathbb{R}^k$ について

$$F_{\boldsymbol{X}}(\boldsymbol{t}) = \int_{-\infty}^{t_1} \cdots \int_{-\infty}^{t_k} f_{\boldsymbol{X}}(x_1, \ldots, x_k)\, dx_1 \cdots dx_k \tag{7.11}$$

を成立させる関数 $f_{\boldsymbol{X}} : \mathbb{R}^k \to \mathbb{R}$ を $\boldsymbol{X}$ の密度関数とする．したがって，

$$f_{\boldsymbol{X}}(x_1, \ldots, x_k) = \frac{\partial^k F_{\boldsymbol{X}}}{\partial x_1 \cdots \partial x_k}(x_1, \ldots, x_k)$$

が成り立つ.

密度関数から構成される測度

密度関数を先に与えて，そこから確率測度を作り出すこともできます．例えば，$\mathbb{R}$ 上の特定の関数 f を密度関数としてもつ確率変数が欲しいとします．ここで f は，$f \ge 0$ および $\int_{-\infty}^{\infty} f(x)\, dx = 1$ を満たすものとします．このとき，ボレル集合 $B \in \mathcal{B}$ のそれぞれに $\mathbf{P}_X B = \int_B f(x)\, dx$ を対応させる写像 $\mathbf{P}_X : \mathcal{B} \to [0, 1]$ を考えれば，$(\mathbb{R}, \mathcal{B}, \mathbf{P}_X)$ はひとつの確率空間になります.

一様分布

もっとも簡単な連続確率モデルが**一様分布**（uniform distribution）です．区間 $[a, b]$ に値をとる確率変数 $U : \Omega \to [a, b]$ を考えましょう．このとき，$[a, b]$ 上に制限されたボレル集合族を

$$\mathcal{B}_{[a,b]} = \{B \cap [a, b] \mid B \in \mathcal{B}\}$$

によって定義し，各 $B \in \mathcal{B}_{[a,b]}$ について

$$\mathbf{P}_U B = \int_B \frac{1}{b-a}\, du$$

を対応させる確率測度 $\mathbf{P}_U : \mathcal{B}_{[a,b]} \to [0, 1]$ を考えれば，$([a, b], \mathcal{B}_{[a,b]}, \mathbf{P}_U)$ は確率空間です．このとき，「U は一様分布に従う」といい，$U \sim U[a, b]$ と書き表

図7.2 正規分布 $N(\mu, \sigma^2)$ の密度関数 f_W

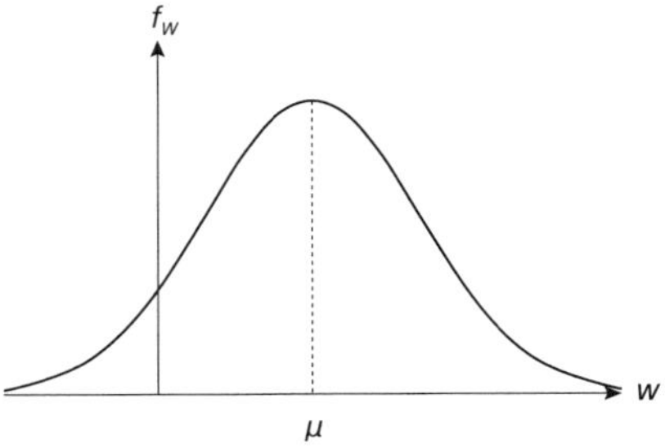

します．

一様分布に従う U の密度関数は

$$f_U(u) = \begin{cases} \dfrac{1}{b-a} & (u \in [a, b]) \\ 0 & (u \notin [a, b]) \end{cases} \tag{7.12}$$

となります．また，U の分布関数は

$$F_U(u) = \begin{cases} 0 & (u < a) \\ \dfrac{u-a}{b-a} & (a \leq u \leq b) \\ 1 & (u > b) \end{cases} \tag{7.13}$$

となります．

正規分布

すべての確率モデルのなかで，もっとも重要であるのが**正規分布**（normal distribution）です．正規分布に従う確率変数 W は $\mathbb{R}$ を値域とし，その密度関数は

$$f_W(w) = \frac{1}{\sqrt{2\pi\sigma^2}} \exp\left[-\frac{(w-\mu)^2}{2\sigma^2}\right] \tag{7.14}$$

となります．このとき，$W \sim N(\mu, \sigma^2)$ と書きます．ただし，μ, σ^2 は与えられた定数です．また，$\exp(\cdot)$ は，指数関数 $x \mapsto \exp(x) = e^x$ のことで，e の肩に乗せるものが複雑であるときによく使われる表記です．関数(7.14)式のグ

ラフは，図7.2に示すようなμを中心とする釣り鐘型になります．

$\mathbb{R}^k$を値域とする確率変数ベクトル$\boldsymbol{W}$が，

$$f_W(\boldsymbol{w}) = \frac{1}{(2\pi)^{k/2}|\mathbf{V}|^{1/2}}\exp\left[-\frac{1}{2}(\boldsymbol{w}-\mu)'\mathbf{V}^{-1}(\boldsymbol{w}-\mu)\right] \tag{7.15}$$

を密度関数としてもつとき，「$\boldsymbol{W}$はk次元正規分布に従う」といい，$\boldsymbol{W} \sim N(\boldsymbol{\mu}, \mathbf{V})$と書きます．ただし，$\mu$は$k$次元の定数ベクトル，$\mathbf{V}$は正定値の$k$次元正方行列であり，それぞれ重要な意味をもちますが，これ以上の詳細は次の章に譲りましょう．

確率変数の質量関数

離散確率変数の場合には，密度関数の代わりに次の関数を使います．

> **定義 7.10**
>
> 可算集合$\mathscr{X} = \{x_1, x_2, ...\}$上に値をとる離散確率変数$X$について，
>
> $$p_X(x_j) = \mathbf{P}\{X = x_j\} \quad (j = 1, 2, ...) \tag{7.16}$$
>
> によって定まる関数$p_X : \mathscr{X} \to [0, 1]$を，確率変数$X$の **確率質量関数**（probability mass function）という．

密度関数の場合と同様に，$k = 1$であるときには，$F_X(t) = \sum_{x \leq t} p_X(x)$となります．したがって，確率質量関数についても$p_X \geq 0$が成り立ちます．また，$\lim_{t\to\infty} F_X(t) = \sum_{j=1}^{\infty} p_X(x_j) = 1$が満たされます．

また，$\mathscr{X} = \{x_1, x_2, ...\}$上の事象族を$\mathscr{G} = 2^{\mathscr{X}}$とし，任意の$A \in \mathscr{G}$について$\mathbf{P}_X A = \sum_{x_j \in A} p(x_j)$とすることによって新たな確率測度$\mathbf{P}_X$を定めれば，$(\mathscr{X}, \mathscr{G}, \mathbf{P}_X)$はひとつの確率空間となります．

ベルヌーイ分布

もっとも単純な離散確率モデルは，コインを1回投げる試行に対応する**ベルヌーイ分布**（Bernoulli distribution）です．コインを投げて，表が出たら$X = 1$，裏であったら$X = 0$とする確率変数$X : \Omega \to \{0, 1\}$を考えます．この

X の値域を $\mathscr{X}=\{0,1\}$，べき集合 $\mathscr{G}=2^{\mathscr{X}}=\{\emptyset,\{0\},\{1\},\{0,1\}\}$ を事象族とする可測空間 $(\mathscr{X},\mathscr{G})$ 上に，確率質量関数

$$p_X(1)=p,\quad p_X(0)=1-p \tag{7.17}$$

によって定まる確率測度 $\mathbf{P}_X$ を導入しましょう．このとき，「X はベルヌーイ分布 $B(p)$ に従う」といい，$X\sim B(p)$ と書きます．

幾何分布

表が出るまでコインを投げ続ける試行に対応する確率モデルが**幾何分布**（geometric distribution）です．表が出るまでコインを投げて，最初に表が出た回を Y とします．したがって，Y の値域は $\mathscr{Y}=\{1,2,3,\ldots\}=\mathbb{N}$ です．事象族としてべき集合 $2^{\mathbb{N}}$ を選び，Y の確率質量関数を

$$p_Y(y)=p(1-p)^{y-1}\quad(y\in\mathbb{N}) \tag{7.18}$$

によって定義しましょう．ただし，p は $0\le p\le 1$ を満たす定数です．それぞれの事象 $A\in 2^{\mathbb{N}}$ について $\mathbf{P}_YA=\sum_{j\in A}p(1-p)^{j-1}$ を対応させることによって確率測度を定義すれば，$(\mathbb{N},2^{\mathbb{N}},\mathbf{P}_Y)$ はひとつの確率空間となります．このとき，「確率変数 Y は幾何分布に従う」といいます．

幾何分布に従う Y の分布関数は，各 $t\ge 0$ について

$$F_Y(t)=\sum_{j=1}^{[t]}p(1-p)^{j-1}=1-(1-p)^{[t]}$$

と計算されます．ただし $[t]$ はいわゆる**ガウス記号**（Gaussian symbol）で，「t を超えない最大の整数」を意味します．

ポアソン分布

非負の整数の集合を $\mathbb{Z}_+=\{0,1,2,\ldots\}$ とします．可測空間 $(\mathbb{Z}_+,2^{\mathbb{Z}_+})$ 上に値をとる確率変数 Z があるとして，その確率質量関数が

$$p_Z(z)=e^{-\lambda}\cdot\frac{\lambda^z}{z!}\quad(z\in\mathbb{Z}_+) \tag{7.19}$$

となるとき，「Z は**ポアソン分布**（Poisson distribution）に従う」といい，

$Z \sim Po(\lambda)$ と書き表します．

ちなみに，(7.19)式によって定まる確率測度を $\mathbf{P}_Z$ とするとき，その全確率が1に等しいことは，指数関数のマクローリン展開の公式

$$e^{\lambda} = \sum_{z=0}^{\infty} \frac{\lambda^z}{z!}$$

を用いて

$$\mathbf{P}_Z \mathbb{Z}_+ = \sum_{z=0}^{\infty} e^{-\lambda} \cdot \frac{\lambda^z}{z!} = e^{-\lambda} \cdot e^{\lambda} = 1$$

となることからわかります．

演習問題

問題 7.1　互いに素とは限らない事象 $A_1, A_2, A_3, \ldots \in \mathcal{F}$ について，$\mathbf{P}\left(\bigcup_{i=1}^{\infty} A_i\right) \leq \sum_{i=1}^{\infty} \mathbf{P}(A_i)$ が成り立つことを示せ．

問題 7.2　$\Omega = \{a, b, c\}$，$\mathcal{G} = \{\{a\}, \{b\}\}$ とするとき，$\sigma[\mathcal{G}]$ は何か．また $\mathcal{H} = \{\{a, b\}, \{b, c\}\}$ とするとき，$\sigma[\mathcal{H}]$ は何か．

問題 7.3　$\Omega = \{a_1, a_2, \ldots, a_n, \ldots\}$，$\mathcal{G} = \{\{a_1\}, \{a_1, a_2\}, \ldots, \{a_1, a_2, \ldots, a_n\}, \ldots\}$ とするとき，$\sigma[\mathcal{G}] = 2^{\Omega}$ を示せ．

問題 7.4　2次元ボレル集合族 $\mathcal{B}^2$ について，以下の集合がいずれも $\mathcal{B}^2$ に属することを示せ．

(1) $(-\infty, 0] \times (-\infty, 0]$　　(2) $[0, 1) \times [0, 1)$　　(3) $\{(x, y) \mid x \geq 0,\ y \geq 0,\ x + y < 1\}$

問題 7.5　X, Y を $(\Omega, \mathcal{F})$ 上に定義された確率変数とするとき，以下の(1)～(3)もまた $(\Omega, \mathcal{F})$ 上の確率変数となることを示せ．

(1) e^X

(2) $\varphi : \mathbb{R} \to \mathbb{R}$ は連続かつ単調非減少であるとき，$\varphi(X)$

(3) 2数 a, b のうち大きなほうの値を $\max\{a, b\}$，小さなほうの値を $\min\{a, b\}$ によって示すとき，$\max\{X, Y\}$，$\min\{X, Y\}$

問題 7.6　X を $(\Omega, \mathcal{F})$ 上に定義された確率変数とする．以下の確率変数 Y, Z, および確率変数ベクトル $\boldsymbol{W}$ が，いずれも X 可測であることを示せ．

(1) $Y = X^2$　　(2) $Z = \begin{cases} 1 & (X \geq 0) \\ 0 & (X < 0) \end{cases}$　　(3) $\boldsymbol{W} = \begin{bmatrix} X+2 \\ 2X \end{bmatrix}$

問題 7.7　X を $(\Omega, \mathcal{F})$ 上の連続確率変数，$\mathcal{B}$ をボレル集合族とするとき，$\mathcal{G} = \{\{X \in B\} \mid B \in \mathcal{B}\}$ が σ 加法族となることを示せ．

問題 7.8　確率変数 X の分布関数 F_X について，$\lim_{n \to \infty} F_X\left(t + \frac{1}{n}\right) = F_X(t)$ が成り立つことを示せ．これを分布関数の**右連続性**（right continuity）という．

第8章 積分と期待値

この章では，確率変数の積分である「期待値」について説明します．まずは，本章で用いられる積分や重積分の計算について復習します．そのうえで，「期待値」や「分散」，「共分散」の定義を与え，その性質を調べます．とくに，この章の最後に触れる「積率母関数」の考え方は，後々非常に重要になる概念です．

8.1 積分と重積分の計算公式

積分の定義

この章では，具体的な積分計算が数多くなされます．本書では，読者が入門レベルの解析学をすでに学んでいるものとしており，したがってここに至るまでにも何度か積分や重積分を使ってきましたが，念のために，この章で必要になる積分の定義と計算公式についてあらためて確認しておきましょう．

まずは積分の定義です．関数$g:\mathbb{R}\to\mathbb{R}$の，区間$[a,b]$上での積分$\int_a^b g(x)\,dx$を与えましょう．ただし$g$は連続関数であるとします．積分区間$[a,b]$を$n$個の小区間に分割すると，

$$\left[a,\ a+\frac{1}{n}(b-a)\right],\ \left[a+\frac{1}{n}(b-a),\ a+\frac{2}{n}(b-a)\right],\ldots,\ \left[a+\frac{n-1}{n}(b-a),\ b\right]$$

となります．それぞれの小区間の幅は$\frac{1}{n}(b-a)$です．このとき，gの$[a,b]$上の積分は，

$$\int_a^b g(x)\,dx = \lim_{n\to\infty}\sum_{j=1}^{n} g\left(a+\frac{j-1}{n}(b-a)\right)\times\frac{1}{n}(b-a) \tag{8.1}$$

によって定義されます．

重積分の定義

ベクトル $\boldsymbol{x}\in\mathbb{R}^k$ を変数とする多変数関数 $g(\boldsymbol{x})$ の積分を**重積分**といいます．ここでは簡単のため，2変数関数 $g(x_1, x_2)$ を長方形 $[a, b]\times[c, d]$ の上で積分する場合を考えましょう．ただし，g は連続関数であるとします．積分域 $[a, b]\times[c, d]$ を n^2 個の小長方形，

$$\left[a+\frac{i-1}{n}(b-a),\ a+\frac{i}{n}(b-a)\right]\times\left[c+\frac{j-1}{n}(d-c),\ c+\frac{j}{n}(d-c)\right]$$

$(1\le i\le n,\ 1\le j\le n)$ に分割すれば，各長方形の面積は $\frac{(b-a)(d-c)}{n^2}$ となります．このとき，$g(x_1, x_2)$ の $[a, b]\times[c, d]$ 上の重積分は，

$$\int_{[a,b]\times[c,d]} g(\boldsymbol{x})\,d\boldsymbol{x} = \lim_{n\to\infty}\sum_{i=1}^{n}\sum_{j=1}^{n} g\left(a+\frac{i-1}{n}(b-a),\ c+\frac{j-1}{n}(d-c)\right)\times\frac{(b-a)(d-c)}{n^2}$$

によって定義されます．

重積分の計算

具体的に重積分を計算するときには，

$$\int_{[a,b]\times[c,d]} g(x_1, x_2)dx_1dx_2 = \int_a^b\left(\int_c^d g(x_1, x_2)dx_2\right)dx_1 \tag{8.2}$$

のように，各変数について順番に積分を施すことで答えを得られます．とくに g が，それぞれの変数についての関数の積 $g(x_1, x_2) = g_1(x_1)g_2(x_2)$ として与えられる場合には，

$$\int_{[a,b]\times[c,d]} g(x_1, x_2)dx_1dx_2 = \left(\int_a^b g_1(x_1)dx_1\right)\left(\int_c^d g_2(x_2)dx_2\right)$$

のようになります．

例題 8.1 $g(x_1, x_2) = \exp(-x_1 - 2x_2)$ を $[0, \infty) \times [0, \infty)$ 上で積分せよ．ただし，$\exp(-x_1 - 2x_2) = e^{-x_1 - 2x_2}$ である．

[解答] $g(x_1, x_2) = \exp(-x_1)\exp(-2x_2)$ のように積の形で書けるので，

$$\int_{[0,\infty)\times[0,\infty)} \exp(-x_1 - 2x_2)\, dx_1 dx_2 = \left(\int_0^\infty e^{-x_1}\, dx_1\right)\left(\int_0^\infty e^{-2x_2}\, dx_2\right) = 1 \cdot \frac{1}{2} = \frac{1}{2}$$

となる．

積分の変数変換

重積分の範囲が長方形 $[a, b] \times [c, d]$ でない場合には計算の工夫が必要です．例えば，k 次正則行列 $\mathbf{A}$ とベクトル $\boldsymbol{a}$, $\boldsymbol{b}$ を用いて，$\boldsymbol{a} \le \mathbf{A}\boldsymbol{x} \le \boldsymbol{b}$ を満たす $\boldsymbol{x}$ の範囲上で $g(\boldsymbol{x})$ を積分することを考えます．ただし，一般に 2 つのベクトル $\boldsymbol{a}$, $\boldsymbol{b}$ について，その成分を a_j, b_j $(1 \le j \le k)$ と書くとき，$\boldsymbol{a} \le \boldsymbol{b}$ であるとは $a_1 \le b_1, \ldots, a_k \le b_k$ であることとします．

定理 8.1

$g : \mathbb{R}^k \to \mathbb{R}$ を $D = \{\boldsymbol{x} \in \mathbb{R}^k \mid \boldsymbol{a} \le \mathbf{A}\boldsymbol{x} \le \boldsymbol{b}\}$ 上で積分するとき，変数変換 $\boldsymbol{z} = \mathbf{A}\boldsymbol{x}$ により，

$$\int_D g(\boldsymbol{x})\, dx_1 \cdots dx_k = \int_{\boldsymbol{a} \le \boldsymbol{z} \le \boldsymbol{b}} g(\mathbf{A}^{-1}\boldsymbol{z})\, \|\mathbf{A}^{-1}\| dz_1 \cdots dz_k \tag{8.3}$$

が成立する．ここで $\|\mathbf{A}^{-1}\|$ は，行列 $\mathbf{A}^{-1}$ の行列式 $|\mathbf{A}^{-1}|$ の絶対値を意味し，しばしば**変換のヤコビ行列式**とよばれる量である．

変換後の積分領域 $\{\boldsymbol{a} \le \boldsymbol{z} \le \boldsymbol{b}\}$ は，直方体 $[a_1, b_1] \times \cdots \times [a_k, b_k]$ になります．したがって，変換後の積分は(8.2)式の方法によって実行できます．

例題 8.2 $g(x_1, x_2) = \exp(-x_1 - 2x_2)$ を，$D = \{(x_1, x_2) \mid x_2 \ge x_1 \ge 0\}$ 上で積分せよ．

[解答]

$\boldsymbol{a}=\begin{bmatrix}1\\2\end{bmatrix}$, $\mathbf{A}=\begin{bmatrix}1&0\\-1&1\end{bmatrix}$, また $D=\{\boldsymbol{x}\mid\mathbf{A}\boldsymbol{x}\geq\mathbf{0}\}$ とすれば，計算すべき積分は $\int_D\exp(-\boldsymbol{a}'\boldsymbol{x})\,dx_1dx_2$ と書ける．したがって変数変換 $\boldsymbol{z}=\mathbf{A}\boldsymbol{x}$ より，

$$\begin{aligned}\int_D\exp(-\boldsymbol{a}'\boldsymbol{x})\,dx_1dx_2&=\int_{\boldsymbol{z}\geq\mathbf{0}}\exp(-\boldsymbol{a}'\mathbf{A}^{-1}\boldsymbol{z})\,\|\mathbf{A}^{-1}\|dz_1dz_2\\&=\int_{[0,\infty)\times[0,\infty)}\exp(-3z_1-2z_2)\cdot|1|\,dz_1dz_2\\&=\left(\int_0^\infty e^{-3z_1}\,dz_1\right)\left(\int_0^\infty e^{-2z_2}\,dz_2\right)=\frac{1}{3}\cdot\frac{1}{2}=\frac{1}{6}\end{aligned}$$

となる．

8.2 期待値

指示関数

期待値を定義するにあたって，まずはもっとも簡単な構造をもつ確率変数から考えることにしましょう．確率空間を $(\Omega,\mathcal{F},\mathbf{P})$，その上の任意の可測集合を $A\in\mathcal{F}$ として，関数 $\mathbb{I}_A:\Omega\to\{0,1\}$ を次のようにして定義します．

$$\mathbb{I}_A(\omega)=\begin{cases}1 & (\omega\in A)\\0 & (\omega\notin A)\end{cases}\tag{8.4}$$

この関数を，集合 A の**指示関数**（indicator function）といいます．

例えば，コインを2回投げる試行において，一度でも表が出たら $X=1$，そうでなければ $X=0$ としましょう．この確率変数 X は，

$$X(\omega)=\mathbb{I}_{\{HH,HT,TH\}}(\omega)\tag{8.5}$$

のように指示関数を用いて表現できます．

また，つねに定数 c の値をとる確率変数 $X\equiv c$ については，$X=c\mathbb{I}_\Omega$ と書くことができます．

単関数

指示関数を組み合わせることで，さらに多くの確率変数を表現できるように

なります．例えば，コインを 2 回投げて表が出た回数を Y とします．このとき，Y は指示関数の線形結合として $Y=2\mathbb{I}_{\{HH\}}+\mathbb{I}_{\{HT,TH\}}$ と表現できることになります．

定義 8.1

確率空間 $(\Omega,\mathcal{F},\mathbf{P})$ 上の互いに素な可測集合 $A_1,\ldots,A_n\in\mathcal{F}$ と実数 $c_1,\ldots,c_n$ を用いて，

$$X(\omega)=\sum_{j=1}^{n}c_j\mathbb{I}_{A_j}(\omega) \tag{8.6}$$

によって表される関数 $X:\Omega\to\mathbb{R}$ を，$(\Omega,\mathcal{F},\mathbf{P})$ 上の**単関数**（simple function）という．

単関数である X については必ず $\{X\leq t\}\in\mathcal{F}$ が成り立ちますので，X は確かに $(\Omega,\mathcal{F},\mathbf{P})$ 上の確率変数であることに注意しておきましょう．また，定義 8.1では $A_1,\ldots,A_n$ が互いに素であるとしています．この条件は本質的なものではありませんが，$A_1,\ldots,A_n$ が互いに素であることで，以下の記述が若干ながら簡単になります．

ただし，事象 $A_1,\ldots,A_n$ の個数が有限であることは本質的です．例えば，無限個の事象 $A_1,A_2,\ldots$ と係数 $c_1,c_2,\ldots$ を用いて構成される確率変数 $X=\sum_{j=1}^{\infty}c_j\mathbb{I}_{A_j}$ は，一般には単関数とはよばれません．

単関数の期待値

単関数として表現される確率変数に対しては，その期待値が次のように定義されます．

定義 8.2

確率空間 $(\Omega,\mathcal{F},\mathbf{P})$ 上の単関数 $X=\sum_{j=1}^{n}c_j\mathbb{I}_{A_j}$ について，その**期待値**（expectation）EX を

$$EX=\sum_{j=1}^{n}c_j\mathbf{P}A_j \tag{8.7}$$

図8.1　単関数 $X=\sum_{j=1}^{n}c_j\mathbb{I}_{A_j}$ の期待値

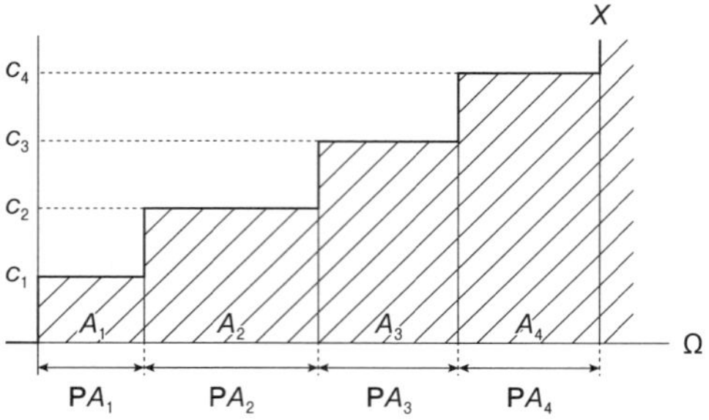

によって定義する.

単関数の期待値のイメージは，図8.1のようになります．単関数は，この図のように，各 $A_1, \dots, A_n$ 上で一定値をとる階段状のグラフをもちます．またその期待値は，X のグラフと横軸に挟まれた部分（図中の斜線部）の面積に相当します.

例題 8.3　定数 c について，$Ec=c$ であることを示せ.

[解答]　定数 c は確率変数として $X=c\mathbb{I}_\Omega$ と書けるから，$EX=c\mathbf{P}\Omega=c\cdot 1=c$ である.

確率質量関数による表現

単関数 $X=\sum_{j=1}^{n}c_j\mathbb{I}_{A_j}$ によって与えられる確率変数の期待値を，確率質量関数 p_X を用いて書き表してみましょう．このとき，X のとり得る値は $\mathscr{X}=\{0, c_1, \dots, c_n\}$ に限られます．X の確率質量関数 p_X は，$p_X(c_1)=\mathbf{P}A_1, \dots, p_X(c_n)=\mathbf{P}A_n$ によって与えられます．したがって単関数の期待値の定義より，

$$EX=\sum_{j=1}^{n}c_j p_X(c_j) \tag{8.8}$$

となることがわかります.

例題 8.4 サイコロを 1 回投げて出た目を X とする．すべての目が等確率で実現するとき，EX を計算せよ．

[解答] 仮定より，X の確率質量関数は，$p_X(1) = \cdots = p_X(6) = \frac{1}{6}$ であるから，求める期待値は，

$$EX = \sum_{j=1}^{6} j \cdot p_X(j) = 1 \times \frac{1}{6} + \cdots + 6 \times \frac{1}{6} = \frac{7}{2}$$

と計算される．

一般の確率変数の期待値

今度は，単関数とは限らない一般の確率変数 X について，その期待値を定義してみましょう．通常，X の期待値は次の 2 ステップで計算されます．

(Step 1) X を近似する単関数 X_n を構成し，EX_n を計算する．
(Step 2) $EX = \lim_{n\to\infty} EX_n$ によって X の期待値を求める．

ただし，議論の出発点では，X は非負かつ有限であるとします．つまり，X の値域は，何らかの定数 $M > 0$ を用いて $X : \Omega \to [0, M]$ によって与えられるものとします．

近似単関数の構成

まずは Step 1から考えましょう．非負かつ有界な X の値域 $[0, M]$ を 2^n 等分して，

$$\left[0, \frac{1}{2^n}M\right], \left(\frac{1}{2^n}M, \frac{2}{2^n}M\right], \ldots, \left(\frac{2^n-2}{2^n}M, \frac{2^n-1}{2^n}M\right], \left(\frac{2^n-1}{2^n}M, M\right]$$

とします．このうち $j\,(=1, \ldots, 2^n)$ 番目の小区間に X が入るという事象を $A_{n,j}$ と書きましょう．つまり，

$$A_{n,1}=\left\{0\le X\le \frac{M}{2^n}\right\}$$
$$A_{n,j}=\left\{\frac{j-1}{2^n}M< X\le \frac{j}{2^n}M\right\}\quad (j=2,\dots,2^n) \tag{8.9}$$

ということです（なぜ「n 等分」ではなくて「2^n 等分」なのか，という当然の疑問が生じているとは思いますが，その理由はすぐに明らかになります）．X は確率変数でしたから $A_{n,j}\in\mathcal{F}$ です．また，$A_{n,1},\dots,A_{n,2^n}$ は互いに素となります．これらの事象を用いて

$$X_n=\sum_{j=1}^{2^n}\frac{j-1}{2^n}M\,\mathbb{I}_{A_{n,j}} \tag{8.10}$$

とするとき，X_n を X の**近似単関数**といいます．

図8.2は，近似単関数の様子を示したものです．定義(8.10)式および図8.2より，元々の X と X_n のあいだには，$X\ge X_n$ という関係があることがわかります．また，$[0,M]$ を（n 等分ではなく）2^n 等分していることにより，各 $\omega\in\Omega$ のもとで $X_1(\omega)\le X_2(\omega)\le\cdots\le X(\omega)$ が成立しています．したがって $\{X_n(\omega)\}$ は上に有界かつ単調増加な数列ですので，定理1.3により，$\lim_{n\to\infty}X_n(\omega)=X(\omega)$ となることがわかります．

非負かつ有界な確率変数の期待値

近似単関数 X_n を用いて，まずは非負かつ有界な X の期待値を次のようにして計算しましょう．

定義 8.3

確率空間 $(\Omega,\mathcal{F},\mathbf{P})$ 上に定義された，非負かつ有界な確率変数 $X:\Omega\to[0,M]$ について，その近似単関数を $X_n=\sum_{j=1}^{2^n}\frac{j-1}{2^n}M\,\mathbb{I}_{A_{n,j}}$ とする．このとき，X の期待値を

$$EX=\lim_{n\to\infty}EX_n=\lim_{n\to\infty}\sum_{j=1}^{2^n}\frac{j-1}{2^n}M\,\mathbf{P}A_{n,j} \tag{8.11}$$

によって定義する．

図8.2 近似単関数の様子

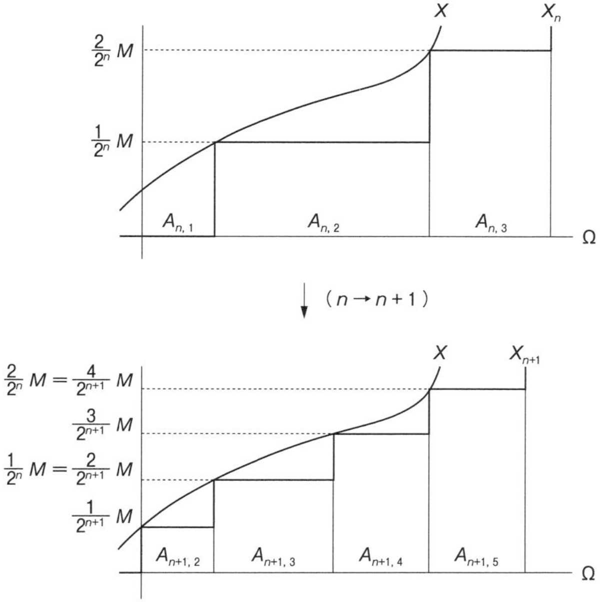

有界ではない確率変数の期待値

この定義を発展させれば，有界とは限らない非負の確率変数 $X : \Omega \to [0, \infty)$ についても次のようにして期待値を定義できます．まずは，適当に大きな定数 $M > 0$ を選んで，新たな確率変数 $X_M : \Omega \to [0, M]$ を

$$X_M(\omega) = \min\{X(\omega), M\} = X(\omega) \text{ と } M \text{ のうち小さいほうの数}$$

によって定義します（図8.3）．この X_M は非負かつ有界ですので，定義8.3によって期待値 EX_M を計算できます．次に，$M \to \infty$ とすることによって，

$$EX = \lim_{M \to \infty} EX_M \tag{8.12}$$

のようにして X の期待値を定義します．

図8.3　$\boldsymbol{X}$ と $\boldsymbol{X_M}$ の関係

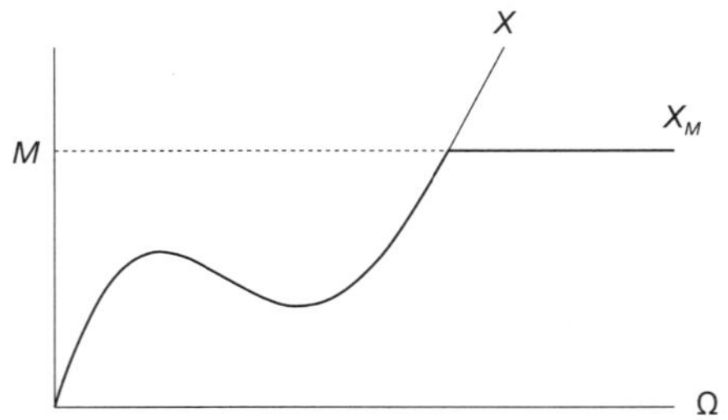

一般の確率変数の期待値

さらに，確率変数が非負と限らない場合を考えます．与えられた確率変数 $X : \Omega \to (-\infty, \infty)$ に対して，新たな確率変数 $X_+, X_- : \Omega \to [0, \infty)$ を，

$$X_+(\omega) = \max\{0, X(\omega)\},\quad X_-(\omega) = \max\{0, -X(\omega)\}$$

によって定義します（図8.4）．このとき，$X = X_+ - X_-$ が成り立ちます．また，X_+, X_- はどちらも非負の確率変数ですので，期待値 EX_+, EX_- が計算できます．したがって，$EX = EX_+ - EX_-$ とすれば，X の期待値を定義できます．

以上のように，

近似単関数 X_n → 非負かつ有界な X → 非負の X → 一般の X

の順番で，簡単なものから一般のものへと連鎖的に期待値を計算するのが確率論のルーチンワークです．本書でも，これと似たような手法を用いて問題を攻略する場面が，これから何度か現れることになります．

ポアソン分布の期待値

ポアソン分布に従う確率変数 $Z \sim Po(\lambda)$ を指示関数を用いて表現すれば，

$$Z = \sum_{z=0}^{\infty} z \mathbb{I}_{A_z},\quad A_z = \{Z = z\},\quad \mathbf{P}A_z = e^{-\lambda}\frac{\lambda^z}{z!}$$

となります．Z は無限個の指示関数 $\mathbb{I}_{A_z}$ の線形結合として表現されていますの

図8.4 $\boldsymbol{X}$, $\boldsymbol{X}_+$, $\boldsymbol{X}_-$ の関係

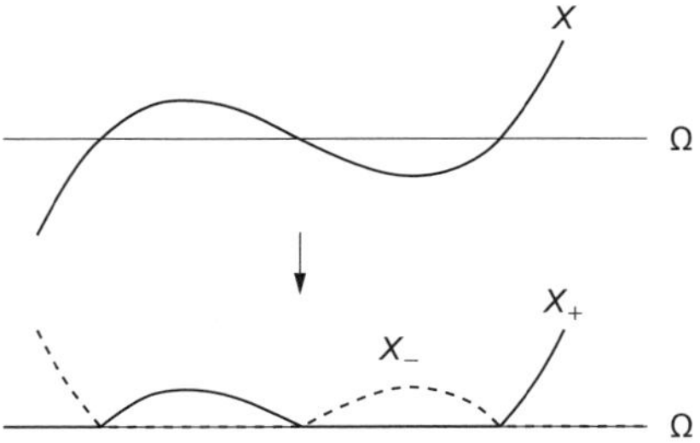

で，厳密な意味では単関数ではありません．また，Z は自然数全体を値域としていますので有界でもありません．したがって，定義8.2や定義8.3を直接用いて期待値を計算することができないわけです．

そこで，Z の近似単関数を，自然数 $M \in \mathbb{N}$ を用いて

$$Z_M = \sum_{z=0}^{M} z \mathbb{I}_{A_z}$$

によって定義します．これは名前の通り単関数ですので，その期待値は

$$EZ_M = \sum_{z=0}^{M} z \mathbf{P} A_z = \sum_{z=0}^{M} z e^{-\lambda} \frac{\lambda^z}{z!} = \lambda e^{-\lambda} \sum_{z=1}^{M} \frac{\lambda^{z-1}}{(z-1)!}$$

となります．さらに $M \to \infty$ とすれば，マクローリン展開 $e^{\lambda} = \sum_{z=0}^{\infty} \frac{\lambda^z}{z!}$ により，$EZ = \lim_{M \to \infty} EZ_M = \lambda e^{-\lambda} e^{\lambda} = \lambda$ が得られます．

離散確率変数の期待値

ポアソン分布に関する上記の計算を一般化すれば，次の定理が得られます．

定理 8.2

離散確率変数 $X : \Omega \to \mathcal{X} = \{x_1, x_2, ...\}$ の確率質量関数を p_X とするとき，

$$EX = \sum_{j=1}^{\infty} x_j \, p_X(x_j) \tag{8.13}$$

が成り立つ．

連続確率変数の期待値

密度関数 f_X をもつ確率変数 X については，以下のような計算が可能です．X の分布関数を $F_X(t) = \mathbf{P}\{X \leq t\}$ とすれば，事象 $A_{n,j} = \left\{\frac{j-1}{2^n}M < X \leq \frac{j}{2^n}M\right\}$ の定義により，

$$\mathbf{P}A_{n,j} = \mathbf{P}\left\{X \leq \frac{j}{2^n}M\right\} - \mathbf{P}\left\{X \leq \frac{j-1}{2^n}M\right\}$$
$$= F_X\left(\frac{j}{2^n}M\right) - F_X\left(\frac{j-1}{2^n}M\right)$$

が成り立ちます．したがって有界な確率変数 $X : \Omega \to [0, M]$ については，

$$EX = \lim_{n\to\infty}\sum_{j=1}^{2^n}\left(\frac{j-1}{2^n}M\right)\left[F_X\left(\frac{j}{2^n}M\right) - F_X\left(\frac{j-1}{2^n}M\right)\right]$$

が成り立ちます（これを F_X による**スティルチェス積分**といいます）．

さらに，F_X が微分可能で密度関数 $f_X = F'_X$ をもつときには，通常の微分の定義 $f_X(x) = \lim_{h\to 0}\frac{F_X(x+h) - F_X(x)}{h}$ により

$$F_X\left(\frac{j}{2^n}M\right) - F_X\left(\frac{j-1}{2^n}M\right) \simeq f_X\left(\frac{j-1}{2^n}M\right)\frac{M}{2^n}$$

なる近似が成立します．極限 $n \to \infty$ において近似は正確になりますから，積分の定義(8.1)式より，

$$EX = \lim_{n\to\infty}\sum_{j=1}^{n}\left(\frac{j-1}{2^n}M\right)f_X\left(\frac{j-1}{2^n}M\right)\frac{M}{2^n} = \int_0^M xf_X(x)dx$$

なる書き換えが可能になります．

以上の計算をまとめれば，次の結果が得られます．

定理 8.3

確率変数 $X : \Omega \to \mathcal{X}\ (\subset \mathbb{R})$ が密度関数 f_X をもつとき，

$$EX = \int_{\mathcal{X}} xf_X(x)dx \tag{8.14}$$

が成り立つ．

例題 8.5 確率変数 X が一様分布 $U(0,a)$ に従うとする.
(1) 定義8.3に従って期待値 EX を計算せよ.
(2) 定理8.3を用いて期待値 EX を計算せよ. ただし $0<a$ とする.

[解答]
(1) X の近似単関数は,

$$X_n = \sum_{j=1}^{2^n}\left(\frac{j-1}{2^n}a\right)\mathbb{I}_{A_{n,j}}, \quad A_{n,j} = \left\{\frac{j-1}{2^n}a < X \leq \frac{j}{2^n}a\right\},$$
$$\mathbf{P}A_{n,j} = \int_{\frac{j-1}{2^n}a}^{\frac{j}{2^n}a}\frac{1}{a}\,dx = \frac{1}{2^n}$$

によって与えられる. したがって

$$EX_n = \sum_{j=1}^{2^n}\left(\frac{j-1}{2^n}a\right)\mathbf{P}A_{n,j} = \sum_{j=1}^{2^n}\frac{j-1}{(2^n)^2}a = \frac{a}{2}\left(1-\frac{1}{2^n}\right)$$

であるから, $EX = \lim_{n\to\infty} EX_n = \frac{a}{2}$.
(2) X の密度関数は $f_X(x) = \frac{1}{a}$ であるから,

$$EX = \int_0^a \frac{x}{a}\,dx = \left[\frac{x^2}{2a}\right]_0^a = \frac{a}{2}$$

例題 8.6 確率変数 X が正規分布 $N(0,1)$ に従うとき, その期待値 EX を計算せよ.

[解答] $X \sim N(0,1)$ であるとき, その密度関数は

$$f_X(x) = \frac{1}{\sqrt{2\pi}}e^{-x^2/2}$$

によって定義される. したがって,

$$EX = \int_{-\infty}^{\infty}\frac{x}{\sqrt{2\pi}}e^{-x^2/2}\,dx = \frac{1}{\sqrt{2\pi}}\int_{-\infty}^{\infty}(-e^{-x^2/2})'\,dx = \frac{1}{\sqrt{2\pi}}[-e^{-x^2/2}]_{-\infty}^{\infty} = 0$$

を得る.

確率変数ベクトル・確率変数行列の期待値

ここまでは，値が1次元である確率変数Xについて考えてきました．しかし，計量経済学に現れる確率変数の多くは確率変数ベクトル$\boldsymbol{X}:\Omega\to\mathbb{R}^k$です．これを$\boldsymbol{X}=\begin{bmatrix}X_1\\ \vdots\\ X_k\end{bmatrix}$と書くとき，その期待値を$E\boldsymbol{X}=\begin{bmatrix}EX_1\\ \vdots\\ EX_k\end{bmatrix}$によって定義しましょう．同じように，各成分が確率変数であるような**確率行列**（stochastic matrix）$\mathbf{X}_{m,n}=\begin{bmatrix}X_{11} & \cdots & X_{1n}\\ \vdots & & \vdots\\ X_{m1} & \cdots & X_{mn}\end{bmatrix}$については，その期待値を$E\mathbf{X}_{m,n}=\begin{bmatrix}EX_{11} & \cdots & EX_{1n}\\ \vdots & & \vdots\\ EX_{m1} & \cdots & EX_{mn}\end{bmatrix}$によって定義します．

期待値の線形性

期待値は，次の定理に示すように線形性をもちます．

> **定理 8.4**
>
> 任意の確率変数X，Yと実数a，bについて，
>
> $$E(aX+bY)=aEX+bEY \tag{8.15}$$
>
> が成立する．

[証明]　簡単のため，XとYはどちらも非負かつ有界であるとする．このとき，XとYの近似単関数$X_n=\sum c_j\mathbb{I}_{A_{n,j}}$，$Y_n=\sum d_j\mathbb{I}_{B_{n,j}}$が存在して，$EX=\lim_{n\to\infty}EX_n$，$EY=\lim_{n\to\infty}EY_n$が成り立つ．一般性を失うことなく$A_{n,j}=B_{n,j}$を仮定することができるから（演習問題8.3），$Z_n=aX_n+bY_n=\sum(ac_j+bd_j)\mathbb{I}_{A_{n,j}}$とすれば，$Z_n$は$Z=aX+bY$の近似単関数である．したがって，$EZ_n=\sum(ac_j+bd_j)\mathbf{P}A_{n,j}=aEX_n+bEY_n$となるので，$EZ=\lim_{n\to\infty}(aEX_n+bEY_n)=a\lim_{n\to\infty}EX_n+b\lim_{n\to\infty}EY_n=aEX+bEY$が示される．■

確率変数ベクトル（あるいは確率変数行列）についても，同様の性質が成り立ちます．証明は，行列とベクトルを成分表示してから，定理8.4を繰り返し

適用することでなされます.

定理 8.5
任意の確率変数ベクトル $\boldsymbol{X}$, $\boldsymbol{Y}$ と行列 $\mathbf{A}$, $\mathbf{B}$ について,

$$E(\mathbf{A}\boldsymbol{X}+\mathbf{B}\boldsymbol{Y})=\mathbf{A}E\boldsymbol{X}+\mathbf{B}E\boldsymbol{Y},\quad E(\mathbf{A}\boldsymbol{X})(\mathbf{A}\boldsymbol{X})'=\mathbf{A}E(\boldsymbol{X}\boldsymbol{X}')\mathbf{A}' \tag{8.16}$$

が成立する.

8.3 積率

積率

自然数 k について,確率変数 X の $\boldsymbol{k}$ **次積率**(***k*-th moment**)を,

$$\mu_k=E(X^k)$$

によって定義します.とくに $k=1$ のとき,μ_1 は X の期待値になります.

応用上,より便利なのは,

$$\mu_k^c=E(X-EX)^k$$

によって定義される $\boldsymbol{k}$ **次中心化積率**(***k*-th central moment**)です.とくに $k=2$ のとき,$\mu_2^c=E(X-EX)^2$ を X の**分散**(**variance**)といいます.分散は X の分布の広がりを示す量であり,分散の値が大きいほど,X は幅広い分布をもつことがわかります.一般に,X の分散は $Var(X)$ と表記されます.

分散の性質

次の公式は頻繁に使われます.

定理 8.6

$$Var(X)=E(X^2)-(EX)^2$$

[証明]　$EX=\mu_1$とする．このとき，$Var(X)=E(X-\mu_1)^2=E(X^2-2X\mu_1+\mu_1^2)$．期待値の線形性により，$E(X^2-2X\mu_1+\mu_1^2)=E(X^2)-2(EX)\mu_1+\mu_1^2=E(X^2)-\mu_1^2$となる．■

例題 8.7　$X\sim N(0,1)$であるとき，Xの分散を計算せよ．

[解答]　Xの密度関数は$f_X(x)=\frac{1}{\sqrt{2\pi}}e^{-x^2/2}$であるから，

$$Var(X)=E(X^2)-(EX)^2=\int_{-\infty}^{\infty}\frac{x^2}{\sqrt{2\pi}}e^{-x^2/2}\,dx-0^2=1$$

を得る．ただし，部分積分法と，$\int_{-\infty}^{\infty}f(x)\,dx=1$であることを用いて，

$$\int_{-\infty}^{\infty}\frac{x^2}{\sqrt{2\pi}}e^{-x^2/2}\,dx=\int_{-\infty}^{\infty}x\left(-\frac{1}{\sqrt{2\pi}}e^{-x^2/2}\right)'dx=0+\int_{-\infty}^{\infty}\frac{1}{\sqrt{2\pi}}e^{-x^2/2}\,dx=1$$

としている．

系 8.1

任意の確率変数について，$E|X|\leq\sqrt{E(X^2)}$が成り立つ．

[証明]　$(|X|-E|X|)^2\geq 0$より，$E(|X|-E|X|)^2=E(X^2)-(E|X|)^2\geq 0$．■

分散共分散行列

確率変数ベクトル$\boldsymbol{X}$の分散には，$\boldsymbol{X}$の成分である確率変数X_jの分散$Var(X_j)$だけでなく，2つの成分X_i, X_jの関係を示す量である次の積率も含まれます．

定義 8.4

確率変数ベクトル$\boldsymbol{X}$の成分X_i, X_jの**共分散**（covariance）を，

$$Cov(X_i,X_j)=E(X_i-EX_i)(X_j-EX_j) \tag{8.17}$$

によって定義する．とくに$i=j$のとき，$Var(X_i)=Cov(X_i,X_i)$である．

定義 8.5

確率変数 X_1, X_2 について，$Cov(X_1, X_2) > 0$ であるとき，X_1 と X_2 は**正の相関をもつ**（positively correlated），$Cov(X_1, X_2) < 0$ であるとき**負の相関をもつ**（negatively correlated），$Cov(X_1, X_2) = 0$ であるとき**無相関である**（uncorrelated）という．

さらに，$v_{ij} = Cov(X_i, X_j)$ として，k 次正方行列 $\mathbf{V}$ を

$$\mathbf{V} = \begin{bmatrix} v_{11} & \cdots & v_{1k} \\ \vdots & \ddots & \vdots \\ v_{k1} & \cdots & v_{kk} \end{bmatrix} \tag{8.18}$$

によって定義します．これを $\boldsymbol{X}$ の**分散共分散行列**（variance-covariacne matrix）といいます．

一般に，$\boldsymbol{X}$ の分散共分散行列は，$Var(\boldsymbol{X})$ によって表されます．また，

$$Var(\boldsymbol{X}) = E(\boldsymbol{X} - E\boldsymbol{X})(\boldsymbol{X} - E\boldsymbol{X})' \tag{8.19}$$

が成り立ちます．実際に，この式の右辺の成分を具体的に書き出せば，

$$E(\boldsymbol{X} - E\boldsymbol{X})(\boldsymbol{X} - E\boldsymbol{X})' = E\left(\begin{bmatrix} X_1 - EX_1 \\ \vdots \\ X_k - EX_k \end{bmatrix} [X_1 - EX_1 \quad \cdots \quad X_k - EX_k]\right)$$

$$= \begin{bmatrix} E(X_1 - EX_1)^2 & \cdots & E(X_1 - EX_1)(X_k - EX_k) \\ \vdots & \ddots & \vdots \\ E(X_k - EX_k)(X_1 - EX_1) & \cdots & E(X_k - EX_k)^2 \end{bmatrix}$$

が成り立っています．

分散共分散行列の性質

定義より，分散共分散行列 $Var(\boldsymbol{X})$ は対称行列になります．これは，共分散の定義から，$Cov(X_i, X_j) = Cov(X_j, X_i)$ となることからもわかります．

また，分散共分散行列は必ず半正定値行列になります．なぜなら，任意の k

次元ベクトル $\boldsymbol{a} \in \mathbb{R}^k$ について,

$$\boldsymbol{a}' Var\,(\boldsymbol{X})\boldsymbol{a} = E[\boldsymbol{a}'(\boldsymbol{X}-E\boldsymbol{X})(\boldsymbol{X}-E\boldsymbol{X})'\boldsymbol{a}] = E[\boldsymbol{a}'(\boldsymbol{X}-E\boldsymbol{X})]^2 \geq 0$$

となるからです.

確率変数についてのコーシー・シュワルツ不等式

コーシー・シュワルツの不等式(5.7)式と類似した結果を, 確率変数についても示すことができます.

定理 8.7

2つの確率変数 X, Y について,

$$E|XY| \leq \sqrt{E(X^2)}\sqrt{E(Y^2)} \tag{8.20}$$

が成り立つ.

[証明]　任意の実数 t について

$$\begin{aligned} E(t|X|+|Y|)^2 &= t^2E(X^2)+2tE|XY|+E(Y^2) \\ &= \left(t\sqrt{E(X^2)}+\frac{E|XY|}{\sqrt{E(X^2)}}\right)^2 - \frac{(E|XY|)^2}{E(X^2)}+E(Y^2) \geq 0 \end{aligned}$$

が成り立つ. これが任意の t について成り立つのは, $(E|XY|)^2 \leq E(X^2)E(Y^2)$ であるとき, またそのときのみである. ■

系 8.2

確率変数ベクトル $\boldsymbol{X}$ について, $E(\boldsymbol{X}'\boldsymbol{X}) < \infty$ であるとき, $Var(\boldsymbol{X})$ の各成分は有限の値をもつ.

[証明]　仮定より $E(\boldsymbol{X}'\boldsymbol{X}) = E(X_1^2)+\cdots+E(X_k^2) < \infty$ であるから, 任意の i について $E(X_i^2) < \infty$. 系 8.1 より $|EX_i| \leq E|X_i| < \infty$, また任意の i, j について $|E(X_iX_j)| \leq \sqrt{E(X_i^2)}\sqrt{E(X_j^2)} < \infty$ であるから, $|Cov(X_i, X_j)| < \infty$ がわかる. したがって $Var(\boldsymbol{X})$ のすべての成分が有限の値をもつ. ■

確率変数ベクトルの線形変換

期待値が $E\boldsymbol{X}=\boldsymbol{\mu}$，分散共分散行列が $Var(\boldsymbol{X})=\mathbf{V}$ である確率変数ベクトルがあるとします．このとき，行列 $\mathbf{A}$ とベクトル $\boldsymbol{b}$ によって新たな確率変数 $\boldsymbol{Y}=\mathbf{A}\boldsymbol{X}+\boldsymbol{b}$ を構成します．$\boldsymbol{X}$ と $\boldsymbol{Y}$ の積率には，どのような関係があるでしょうか．

期待値 $E\boldsymbol{Y}$ については，期待値の線形性より，

$$E\boldsymbol{Y}=\mathbf{A}E\boldsymbol{X}+\boldsymbol{b}=\mathbf{A}\boldsymbol{\mu}+\boldsymbol{b}$$

が成り立ちます．さらに，

$$E\boldsymbol{Y}\boldsymbol{Y}'=E(\mathbf{A}\boldsymbol{X}+\boldsymbol{b})(\mathbf{A}\boldsymbol{X}+\boldsymbol{b})'=\mathbf{A}(E\boldsymbol{X}\boldsymbol{X}')\mathbf{A}'+2\mathbf{A}\boldsymbol{\mu}\boldsymbol{b}'+\boldsymbol{b}\boldsymbol{b}'$$

を得ますので，$\boldsymbol{Y}$ の分散共分散行列は，

$$\begin{aligned}Var(\boldsymbol{Y})&=\mathbf{A}(E\boldsymbol{X}\boldsymbol{X}')\mathbf{A}'+2\mathbf{A}\boldsymbol{\mu}\boldsymbol{b}'+\boldsymbol{b}\boldsymbol{b}'-(\mathbf{A}\boldsymbol{\mu}+\boldsymbol{b})(\mathbf{A}\boldsymbol{\mu}+\boldsymbol{b})'\\&=\mathbf{A}(E\boldsymbol{X}\boldsymbol{X}'-\boldsymbol{\mu}\boldsymbol{\mu}')\mathbf{A}'\end{aligned}$$

あるいは $Var(\boldsymbol{Y})=\mathbf{A}\mathbf{V}\mathbf{A}'$ となります．

定理 8.8

$\boldsymbol{X}$ を確率変数ベクトル，$\mathbf{A}$ を定数行列，$\boldsymbol{b}$ をベクトルとし，さらに $\boldsymbol{Y}=\mathbf{A}\boldsymbol{X}+\boldsymbol{b}$ とするとき，

$$E\boldsymbol{Y}=\mathbf{A}E\boldsymbol{X}+\boldsymbol{b},\quad Var(\boldsymbol{Y})=\mathbf{A}\,Var(\boldsymbol{X})\mathbf{A}' \tag{8.21}$$

が成り立つ．

正規分布に従う確率ベクトルの期待値

応用上とくに重要になるのが，正規分布に従う確率変数ベクトルの期待値と分散共分散行列です．すなわち，以下の定理が成立します．

定理 8.9

確率変数ベクトル $\boldsymbol{X}$ が正規分布 $N(\boldsymbol{\mu}, \mathbf{V})$ に従うとき，$E\boldsymbol{X} = \boldsymbol{\mu}$，$Var(\boldsymbol{X}) = \mathbf{V}$ が成り立つ．

直接計算による証明は，以下のとおり，本書の第Ⅰ部で解説した線形代数の小技を余すところなく使う面倒なものになります．結果のみわかれば十分という読者は，以下を適当に読み飛ばして「標準正規分布」の項まで進んでください．

まずは，期待値について $E\boldsymbol{X} = \boldsymbol{\mu}$ を示します．k 次元確率ベクトル $\boldsymbol{X}$ が正規分布 $N(\boldsymbol{\mu}, \mathbf{V})$ に従うとき，その密度関数は

$$f_X(\boldsymbol{x}) = \frac{1}{(2\pi)^{k/2}|\mathbf{V}|^{1/2}}\exp\left(-\frac{1}{2}(\boldsymbol{x}-\boldsymbol{\mu})'\mathbf{V}^{-1}(\boldsymbol{x}-\boldsymbol{\mu})\right)$$

となりました．簡単のため，以下ではとくに $k=2$ だとしましょう．また，2次正方行列 $\mathbf{V}$ は，相異なる固有値 λ_1, λ_2 をもつものとします．したがってこのとき，$\mathbf{L}'\mathbf{L} = \mathbf{I}_2$ を満たす2次正方行列 $\mathbf{L}$ が存在して，

$$\mathbf{V} = \mathbf{L}\begin{bmatrix}\lambda_1 & 0\\ 0 & \lambda_2\end{bmatrix}\mathbf{L}'$$

なる対角化が可能になります．さらに，

$$\mathbf{V}^{-1} = \left(\mathbf{L}\begin{bmatrix}\lambda_1 & 0\\ 0 & \lambda_2\end{bmatrix}\mathbf{L}'\right)^{-1} = \mathbf{L}\begin{bmatrix}1/\lambda_1 & 0\\ 0 & 1/\lambda_2\end{bmatrix}\mathbf{L}'$$

となることがわかります．定義により $\mathbf{V}$ は正則行列であり，したがって $\lambda_1, \lambda_2 \neq 0$ であることに注意しましょう．さらに，$\mathbf{V}$ が正定値行列であることから，$\lambda_1, \lambda_2 > 0$ であり，

$$\mathbf{L}\begin{bmatrix}1/\lambda_1 & 0\\ 0 & 1/\lambda_2\end{bmatrix}\mathbf{L}' = \left(\mathbf{L}\begin{bmatrix}1/\sqrt{\lambda_1} & 0\\ 0 & 1/\sqrt{\lambda_2}\end{bmatrix}\mathbf{L}'\right)\left(\mathbf{L}\begin{bmatrix}1/\sqrt{\lambda_1} & 0\\ 0 & 1/\sqrt{\lambda_2}\end{bmatrix}\mathbf{L}'\right)$$

という分解が可能です．よって，$\mathbf{\Gamma} = \mathbf{L}\begin{bmatrix}1/\sqrt{\lambda_1} & 0\\ 0 & 1/\sqrt{\lambda_2}\end{bmatrix}\mathbf{L}'$ とおくことにすれば，$\mathbf{V}^{-1} = \mathbf{\Gamma}^2$ となります．行列式の計算公式により，$|\mathbf{V}| = |\mathbf{\Gamma}|^{-2}$ ですから，$\boldsymbol{X}$

の密度関数は

$$f_{\boldsymbol{X}}(\boldsymbol{x}) = \frac{|\boldsymbol{\Gamma}|}{2\pi}\exp\left(-\frac{1}{2}[\boldsymbol{\Gamma}(\boldsymbol{x}-\boldsymbol{\mu})]'[\boldsymbol{\Gamma}(\boldsymbol{x}-\boldsymbol{\mu})]\right)$$

と書き換えることができます．これで，$E\boldsymbol{X}$ を計算する準備が整いました．

新たな確率変数ベクトルを $\boldsymbol{Z} = \boldsymbol{\Gamma}(\boldsymbol{X}-\boldsymbol{\mu})$ とおけば，重積分における変数変換の公式（定理8.1）により，

$$\begin{aligned}\mathbf{P}\{\boldsymbol{Z} \leq \boldsymbol{t}\} &= \int_{\boldsymbol{\Gamma}(\boldsymbol{x}-\boldsymbol{\mu}) \leq \boldsymbol{t}} \frac{|\boldsymbol{\Gamma}|}{2\pi}\exp\left(-\frac{1}{2}[\boldsymbol{\Gamma}(\boldsymbol{x}-\boldsymbol{\mu})]'[\boldsymbol{\Gamma}(\boldsymbol{x}-\boldsymbol{\mu})]\right)d\boldsymbol{x} \\ &= \int_{\boldsymbol{z} \leq \boldsymbol{t}} \frac{1}{2\pi}\exp\left(-\frac{\boldsymbol{z}'\boldsymbol{z}}{2}\right)d\boldsymbol{z}\end{aligned}$$

が得られます．したがって $\boldsymbol{Z} = \boldsymbol{\Gamma}(\boldsymbol{X}-\boldsymbol{\mu})$ の密度関数は，

$$\tilde{f}_{\boldsymbol{Z}}(\boldsymbol{z}) = \frac{1}{2\pi}\exp\left(-\frac{\boldsymbol{z}'\boldsymbol{z}}{2}\right) = \left(\frac{1}{\sqrt{2\pi}}e^{-z_1^2/2}\right)\left(\frac{1}{\sqrt{2\pi}}e^{-z_2^2/2}\right)$$

となります．これより $\boldsymbol{Z} = \begin{bmatrix} Z_1 \\ Z_2 \end{bmatrix}$ について，

$$EZ_1 = \int_{-\infty}^{\infty}\frac{z_1}{\sqrt{2\pi}}e^{-z_1^2/2}\,dz_1\int_{-\infty}^{\infty}\frac{1}{\sqrt{2\pi}}e^{-z_2^2/2}\,dz_2 = 0\cdot 1 = 0$$

がわかります．同様に，$EZ_2 = 0$ を得ますので，$E\boldsymbol{Z} = \boldsymbol{0}$ となります．期待値の線形性により，

$$E\boldsymbol{Z} = E\boldsymbol{\Gamma}(\boldsymbol{X}-\boldsymbol{\mu}) = \boldsymbol{\Gamma}(E\boldsymbol{X}-\boldsymbol{\mu}) = \boldsymbol{0}$$

$\boldsymbol{\Gamma}$ の正則性により $E\boldsymbol{X} = \boldsymbol{\mu}$ を得ます．やれやれ，大変な計算でした．

正規分布の分散共分散行列

おっと，安心するのはまだ早かった．分散共分散行列の計算が残っていました．これについても，変数変換 $\boldsymbol{Z} = \boldsymbol{\Gamma}(\boldsymbol{X}-\boldsymbol{\mu})$ を利用して，まずは

$$Var(\boldsymbol{X}) = E(\boldsymbol{X}-\boldsymbol{\mu})(\boldsymbol{X}-\boldsymbol{\mu})' = \boldsymbol{\Gamma}^{-1}(E\boldsymbol{Z}\boldsymbol{Z}')\boldsymbol{\Gamma}^{-1}$$

と書き換えます．その構成より，$\boldsymbol{\Gamma}$ が対称行列であることに注意してください．

続いて，$E\boldsymbol{ZZ}'$ を計算しましょう．まずは

$$Var(Z_1) = \int_{-\infty}^{\infty} \frac{z_1^2}{\sqrt{2\pi}} e^{-z_1^2/2}\,dz_1 \int_{-\infty}^{\infty} \frac{1}{\sqrt{2\pi}} e^{-z_2^2/2}\,dz_2 = 1 \cdot 1 = 1$$

同様に $Var(Z_2) = 1$ を得ます．また，

$$Cov(Z_1, Z_2) = \int_{-\infty}^{\infty} \frac{z_1}{\sqrt{2\pi}} e^{-z_1^2/2}\,dz_1 \int_{-\infty}^{\infty} \frac{z_2}{\sqrt{2\pi}} e^{-z_2^2/2}\,dz_2 = 0 \cdot 0 = 0$$

ですから，$E\boldsymbol{ZZ}' = \begin{bmatrix} 1 & 0 \\ 0 & 1 \end{bmatrix}$ を得ます．したがって，

$$Var(\boldsymbol{X}) = \boldsymbol{\Gamma}^{-1}\mathbf{I}_2\boldsymbol{\Gamma}^{-1} = (\boldsymbol{\Gamma}^2)^{-1} = \mathbf{V}$$

となります．こうして，定理8.9の証明が終了しました．

標準正規分布（上記の証明をスキップした読者はここから読む）

とくに $\boldsymbol{\mu} = \mathbf{0}$，$\mathbf{V} = \mathbf{I}_k$ であるとき，$N(\mathbf{0}, \mathbf{I}_k)$ を**標準正規分布**（standard normal distribution）といいます．標準正規分布は，数ある分布のなかでもとくに大切な分布ですので，その密度関数には ϕ，分布関数には Φ という特別な記号が用いられます．ちなみに ϕ, Φ は，ギリシャ文字「ファイ」の小文字と大文字で，空集合の記号 $\emptyset$ とは微妙に異なりますので目を凝らしてよく見てください．なお，念のために関数形を書いておけば，

$$\phi(\boldsymbol{z}) = \prod_{j=1}^{k} \frac{1}{\sqrt{2\pi}} e^{-z_j^2/2}, \quad \Phi(\boldsymbol{t}) = \prod_{j=1}^{k} \int_{-\infty}^{t_j} \frac{1}{\sqrt{2\pi}} e^{-z_j^2/2}\,dz_j \tag{8.22}$$

となります．

積率母関数

さまざまな積率を一度に計算してしまう便利な方法として，次の関数を利用するものがあります．

定義 8.6

$\boldsymbol{X}$ を k 次元確率変数ベクトルであるとする．各 $\boldsymbol{t} \in \mathbb{R}^k$ について，確率変

数 $\exp(\boldsymbol{t}'\boldsymbol{X})$ の期待値を

$$M_{\boldsymbol{X}}(\boldsymbol{t}) = E[\exp(\boldsymbol{t}'\boldsymbol{X})] \tag{8.23}$$

と書くとき，$M_{\boldsymbol{X}}(\boldsymbol{t})$ を $\boldsymbol{X}$ の**積率母関数**（moment generating function）という．

積率母関数には次のような性質があります．

定義 8.7

$M_{\boldsymbol{X}}(\boldsymbol{t})$ を $\boldsymbol{X}$ の積率母関数とするとき，

$$\left.\frac{\partial M_{\boldsymbol{X}}}{\partial t_j}(\boldsymbol{t})\right|_{\boldsymbol{t}=\boldsymbol{0}} = EX_j, \quad \left.\frac{\partial^2 M_{\boldsymbol{X}}}{\partial t_i \partial t_j}(\boldsymbol{t})\right|_{\boldsymbol{t}=\boldsymbol{0}} = EX_iX_j,$$
$$\left.\frac{\partial^3 M_{\boldsymbol{X}}}{\partial t_i \partial t_j \partial t_l}(\boldsymbol{t})\right|_{\boldsymbol{t}=\boldsymbol{0}} = EX_iX_jX_l, \quad \ldots \tag{8.24}$$

が成り立つ．

［証明］ 積率母関数の両辺を t_j で微分すれば，

$$\frac{\partial M_{\boldsymbol{X}}}{\partial t_j}(\boldsymbol{t}) = E\left[\frac{\partial}{\partial t_j}\exp(\boldsymbol{t}'\boldsymbol{X})\right] = E[X_j \exp(\boldsymbol{t}'\boldsymbol{X})]$$

である．したがって，$\left.\frac{\partial}{\partial t_j}M_{\boldsymbol{X}}(\boldsymbol{t})\right|_{\boldsymbol{t}=\boldsymbol{0}} = EX_j$ を得る．■

特性関数

積率母関数とよく似たものに，**特性関数**（characteristic function）があります．これは，純虚数 $\sqrt{-1}$ を用いて，

$$\varphi_{\boldsymbol{X}}(\boldsymbol{t}) = E[\exp(\sqrt{-1}\,\boldsymbol{t}'\boldsymbol{X})] = \int \exp(\sqrt{-1}\,\boldsymbol{t}'\boldsymbol{x}) f_{\boldsymbol{X}}(\boldsymbol{x}) d\boldsymbol{x} \tag{8.25}$$

によって定義されるものです．特性関数には積率母関数より優れた点があるのですが，その正確な理解には複素関数論の知識が必要となってしまいます．したがって本書では，積率母関数を用いて議論をすすめることにします．

例題 8.8 ポアソン分布に従う $X \sim Po(\lambda)$ の積率母関数を求めよ．その結果

を利用して，X の期待値を求めよ．

［解答］ X の積率母関数は，

$$M_X(t)=\sum_{x=0}^{\infty}e^{tx}\frac{\lambda^x}{x!}\exp(-\lambda)=\left(\sum_{x=0}^{\infty}\frac{(\lambda e^t)^x}{x!}\exp(-\lambda e^t)\right)\exp(\lambda e^t-\lambda)=\exp(\lambda e^t-\lambda)$$

となる．したがって，$M_X(0)=1$，また

$$\frac{d}{dt}\log M_X(t)=\frac{M'_X(t)}{M_X(t)}=\lambda e^t$$

より $M'_X(0)=M_X(0)\lambda=\lambda$.

例題 8.9　1 次元正規分布に従う $X\sim N(\mu,\sigma^2)$ の積率母関数を求めよ．その結果を利用して，X の期待値と分散を求めよ．

［解答］ X の積率母関数は，

$$\begin{aligned}M_X(t)&=\int_{-\infty}^{\infty}e^{tx}\frac{1}{\sqrt{2\pi\sigma^2}}\exp\left(-\frac{(x-\mu)^2}{2\sigma^2}\right)dx\\&=\left(\int_{-\infty}^{\infty}\frac{1}{\sqrt{2\pi\sigma^2}}\exp\left(-\frac{\{x-(\mu+\sigma^2t)\}^2}{2\sigma^2}\right)dx\right)\exp\left(\frac{(\mu+\sigma^2t)^2-\mu^2}{2\sigma^2}\right)\\&=\exp\left(\mu t+\frac{\sigma^2}{2}t^2\right)\end{aligned}$$

したがって X の期待値は，

$$EX=\frac{d}{dt}\exp\left(\mu t+\frac{\sigma^2}{2}t^2\right)\bigg|_{t=0}=(\mu+\sigma^2t)\exp\left(\mu t+\frac{\sigma^2}{2}t^2\right)\bigg|_{t=0}=\mu$$

二次積率は

$$\begin{aligned}EX^2&=\frac{d^2}{dt^2}\exp\left(\mu t+\frac{\sigma^2}{2}t^2\right)\bigg|_{t=0}\\&=\sigma^2\exp\left(\mu t+\frac{\sigma^2}{2}t^2\right)\bigg|_{t=0}+(\mu+\sigma^2t)^2\exp\left(\mu t+\frac{\sigma^2}{2}t^2\right)\bigg|_{t=0}=\sigma^2+\mu^2\end{aligned}$$

であるから，X の分散は $Var\,(X)=EX^2-(EX)^2=\sigma^2$ である．

定理 8.10

正規分布に従う確率変数ベクトル $\boldsymbol{X} \sim N(\boldsymbol{\mu}, \mathbf{V})$ の積率母関数は,

$$M_{\boldsymbol{X}}(\boldsymbol{t}) = \exp\left(\boldsymbol{\mu}'\boldsymbol{t} + \frac{1}{2}\boldsymbol{t}'\mathbf{V}\boldsymbol{t}\right) \tag{8.26}$$

である.

[証明] 例題8.9の解答と同様の計算によって示されるので,各自の演習問題とする. ■

積率母関数と分布

積率母関数は,確率変数の積率を計算するのに便利であるだけでなく,次の定理に示す性質によって,理論的にも非常に重要な存在になっています.

定理 8.11

2つの確率変数ベクトル $\boldsymbol{X}$, $\boldsymbol{Y}$ について,それらの積率母関数が一致するとき,$\boldsymbol{X}$ と $\boldsymbol{Y}$ は同一の分布をもつ.

この証明には複素関数論が必要になりますので,ここでは詳細は省略します.証明に興味のある読者は,例えば [4] などをご覧ください.

例題 8.10 $\boldsymbol{Z} \sim N(\mathbf{0}, \mathbf{I}_k)$,また $\boldsymbol{X} = \mathbf{A}\boldsymbol{Z} + \boldsymbol{\mu}$ とするとき,$\boldsymbol{X} \sim N(\boldsymbol{\mu}, \mathbf{A}\mathbf{A}')$ が成り立つことを示せ.

[解答] 定理8.8により,$E\boldsymbol{X} = \boldsymbol{\mu}$, $Var(\boldsymbol{X}) = \mathbf{A}\mathbf{A}'$ であることは示されるが,これは期待値と分散の一致を示すのみである.分布全体の一致を示すために,積率母関数を比較する.$\boldsymbol{X} = \mathbf{A}\boldsymbol{Z} + \boldsymbol{\mu}$ の積率母関数は,

$$\begin{aligned} M_{\boldsymbol{X}}(\boldsymbol{t}) &= E[\exp(\boldsymbol{t}'\boldsymbol{X})] = E[\exp(\boldsymbol{t}'(\mathbf{A}\boldsymbol{Z} + \boldsymbol{\mu}))] \\ &= E[\exp((\mathbf{A}'\boldsymbol{t})'\boldsymbol{Z})]\exp(\boldsymbol{t}'\boldsymbol{\mu}) = M_{\boldsymbol{Z}}(\mathbf{A}'\boldsymbol{t})\exp(\boldsymbol{t}'\boldsymbol{\mu}) \end{aligned}$$

となる.$\boldsymbol{Z}$ の積率母関数は $M_{\boldsymbol{Z}}(\boldsymbol{t}) = \exp\left(\frac{1}{2}\boldsymbol{t}'\boldsymbol{t}\right)$ であるから,

$$M_{\boldsymbol{X}}(\boldsymbol{t}) = \exp\left(\frac{1}{2}(\mathbf{A}'\boldsymbol{t})'(\mathbf{A}'\boldsymbol{t})\right)\exp(\boldsymbol{t}'\mu) = \exp\left(\boldsymbol{t}'\mu + \frac{1}{2}\boldsymbol{t}'\mathbf{A}\mathbf{A}'\boldsymbol{t}\right)$$

を得る．これは，$N(\boldsymbol{\mu}, \mathbf{AA}')$ の積率母関数と一致する．

定理 8.12

$\boldsymbol{X} \sim N(\boldsymbol{\mu}, \mathbf{V})$ であるとき，各 $j=1, ..., k$ について，$X_j \sim N(\mu_j, v_{jj})$ が成り立つ．

［証明］ X_j の積率母関数を $M_{X_j}(t_j) = E[\exp(t_jX_j)]$，$\boldsymbol{X}$ の積率母関数を $M_{\boldsymbol{X}}(\boldsymbol{t}) = E[\exp(\boldsymbol{t}'\boldsymbol{X})]$ とするとき，

$$M_{\boldsymbol{X}}(0, ..., 0, t_j, 0, ..., 0) = E[\exp(t_jX_j)] = M_{X_j}(t_j)$$

が成り立つ．$M_{\boldsymbol{X}}(\boldsymbol{t}) = \exp\left(\boldsymbol{\mu}'\boldsymbol{t} + \frac{1}{2}\boldsymbol{t}'\mathbf{V}\boldsymbol{t}\right)$ であったから，$M_{X_j}(t_j) = \exp\left(\mu_jt_j + \frac{1}{2}v_{jj}t_j^2\right)$ となる．これは $N(\mu_j, v_{jj})$ の積率母関数である．■

演習問題

問題 8.1　次の重積分の値を求めよ．

(1) $\displaystyle\int_{[0,1]\times[1,2]}(x_1+x_2)^2dx_1dx_2$

(2) $\displaystyle\int_D(x_1^2+x_2^2)\,dx_1dx_2,\ D=\{(x_1,x_2)\mid 0\le x_1\le 1, 1\le x_1+x_2\le 2\}$

問題 8.2　確率変数 $X:\Omega\to[0,1]$ の密度関数が $f(x)=2x$（$x\in[0,1]$）で与えられるとき，以下の問いに答えよ．

(1) X の近似単関数を $X_n=\sum_{j=1}^{2^n}\frac{j-1}{2^n}\mathbb{I}_{A_{n,j}}$，$A_{n,j}=\left(\frac{j-1}{2^n}, \frac{j}{2^n}\right]$ によって与えるとき，EX_n を計算せよ．

(2) (1)の結果を用いて，EX を計算せよ．

問題 8.3　標本空間を $\Omega=\{1,2,3,4,5,6\}$，事象族を $\mathscr{F}=2^{\Omega}$ とする可測空間の上に，

$$X=\mathbb{I}_{\{1,2\}}+3\mathbb{I}_{\{5,6\}},\quad Y=\mathbb{I}_{\{1,2,3\}}+2\mathbb{I}_{\{4,5,6\}}$$

によって与えられる確率変数 X, Y を導入する．このとき，共通の事象 $A_1, ..., A_k$ を用いて，$X=\sum_{j=1}^{k}a_j\mathbb{I}_{A_j}$，$Y=\sum_{j=1}^{k}b_j\mathbb{I}_{A_j}$ と表現できることを示せ．

問題 8.4 確率変数 X の密度関数が $f(x) = \lambda e^{-\lambda x}$ $(x \geq 0)$ によって与えられるとき，X は**指数分布（exponential distribution）**に従うといい，$X \sim Exp(\lambda)$ と書く．このとき，X の積率母関数を求めよ．また，X の期待値と分散を計算せよ．

問題 8.5 $\boldsymbol{X} \sim N(\boldsymbol{\mu}, \mathbf{V})$ であるとき，$\boldsymbol{X}$ の積率母関数が $M_{\boldsymbol{X}}(\boldsymbol{t}) = \exp\left(\boldsymbol{\mu}'\boldsymbol{t} + \frac{1}{2}\boldsymbol{t}'\mathbf{V}\boldsymbol{t}\right)$ によって与えられることを示せ．また，この結果を利用して，$E\boldsymbol{X} = \boldsymbol{\mu}$, $Var(\boldsymbol{X}) = \mathbf{V}$ であることを示せ．

問題 8.6 $Z \sim N(0,1)$ であるとする．このとき，$X = Z^2$ によって定義される確率変数は**自由度 1 のカイ二乗分布（chi-squared distribution）**に従うといい，$X \sim \chi^2(1)$ と書かれる．

(1) 任意の $t \geq 0$ について，$\mathbf{P}\{X \leq t\} = \Phi(\sqrt{t}) - \Phi(-\sqrt{t})$ が成り立つことを示せ．ただし Φ は標準正規分布 $N(0,1)$ の分布関数である．

(2) (1)の結果を利用して，X の密度関数を計算せよ．

第9章 条件付き期待値と回帰分析

この章では，いよいよ計量経済学に足を踏み入れます．まずは，計量経済学の屋台骨である「回帰分析」とは何か，また，回帰分析と「条件付き期待値」の関係について考えます．続いて，数学的な取り扱いの容易な離散確率モデルについて条件付き期待値を定義し，その数学的な性質を調べます．次に，同様の性質をもつ確率変数として，一般的な確率空間上の条件付き期待値を考えます．

9.1 回帰分析と条件付き期待値

回帰分析とは

この章の目的は**回帰分析**（regression analysis）の特徴付けを行うことです．回帰分析はよく知られた統計的方法の一つではありますが，改めて

「回帰分析とは何か，30字以内で説明せよ」

と問われれば，答えに窮する読者も多いのではないでしょうか？

「回帰分析」と聞けば，図9.1が頭に思い浮かぶかもしれません．そして，このイメージをもとにして「誤差が最小になるように1次式 $Y=a+bX$ の係数 a，b を選ぶこと」が回帰分析であると答えるかもしれません．

図9.1が示しているのは，確かに回帰分析にかかわる何事かではあります．しかし，この図が表しているのは回帰分析そのものではなくて，回帰分析を実行する手段の一つである**最小二乗法**（Ordinary Least Squares：OLS）なので

図9.1　最小二乗法によるデータへの直線の当てはめ

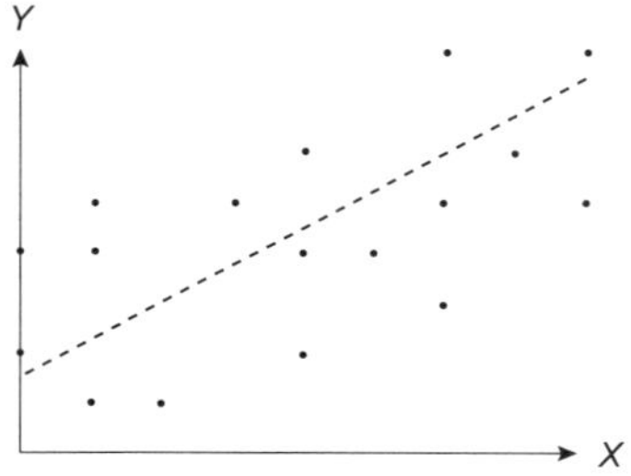

す．もし，「ビーフストロガノフとは何か？」と問われて「云々の素材を入れた料理鍋をガス台に乗せて煮ること」と答えれば，これは的外れな答えですよね．同じように，「回帰分析とは何か」と問われて「最小二乗法のことである」と答えることも目的と手段を混同した誤りであるといえます．

説明変数と被説明変数

一般に，回帰分析とは，「ある変数 X の値を手掛かりとして，他の変数 Y の値を推測すること」(30字) を意味します．推測に用いる変数 X を**説明変数** (explanation variable) といい，推測される変数 Y を**被説明変数** (explained variable) といいます．「回帰」という言葉のニュアンスを生かせば，回帰分析とは「Y の決定要因を X に遡って探すこと」ということもできるでしょう．

例えば，ある労働者が受け取る賃金は，その労働者の受けた教育の年数がわかれば，ある程度まで推測できます．このとき，ある労働者の賃金 Y を被説明変数，その個人の受けた教育年数 X を説明変数とし，X の観測値に基づいて Y を推測するならば，このときわれわれは「賃金を教育年数に回帰した」というわけです．

回帰関数

Y の推測値 $\hat{Y}$ を X の関数として

$$\hat{Y} = \mu(X) \tag{9.1}$$

のように表現するとき，この $\mu(X)$ を**回帰関数**（regression function）とよびます．回帰関数を得ることが回帰分析の目的であり，最小二乗法はそのための手段の一つに過ぎません．

回帰関数 $\mu(X)$ の候補としてはさまざまなものがあります．極端なことをいえば，X のどんな関数であっても，すべて回帰関数とよばれる資格をもつのです．当然ながら，それら数多の回帰関数の中には「良い」ものもあれば「悪い」ものもあり，したがって私たちは何らかの判断基準を設けて「最良の」回帰関数を1つ選び出すことになります．

条件付き期待値とは

例えば，$Y-\mu(X)$ を予想の誤差と考え，その2次積率 $E[Y-\mu(X)]^2$ を最小にする $\mu(X)$ こそが最良の回帰関数であるという立場があり得ます．この判断基準のもとで「最良の」回帰関数として選ばれるのが，本章の主役である**条件付き期待値**（conditional expectation）です．通常の**期待値**（expectation）については，すでに前章で説明しました．条件付き期待値とは，利用可能な事前情報を用いて，より正確な期待値を計算するための方法です．

再び，ある労働者の賃金率 Y と教育年数 X の関係を例としましょう．このとき，$X=12$ 年であることがわかっている場合の Y の期待値 EY は，$X=16$ 年であることがわかっている場合の EY とは異なるものになるでしょう．情報 X を用いて Y の期待値を計算するとき，その結果を $E(Y|X)$ と書き，これを「X に条件付けられた Y の条件付き期待値」とよびます．したがって，値の確定している期待値 EY とは異なり，条件付き期待値 $E(Y|X)$ は X に依存して値が定まる X の関数となります．

この章の目的は，まずは条件付き期待値の数学的性質を理解し，次いで条件付き期待値と回帰分析の関係を把握することです．この章を通じて，説明変数を確率変数ベクトル $\boldsymbol{X}\in\mathbb{R}^k$，被説明変数を確率変数 Y とします．また，条件付き期待値 $E(Y|\boldsymbol{X})$ を定義するにあたって，まずは $(Y,\boldsymbol{X})$ が離散確率変数である場合を考え，条件付き期待値についての直感を得ます．そのうえで，条件付き期待値の一般的な定義を与え，その重要な性質を確認するという二段構えで解説をします．

9.2 離散確率変数の条件付き期待値

条件付き確率

一般の確率空間$(\Omega, \mathcal{F}, \mathbf{P})$を考え，2つの事象$A$，$B \in \mathcal{F}$を選びます．ここで，$B$の実現が観察されたとしましょう．これは，標本空間$\Omega$に属する状態のうち，実現している可能性があるのは$B$に属する$\omega$だけであることを意味します．つまり，標本空間が$\Omega$全体から$B$に縮んでしまったわけです．このとき，「$B$が起こった」という情報を活用して再計算された$A$の確率は，

$$\mathbf{P}(A \mid B) = \frac{\mathbf{P}(A \cap B)}{\mathbf{P}B}$$

によって与えることが自然でしょう．これをBに条件付けたAの**条件付き確率**（conditional probability）といいます．この素朴な定義が，本章の議論の出発点です．

同時分布と周辺分布

次に，$(\Omega, \mathcal{F}, \mathbf{P})$上に定義された確率変数ベクトル$\boldsymbol{Z} = (Y, \boldsymbol{X})$を考えましょう．とくに，$\boldsymbol{Z}$のとり得る値が可算集合$\mathcal{Z} = \{(y_1, \boldsymbol{x}_1), (y_2, \boldsymbol{x}_2), \ldots\}$に限られる離散確率モデルを想定します．このとき，各$(y, \boldsymbol{x}) \in \mathcal{Z}$について，

$$p_{Y,X}(y, \boldsymbol{x}) = \mathbf{P}\{Y = y, \boldsymbol{X} = \boldsymbol{x}\} \tag{9.2}$$

によって$(Y, \boldsymbol{X})$の確率質量関数を定義します．また，それぞれの変数についての確率質量関数を

$$p_Y(y) = \mathbf{P}\{Y = y\}, \quad p_X(\boldsymbol{x}) = \mathbf{P}\{\boldsymbol{X} = \boldsymbol{x}\} \tag{9.3}$$

によって与えます．このとき，(9.2)式を$Z = (Y, \boldsymbol{X})$の**結合分布**（joint distribution），(9.3)式を**周辺分布**または**限界分布**（marginal distribution）といいます．両者のあいだには，次の関係があります．

定理 9.1

Y のとり得る値を $\mathcal{Y}=\{y_1, y_2, \ldots\}$，$\boldsymbol{X}$ のとり得る値を $\mathcal{X}=\{\boldsymbol{x}_1, \boldsymbol{x}_2, \ldots\}$ とするとき，

$$p_Y(y)=\sum_{\boldsymbol{x}\in\mathcal{X}} p_{Y,X}(y,\boldsymbol{x}),\quad p_X(\boldsymbol{x})=\sum_{y\in\mathcal{Y}} p_{Y,X}(y,\boldsymbol{x}) \tag{9.4}$$

が成り立つ．

[証明]

任意の $y\in\mathcal{Y}$ について，$\{Y=y\}=\bigcup_{\boldsymbol{x}\in\mathcal{X}}\{Y=y, \boldsymbol{X}=\boldsymbol{x}\}$．また異なる $\boldsymbol{x}\neq\bar{\boldsymbol{x}}$ について $\{Y=y, \boldsymbol{X}=\boldsymbol{x}\}\cap\{Y=y, \boldsymbol{X}=\bar{\boldsymbol{x}}\}=\emptyset$ であるから，確率測度の σ 加法性より，

$$\mathbf{P}\{Y=y\}=\sum_{\boldsymbol{x}\in\mathcal{X}}\mathbf{P}\{Y=y, \boldsymbol{X}=\boldsymbol{x}\}=\sum_{\boldsymbol{x}\in\mathcal{X}} p_{Y,X}(y,\boldsymbol{x})$$

を得る．■

条件付き期待値

いま，事前の調査によって，事象 $B=\{\boldsymbol{X}=\boldsymbol{x}\}$ が観察されたとしましょう．このとき，$A=\{Y=y\}$ が実現する条件付き確率を計算すれば，

$$\mathbf{P}\{Y=y\,|\,\boldsymbol{X}=\boldsymbol{x}\}=\frac{\mathbf{P}(\{Y=y\}\cap\{\boldsymbol{X}=\boldsymbol{x}\})}{\mathbf{P}\{\boldsymbol{X}=\boldsymbol{x}\}}=\frac{p_{Y,X}(y,\boldsymbol{x})}{p_X(\boldsymbol{x})}$$

となります．後の利便のために，次のような名称を用意しておきましょう．

定義 9.1

$(y, \boldsymbol{X})\in\mathcal{Z}$ について，

$$p_{Y|X}(y\,|\,\boldsymbol{x})=\frac{p_{Y,X}(y,\boldsymbol{x})}{p_X(\boldsymbol{x})} \tag{9.5}$$

によって定義される関数 $p_{Y|X}:\mathcal{Z}\to[0,1]$ を，$\boldsymbol{X}=\boldsymbol{x}$ に条件付けられた Y の**条件付き確率質量関数**（conditional probability mass function）という．

この道具を用いれば，この章の主役である条件付き期待値の定義は以下のように与えられます．

定義 9.2

$\boldsymbol{X}=\boldsymbol{x}$ に条件付けられた Y の**条件付き期待値**（conditional expectation）とは，

$$E(Y\,|\,\boldsymbol{X}=\boldsymbol{x})=\sum_{y\in\mathcal{Y}} y\,p_{Y|\boldsymbol{X}}(y\,|\,\boldsymbol{x}) \tag{9.6}$$

によって定義される $\mathcal{X}$ 上の関数である．

重複期待の法則

条件付き期待値は，実現値 $\boldsymbol{x}$ を特定せずに $E(Y\,|\,\boldsymbol{X})$ と書くこともできます．このとき $E(Y\,|\,\boldsymbol{X})$ は，各 $\omega\in\Omega$ に対して $E(Y\,|\,\boldsymbol{X}=\boldsymbol{X}(\omega))$ を対応させる確率変数とみなされます．条件付き期待値は，ただの実数ではなく確率変数なのです．それゆえにこそ，次の**重複期待の法則**（Law of Iterated Expectations）が意味をもちます．

定理 9.2

$E[E(Y\,|\,\boldsymbol{X})]=EY$ が成り立つ．

[証明]

$E(Y\,|\,\boldsymbol{X}=\boldsymbol{x})$ を $\mathcal{X}$ 上の関数として考えれば，$E[E(Y\,|\,\boldsymbol{X})]=\sum_{\boldsymbol{x}\in\mathcal{X}}E(Y\,|\,\boldsymbol{X}=\boldsymbol{x})\times p_{\boldsymbol{X}}(\boldsymbol{x})$ であるから，条件付き期待値の定義より，

$$\begin{aligned}\sum_{\boldsymbol{x}\in\mathcal{X}}E(Y\,|\,\boldsymbol{X}=\boldsymbol{x})p_{\boldsymbol{X}}(\boldsymbol{x})&=\sum_{\boldsymbol{x}\in\mathcal{X}}\left[\sum_{y\in\mathcal{Y}}y\frac{p_{Y,\boldsymbol{X}}(y,\boldsymbol{x})}{p_{\boldsymbol{X}}(\boldsymbol{x})}\right]p_{\boldsymbol{X}}(\boldsymbol{x})\\&=\sum_{(y,\boldsymbol{x})\in\mathcal{Z}}yp_{Y,\boldsymbol{X}}(y,\boldsymbol{x})\end{aligned}$$

さらに，定理9.1より，

$$\sum_{(y,\boldsymbol{x})\in\mathcal{Z}}yp_{Y,\boldsymbol{X}}(y,\boldsymbol{x})=\sum_{y\in\mathcal{Y}}y\sum_{\boldsymbol{x}\in\mathcal{X}}p_{Y,\boldsymbol{X}}(y,\boldsymbol{x})=\sum_{y\in\mathcal{Y}}yp_Y(y)=EY$$

を得る．■

条件付き期待値の性質

以下に述べられる条件付き期待値の性質は，応用上とても便利であるだけで

なく，条件付き期待値の定義を一般化する際にも重要な役割を果たします．

定理 9.3

$\boldsymbol{X}$ の任意の関数 $g(\boldsymbol{X})$ について，

$$E(g(\boldsymbol{X})Y \mid \boldsymbol{X}) = g(\boldsymbol{X})\,E(Y \mid \boldsymbol{X}) \tag{9.7}$$

が成り立つ．

[証明] 新たな確率変数を $W = g(\boldsymbol{X})Y$ によって定めよう．任意の $\boldsymbol{x}_0 \in \mathscr{X}$ をひとつ選んで固定する．事象 $\{\boldsymbol{X} = \boldsymbol{x}_0\}$ が実現したときに Y がとり得る値を $\mathscr{Y}_0 = \{Y(\omega) \mid \omega \in \{\boldsymbol{X} = \boldsymbol{x}_0\}\}$ と書くことにすれば，そのとき W がとり得る値は $\mathscr{W}_0 = \{g(\boldsymbol{x}_0)y \mid y \in \mathscr{Y}_0\}$ となる．

(i) $g(\boldsymbol{x}_0) \neq 0$ と仮定する．一般に，各 $\xi \in \mathscr{W}_0$ について，

$$p_{W|\boldsymbol{X}}(\xi \mid \boldsymbol{x}_0) = \frac{\mathbf{P}(\{W = \xi\} \cap \{\boldsymbol{X} = \boldsymbol{x}_0\})}{\mathbf{P}\{\boldsymbol{X} = \boldsymbol{x}_0\}} = \frac{\mathbf{P}(\{g(\boldsymbol{x}_0)Y = \xi\} \cap \{\boldsymbol{X} = \boldsymbol{x}_0\})}{\mathbf{P}\{\boldsymbol{X} = \boldsymbol{x}_0\}}$$

が成り立つ．とくに $g(\boldsymbol{x}_0) \neq 0$ であるなら，

$$\frac{\mathbf{P}(\{g(\boldsymbol{x}_0)Y = \xi\} \cap \{\boldsymbol{X} = \boldsymbol{x}_0\})}{\mathbf{P}\{\boldsymbol{X} = \boldsymbol{x}_0\}} = p_{Y|\boldsymbol{X}}\left(\frac{\xi}{g(\boldsymbol{x}_0)} \middle| \boldsymbol{X} = \boldsymbol{x}_0\right)$$

と書ける．これより，

$$\begin{aligned} E(W \mid \boldsymbol{X} = \boldsymbol{x}_0) &= \sum_{\xi \in \mathscr{W}_0} \xi\, p_{Y|\boldsymbol{X}}\left(\frac{\xi}{g(\boldsymbol{x}_0)} \middle| \boldsymbol{X} = \boldsymbol{x}_0\right) \\ &= \sum_{y \in \mathscr{Y}_0} g(\boldsymbol{x}_0)y\, p_{Y|\boldsymbol{X}}(y \mid \boldsymbol{x}_0) = g(\boldsymbol{x}_0)\,E(Y \mid \boldsymbol{X} = \boldsymbol{x}_0) \end{aligned}$$

を得る．

(ii) 次に，$\boldsymbol{x}_0$ のもとで $g(\boldsymbol{x}_0) = 0$ となる場合を考える．このとき $\mathscr{W}_0 = \{0\}$ であるから，

$$E(g(\boldsymbol{X})Y \mid \boldsymbol{X} = \boldsymbol{x}_0) = \sum_{\xi \in \mathscr{W}_0} \xi\, p_{W|\boldsymbol{X}}(\xi \mid \boldsymbol{x}_0) = 0$$

となって定理が成り立つ．■

9.3節では，条件付き期待値の概念を一般の確率空間へと拡張しますが，その際には次の性質が役立ちます．なお，確率変数が生成する σ 加法族 $\sigma[\boldsymbol{X}]$ については，必要があれば第 7 章(7.5)式，(7.6)式とその近辺を見直してください．

定理 9.4

条件付き期待値 $E(Y\,|\,\boldsymbol{X})$ は $\boldsymbol{X}$ 可測である．さらに，任意の $\boldsymbol{X}$ 可測集合 $A \in \sigma[\boldsymbol{X}]$ について，

$$E[\mathbb{I}_A\, E(Y\,|\,\boldsymbol{X})] = E[\mathbb{I}_A Y] \tag{9.8}$$

が成り立つ．

［証明］　定義9.2により，$E(Y\,|\,\boldsymbol{X})$ は $\boldsymbol{X}$ の関数であるから $\boldsymbol{X}$ 可測である．定理7.2より，任意の $A \in \sigma[\boldsymbol{X}]$ について，適当な $\mathscr{X}_0 \subset \mathscr{X}$ が存在して $A = \{\boldsymbol{X} \in \mathscr{X}_0\}$ と書ける．したがって，関数 $g: \mathscr{X} \to \mathbb{R}$ を $g(\boldsymbol{x}) = \mathbb{I}_{\{\boldsymbol{x} \in \mathscr{X}_0\}}$ と定めれば $\mathbb{I}_A = g(\boldsymbol{X})$ と表現できるから，定理9.3より $E(\mathbb{I}_A Y\,|\,\boldsymbol{X}) = \mathbb{I}_A\, E(Y\,|\,\boldsymbol{X})$ である．この両辺の期待値をとれば，重複期待の法則（定理9.2）より結論を得る．■

確率変数ベクトルの条件付き期待値

確率変数ベクトル $\boldsymbol{Y}: \Omega \to \mathbb{R}^d$ についても条件付き期待値 $E(\boldsymbol{Y}\,|\,\boldsymbol{X})$ を定義することができます．すなわち，$\boldsymbol{Y}$ と $\boldsymbol{X}$ の結合確率質量関数を $p_{\boldsymbol{Y},\boldsymbol{X}}(\boldsymbol{y},\boldsymbol{x}) = \mathbf{P}(\{\boldsymbol{Y} = \boldsymbol{y}\} \cap \{\boldsymbol{X} = \boldsymbol{x}\})$ によって定義します．また，条件付き確率を

$$p_{\boldsymbol{Y}|\boldsymbol{X}}(\boldsymbol{y}\,|\,\boldsymbol{x}) = \frac{p_{\boldsymbol{Y},\boldsymbol{X}}(\boldsymbol{y},\boldsymbol{x})}{\sum_{\boldsymbol{y} \in \mathscr{Y}} p_{\boldsymbol{Y},\boldsymbol{X}}(\boldsymbol{y},\boldsymbol{x})} \tag{9.9}$$

によって，条件付き期待値を

$$E(\boldsymbol{Y}\,|\,\boldsymbol{X} = \boldsymbol{x}) = \sum_{\boldsymbol{y} \in \mathscr{Y}} \boldsymbol{y}\, p_{\boldsymbol{Y}|\boldsymbol{X}}(\boldsymbol{y}\,|\,\boldsymbol{x}) \tag{9.10}$$

によって定義します．ベクトル $\boldsymbol{Y}$ を成分表示すれば，

$$E\left(\begin{bmatrix} Y_1 \\ \vdots \\ Y_d \end{bmatrix} \middle| \boldsymbol{X} = \boldsymbol{x}\right) = \begin{bmatrix} \sum_{\boldsymbol{y} \in \mathscr{Y}} y_1 p_{\boldsymbol{Y}|\boldsymbol{X}}(\boldsymbol{y}\,|\,\boldsymbol{x}) \\ \vdots \\ \sum_{\boldsymbol{y} \in \mathscr{Y}} y_d p_{\boldsymbol{Y}|\boldsymbol{X}}(\boldsymbol{y}\,|\,\boldsymbol{x}) \end{bmatrix} = \begin{bmatrix} E(Y_1\,|\,\boldsymbol{X} = \boldsymbol{x}) \\ \vdots \\ E(Y_d\,|\,\boldsymbol{X} = \boldsymbol{x}) \end{bmatrix} \tag{9.11}$$

と書くこともできます．

条件付き期待値の線形性

確率変数ベクトル $\boldsymbol{Y}$ についての条件付き期待値を中継することで，条件付き期待値の線形性を示すことができます．

定理 9.5

Y_1，Y_2 を $(\Omega, \mathcal{F}, \mathbf{P})$ 上の確率変数，$\boldsymbol{X}$ を同じ空間上の確率変数ベクトルとするとき，任意の実数 a_1，a_2 について

$$E(a_1Y_1+a_2Y_2 \mid \boldsymbol{X}) = a_1E(Y_1 \mid \boldsymbol{X})+a_2E(Y_2 \mid \boldsymbol{X}) \tag{9.12}$$

が成り立つ．

[証明]

実数 a_1，a_2を固定し，$\boldsymbol{a} = \begin{bmatrix} a_1 \\ a_2 \end{bmatrix}$ とする．また $\boldsymbol{Y} = \begin{bmatrix} Y_1 \\ Y_2 \end{bmatrix}$ とおき，新たに $V = \boldsymbol{a}'\boldsymbol{Y}$ とする．任意の $\boldsymbol{x}_0 \in \mathcal{X}$ を選んで固定する．事象 $\{\boldsymbol{X} = \boldsymbol{x}_0\}$ のもとで実現し得る $\boldsymbol{Y}$ の値を $\mathcal{Y}_0$ と書けば，このとき実現し得る $V = \boldsymbol{a}'\boldsymbol{Y}$ の値は集合 $\mathcal{V}_0 = \{\boldsymbol{a}'\boldsymbol{y} \mid \boldsymbol{y} \in \mathcal{Y}_0\}$ に含まれる．

各 $v \in \mathcal{V}_0$ に対して，$(V, \boldsymbol{X})$ の結合分布を $p_{V,\boldsymbol{X}}(v, \boldsymbol{x}) = \mathbf{P}(\{V = v\} \cap \{\boldsymbol{X} = \boldsymbol{x}\})$ とする．このとき，$\{\boldsymbol{X} = \boldsymbol{x}_0\}$ に条件付けられた V の確率質量関数は

$$p_{V|\boldsymbol{X}}(v \mid \boldsymbol{x}_0) = \frac{p_{V,\boldsymbol{X}}(v, \boldsymbol{x}_0)}{\sum_{v \in \mathcal{V}_0} p_{V,\boldsymbol{X}}(v, \boldsymbol{x}_0)}$$

によって与えられる．また，これを用いて，条件付き期待値が $E(V \mid \boldsymbol{X} = \boldsymbol{x}_0) = \sum_{v \in \mathcal{V}_0} v\, p_{V|\boldsymbol{X}}(v \mid \boldsymbol{x}_0)$ のように計算される．

一方，$\mathcal{V}_0$ の定義より，任意の $v \in \mathcal{V}_0$ について部分集合 $\mathcal{Y}_0(v) \subset \mathcal{Y}_0$ が存在して，$\boldsymbol{y} \in \mathcal{Y}_0(v)$ であることと $\boldsymbol{a}'\boldsymbol{y} = v$ であることが同値になるようにできる．したがって $\{V = v\} = \{\boldsymbol{Y} \in \mathcal{Y}_0(v)\}$ であり，ゆえに

$$\mathbf{P}(\{V = v\} \cap \{\boldsymbol{X} = \boldsymbol{x}\}) = \sum_{\boldsymbol{y} \in \mathcal{Y}_0(v)} \mathbf{P}(\{\boldsymbol{Y} = \boldsymbol{y}\} \cap \{\boldsymbol{X} = \boldsymbol{x}\})$$

である．$\bigcup_{v \in \mathcal{V}_0} \mathcal{Y}_0(v) = \mathcal{Y}_0$ にも注意すれば

$$\begin{aligned} E(V \mid \boldsymbol{X} = \boldsymbol{x}_0) &= \sum_{v \in \mathcal{V}_0} \sum_{\boldsymbol{y} \in \mathcal{Y}_0(v)} \boldsymbol{a}'\boldsymbol{y} p_{\boldsymbol{Y}|\boldsymbol{X}}(\boldsymbol{y} \mid \boldsymbol{x}_0) \\ &= \boldsymbol{a}' \sum_{\boldsymbol{y} \in \mathcal{Y}_0} \boldsymbol{y} p_{\boldsymbol{Y}|\boldsymbol{X}}(\boldsymbol{y} \mid \boldsymbol{x}_0) = \boldsymbol{a}'E(\boldsymbol{Y} \mid \boldsymbol{X} = \boldsymbol{x}_0) \end{aligned}$$

が得られる．最右辺を成分表示すれば $a_1E(Y_1 \mid \boldsymbol{X} = \boldsymbol{x}_0)+a_2E(Y_2 \mid \boldsymbol{X} = \boldsymbol{x}_0)$ となる．

■

9.3 一般の条件付き期待値

条件付き期待値の一般化

前節では，離散確率モデルについて条件付き期待値を定義し，その性質を調べました．この節では，確率変数の値域が可算集合とは限らない一般的な確率空間における条件付き期待値の定義を考え，その性質を調べます．この節の目的は，より一般的に定義された条件付き期待値についても，定理9.2，9.3および9.5と全く同じ結果が成り立つことの確認です．したがって議論の一般性にこだわらない読者は，この節を飛ばして9.4節に進んでも構いません．それによって，本書の理解に困ることはないでしょう．

集合族への条件付け

まずは，事象族の部分集合によって条件付けられた期待値を定義します．

定義 9.3

σ 加法族 $\mathcal{F}$ の部分集合族 $\mathcal{G} \subset \mathcal{F}$ が，やはり σ 加法族の性質をもつとき，$\mathcal{G}$ は $\mathcal{F}$ の**部分 σ 加法族**であるという．

例えば，$\mathcal{G} = \{\emptyset, \Omega\}$ とすれば，σ 加法族の条件(S1)より $\mathcal{G} \subset \mathcal{F}$ が必ず成り立ちます．さらに，$\mathcal{G}$ は条件(S2)，(S3)も満たしますので，それ自身が σ 加法族です．したがって，$\mathcal{G}$ は $\mathcal{F}$ の部分 σ 加法族の一つとなっています．

定義 9.4

Y を $(\Omega, \mathcal{F}, \mathbf{P})$ 上の確率変数，$\mathcal{G}$ は $\mathcal{F}$ の部分 σ 加法族であるとする．このとき，以下の性質(i)，(ii)をもつ確率変数 W を，**Y の $\mathcal{G}$ に条件付けられた期待値**といい，$W = E(Y \mid \mathcal{G})$ と書く．

(i) W は $\mathcal{G}$ 可測である．すなわち任意の実数 t について $\{W \leq t\} \in \mathcal{G}$．

(ii) 任意の $A \in \mathcal{G}$ について，$E(\mathbb{I}_A W) = E(\mathbb{I}_A Y)$ が成り立つ．とくに $A = \Omega$ とするとき，$EW = EY$ を満たす．

定義9.4の意味するところは定理9.4と同じです．つまり，離散的な確率モデルにおける考察の到達点である定理9.4を，ここでは逆に条件付き期待値の定義として用いているわけです．

部分 σ 加法族の意味

ざっくりいえば定義9.4は，「条件付き期待値 $E(Y|\mathscr{G})$ は，限られた情報 $\mathscr{G}$ のもとでの Y の代用品である」ということを述べています．これを理解するために，まずは事象族 $\mathscr{F}$ には「試行の結果を観察することによって明らかになる情報のすべて」という意味があったことを思い出しましょう．とくに $(\Omega, \mathscr{F})$ 上の確率変数 Y について，事象 $\{Y=t\}$ はつねに $\mathscr{F}$ に含まれました．したがって，情報 $\mathscr{F}$ のすべてにアクセス可能なら，そのときには Y の実現値が観察可能ということになります．

一方，$\mathscr{F}$ よりも粗い情報である $\mathscr{G}\subset\mathscr{F}$ のもとでは，Y の実現値を直接観察できるとは限りません．そのときには，手に入る情報 $\mathscr{G}$ を活用して Y の代用品を見つけるしかありません．条件付き期待値 $E(Y|\mathscr{G})$ が，その代用品だというわけです．

条件付き期待値と「合理的期待」

ところで，現代的な動学マクロ経済学では，t 期に利用可能なすべての情報を $\mathscr{I}_t$ とし，時系列変数 $\{Y_t, Y_{t+1},\ldots\}$ の「合理的期待」を $E(Y_{t+1}|\mathscr{I}_t)$ によって記述しました．これは事象族 $\mathscr{I}_t$ に条件付けられた Y_{t+1} の期待値にほかなりません．そのような観点から，定義9.4を解釈してみましょう．

例えば定義9.4における条件(i)は，$E(Y|\mathscr{G})$ が $\mathscr{G}$ 可測であることを求めています．これは $E(Y|\mathscr{G})$ が情報 $\mathscr{G}$ を用いて計算されることを述べているだけでなく，$\mathscr{G}$「だけ」を用いて計算されることを要求しています．合理的期待 $E(Y_{t+1}|\mathscr{I}_t)$ の計算であれば，t 期までに得られた情報 $\mathscr{I}_t$ のみが利用可能なのであって，未来の情報 $\mathscr{I}_{t+1}$ を少しでも取り込むことは許されないのです．

また，定義9.4の条件(ii)は，$E(Y|\mathscr{G})$ が偏りをもたない Y の予測値であることを述べています．すなわち，「予測値の予測」である $E[E(Y|\mathscr{G})]$ は，追加

情報のない予測 EY に一致する必要があります．これも，合理的期待になぞらえて $E[E(Y_{t+1}|\mathscr{I}_t)] = EY_{t+1}$ のように考えれば，ごく自然な要求に思われます．

例題 9.1　定義9.4に従い，$\mathscr{G} = \{\emptyset, \Omega\}$ であるとき，$E(Y|\mathscr{G}) = EY$ であることを示せ．

［解答］　$W = EY = c$ とすれば，任意の $t \geq c$ について $\{W \leq t\} = \Omega \in \mathscr{G}$，また任意の $t < c$ について $\{W \leq t\} = \emptyset \in \mathscr{G}$ であるから，W は $\mathscr{G}$ 可測である．また $A = \Omega$ とするとき $\mathbb{I}_A \equiv 1$ であるから $E(\mathbb{I}_A W) = E(1c) = c = EY = E(\mathbb{I}_A Y)$．同様に $A = \emptyset$ とすれば $\mathbb{I}_A \equiv 0$ であるから，$E(\mathbb{I}_A W) = 0 = EY = E(\mathbb{I}_A Y)$ を得る．したがって $W = EY$ は定義9.4の条件(i)，(ii)を満たす．

例題 9.2　Y が $\mathscr{G}$ 可測であるとき，$E(Y|\mathscr{G}) = Y$ であることを示せ．

［解答］　$W = Y$ とおけば，仮定より W は $\mathscr{G}$ 可測である．さらに，任意の $A \in \mathscr{G}$ について，$E(\mathbb{I}_A W) = E(\mathbb{I}_A Y)$ である．だって $W = Y$ だから．以上．

条件付き期待値の一意性

抽象的な条件付き期待値の定義にも慣れたころだと思いますので，このあたりで条件付き期待値の一意性について考えます．すなわち，定義9.4の条件(i)，(ii)を満たす2つの確率変数 W_1，W_2 があったとします．したがって W_1，W_2 はどちらも $\mathscr{G}$ 可測であり，かつ $E(\mathbb{I}_A W_1) = E(\mathbb{I}_A W_2) = E(\mathbb{I}_A Y)$ を任意の $A \in \mathscr{G}$ について満たします．

ここで，背理法の仮定として，$\mathbf{P}\{W_1 > W_2\} > 0$ であるとします．これは十分小さな $\varepsilon > 0$ について $\mathbf{P}\{W_1 - W_2 \geq \varepsilon\} > 0$ であることを意味しています．W_1，W_2 の $\mathscr{G}$ 可測性より $A_\varepsilon = \{W_1 - W_2 \geq \varepsilon\} \in \mathscr{G}$，したがって $E(\mathbb{I}_{A_\varepsilon} W_1) = E(\mathbb{I}_{A_\varepsilon} W_2)$，あるいは $E[\mathbb{I}_{A_\varepsilon}(W_1 - W_2)] = 0$ が成り立ちます．その一方で，A_ε の定義により，$E[\mathbb{I}_{A_\varepsilon}(W_1 - W_2)] \geq \varepsilon \mathbf{P}\{W_1 - W_2 \geq \varepsilon\} > 0$ となって矛盾が生じます．

同様に，$\mathbf{P}\{W_1 < W_2\} > 0$ であることを仮定しても矛盾を示せます．したがって，$\mathbf{P}\{W_1 = W_2\} = 1$ であることが結論されます．なお，一般に，$\mathbf{P}\{W_1 = W_2\} = 1$ が成り立つことを「W_1 と W_2 は**ほとんど確実に**（**almost surely**）等しい」といいます．

条件付き期待値の存在

こうして，定義9.4の条件(i)，(ii)を満たす W は実質的に1つしか存在しないことがわかりました．次に問題になるのは，そもそもこれらの条件を満たす W が存在するのかどうかです．その答えはもちろん「存在する」なのですが，それを示すには**ラドン=ニコディムの定理**（**Radon-Nikodým theorem**）という，より上級の確率論の知識が必要になるので，ここでは省略します．詳細に興味のある読者は，例えば文献[4]などをご覧ください．

塔の性質

条件付き期待値の繰り返しについては，次の結果が成り立ちます．

定理 9.6

$\mathcal{G}$ を事象族 $\mathcal{F}$ の部分 σ 加法族であるとする．さらに，$\mathcal{H}$ は $\mathcal{G}$ の部分 σ 加法族であるとする．すなわち，$\mathcal{H} \subset \mathcal{G} \subset \mathcal{F}$ である．このとき，

$$E[E(Y\,|\,\mathcal{G})\,|\,\mathcal{H}] = E[E(Y\,|\,\mathcal{H})\,|\,\mathcal{G}] = E(Y\,|\,\mathcal{H}) \tag{9.13}$$

が成り立つ．

[証明]　$W = E(Y\,|\,\mathcal{G})$ とおけば，定義9.4により W は $\mathcal{G}$ 可測，かつ $E(\mathbb{I}_A W) = E(\mathbb{I}_A Y)$ を任意の $A \in \mathcal{G}$ について満たす．さらに $V = E(W\,|\,\mathcal{H})$ とすれば V は $\mathcal{H}$ 可測，かつ $E(\mathbb{I}_B V) = E(\mathbb{I}_B W)$ を任意の $B \in \mathcal{H}$ について満たす．ここで仮定 $\mathcal{H} \subset \mathcal{G}$ より，任意の $B \in \mathcal{H}$ について $B \in \mathcal{G}$ である．ゆえに，$E(\mathbb{I}_B V) = E(\mathbb{I}_B W) = E(\mathbb{I}_B Y)$．したがって $E[E(Y\,|\,\mathcal{G})\,|\,\mathcal{H}] = E(Y\,|\,\mathcal{H})$ である．等式 $E[E(Y\,|\,\mathcal{H})\,|\,\mathcal{G}] = E(Y\,|\,\mathcal{H})$ の証明は，例題9.2と同様になされる（演習問題9.4）．■

定理9.6は，定理9.2を一般化したものであり，やはり**重複期待の法則**と呼ばれます．この定理は，重ね掛けされた条件付き期待値の品質は，用いられた情

報のなかで一番粗いものによって決まることを意味しています．塔の上層 $E(Y\,|\,\mathscr{G})$ の広さは塔の土台 $\mathscr{H}$ によって決まることに喩えて，定理9.6を**塔の性質**（tower property）とよぶ流儀もあります．

$E(Y\,|\,\mathscr{G})$ の性質

事象族に条件付けられた期待値について，その他の性質をまとめておきます．いずれの性質も自明なものに思われますが，実際に証明を与えようとすると結構大変です．

> **定理 9.7**
>
> Y，W を $(\Omega, \mathscr{F}, \mathbf{P})$ 上の確率変数，$\mathscr{G}$ を $\mathscr{F}$ の部分 σ 加法族とするとき，以下が成立する．
>
> (i) 定数 c について $E(c\,|\,\mathscr{G}) = c$
>
> (ii) 任意の定数 a，b について，$E(aY + bW\,|\,\mathscr{G}) = aE(Y\,|\,\mathscr{G}) + bE(W\,|\,\mathscr{G})$
>
> (iii) W が $\mathscr{G}$ 可測であるとき，$E(WY\,|\,\mathscr{G}) = WE(Y\,|\,\mathscr{G})$

［証明］ (i) 定数 c を $c = c\mathbb{I}_\Omega$ によって確率変数とみなす．このとき $\sigma[c] = \{\emptyset, \Omega\} \subset \mathscr{G}$ であるから，c は $\mathscr{G}$ 可測である．したがって例題9.2より $E(c\,|\,\mathscr{G}) = c$． (ii) 記述を見やすくするために $\bar{Y} = E(Y\,|\,\mathscr{G})$，$\overline{W} = E(W\,|\,\mathscr{G})$ とおく．条件付き期待値の定義より $\bar{Y}$，$\overline{W}$ は $\mathscr{G}$ 可測，したがって定理7.1より，線形結合 $a\bar{Y} + b\overline{W}$ も $\mathscr{G}$ 可測となる．さらに，任意の $A \in \mathscr{G}$ について $E(\mathbb{I}_A\bar{Y}) = E(\mathbb{I}_A Y)$ かつ $E(\mathbb{I}_A\overline{W}) = E(\mathbb{I}_A W)$ が成り立つから，通常の期待値の線形性により $E[\mathbb{I}_A(a\bar{Y} + b\overline{W})] = aE(\mathbb{I}_A\bar{Y}) + bE(\mathbb{I}_A\overline{W}) = aE(\mathbb{I}_A Y) + bE(\mathbb{I}_A W) = E[\mathbb{I}_A(aY + bW)]$ が得られる．したがって，$a\overline{Y} + b\overline{W} = E(aY + bW\,|\,\mathscr{G})$ である． (iii) まずはもっとも簡単な $W = \mathbb{I}_B$（ただし $B \in \mathscr{G}$）の場合を考える．このとき $V = WE(Y\,|\,\mathscr{G})$ は $\mathscr{G}$ 可測．また任意の $A \in \mathscr{G}$ について，$E(\mathbb{I}_A V) = E[\mathbb{I}_{A\cap B}E(Y\,|\,\mathscr{G})] = E(\mathbb{I}_{A\cap B}Y) = E(\mathbb{I}_A WY)$ が成り立つから，$V = E(WY\,|\,\mathscr{G})$ である．次に，W が単関数 $W = \sum_{j=1}^{m} a_j \mathbb{I}_{B_j}$（ただし $B_1, \ldots, B_m \in \mathscr{G}$）である場合を考える．このとき，(ii)により $E(WY\,|\,\mathscr{G}) = \sum_{j=1}^{m} a_j E(\mathbb{I}_{B_j}Y\,|\,\mathscr{G}) = \sum_{j=1}^{m} a_j \mathbb{I}_{B_j} \times E(Y\,|\,\mathscr{G}) = WE(Y\,|\,\mathscr{G})$．$W$ が非負かつ有界な確率変数である場合には，W の近似単関数 $W_n = \sum_{j=1}^{2^n} a_{n,j}\mathbb{I}_{B_{n,j}}$ を経由して(iii)を示す．ただし，厳密な証明にはいわゆる**優収束定理**（dominated convergence theorem）を用いる必要があるので，ここでは省略する（演習問題9.5）．■

確率変数に条件付けられた期待値

σ 加法族に条件付けられた期待値を足掛かりにして，今度は，確率変数に条件付けられた期待値を考えましょう．

> **定義 9.5**
> Y を $(\Omega, \mathcal{F}, \mathbf{P})$ 上の確率変数，$\boldsymbol{X}$ を同じ空間上の確率変数ベクトルとするとき，$\mathcal{G} = \sigma[\boldsymbol{X}]$ 上に条件付けられた期待値 $E(Y \mid \mathcal{G})$ を Y の $\boldsymbol{X}$ **に条件付けられた期待値**といい，$E(Y \mid \boldsymbol{X})$ と書く．

したがって $E(Y \mid \boldsymbol{X})$ は，(i) $\boldsymbol{X}$ 可測であり，また，(ii) 任意の $A \in \sigma[\boldsymbol{X}]$ について，$E[\mathbb{I}_A E(Y \mid \boldsymbol{X})] = E[\mathbb{I}_A Y]$ を満たす確率変数として定義されます．とくに $A = \Omega$ とすれば，$E[E(Y \mid \boldsymbol{X})] = EY$ が得られます．これらは離散確率モデルにおける定理9.4と本質的に同じ内容です．

確率変数が生成する σ 加法族 $\sigma[\boldsymbol{X}]$ には，$\boldsymbol{X}$ を観察することによって得られる情報という意味がありました．したがって条件付き期待値 $E(Y \mid \boldsymbol{X})$ には，「$\boldsymbol{X}$ の観察に基づく Y の予測値」という解釈が与えられます．条件付き期待値と計量経済学の接点が，だんだんと見えてきました．

$E(Y \mid X)$ の性質

これまで，事象族 $\mathcal{G}$ に条件付けられた期待値 $E(Y \mid \mathcal{G})$ について与えてきた考察を，$\mathcal{G} = \sigma[\boldsymbol{X}]$ と読み換えるだけで以下の結果が得られます．

> **定理 9.8**
> Y，W を $(\Omega, \mathcal{F}, \mathbf{P})$ 上の確率変数，$\boldsymbol{X}$ を同じ空間上の確率変数ベクトルとするとき，以下が成立する．
> (i) 定数 c について，$E(c \mid \boldsymbol{X}) = c$
> (ii) 任意の定数 a，b について，$E(aY + bW \mid \boldsymbol{X}) = aE(Y \mid \boldsymbol{X}) + bE(W \mid \boldsymbol{X})$
> (iii) W が $\boldsymbol{X}$ 可測であるとき，$E(WY \mid \boldsymbol{X}) = WE(Y \mid \boldsymbol{X})$
> (iv) $E[E(Y \mid W, \boldsymbol{X}) \mid \boldsymbol{X}] = E(Y \mid \boldsymbol{X})$
> (v) $E[E(Y \mid \boldsymbol{X})] = EY$

とくに性質(iii)について，$\boldsymbol{X}$ 可測な確率変数 W は，適当な関数 g を用いて $W=g(\boldsymbol{X})$ と表現されます．したがって(iii)は，$E(g(\boldsymbol{X})Y\mid\boldsymbol{X})=g(\boldsymbol{X})E(Y\mid\boldsymbol{X})$ が成り立つことを述べています．これは，離散確率モデルにおける定理9.3に対応するものです．

9.4 最良予測と条件付き期待値

最小二乗法（9.3節をスキップした読者はここから読む）

この章の冒頭で述べたように，回帰分析の目的は，情報 $\boldsymbol{X}$ を用いて Y の推測値 $\hat{Y}=\mu(\boldsymbol{X})$ を得ることでした．常識的に考えて，この推測はできるだけ正確であることが望ましいわけです．そこで，Y の真値と推測値の差を

$$\varepsilon = Y-\mu(\boldsymbol{X}) \tag{9.14}$$

と置き，これを $\mu(\boldsymbol{X})$ の**推定誤差**（estimation error）とよぶことにしましょう．

誤差の大きさを評価するための評価基準のひとつが**平均二乗誤差**（Mean Squared Error：MSE）です．平均二乗誤差は $MSE=E\varepsilon^2$ によって与えられます．回帰関数 μ を用いれば，

$$MSE = E[Y-\mu(\boldsymbol{X})]^2 \tag{9.15}$$

と書くこともできます．MSE を最小にする $\mu(\boldsymbol{X})$ こそが最良の回帰関数であるという立場を，**最小二乗法**（Ordinary Least Squares：OLS）とよびます．

最小絶対誤差

推定誤差の評価関数として MSE を用いることは，もちろん唯一絶対の立場ではありません．例えば，推定誤差の絶対値 $|\varepsilon|$ の期待値である**絶対誤差**（Absolute Deviation），

$$AD = E|\varepsilon| = E|Y-\mu(\boldsymbol{X})| \tag{9.16}$$

図9.2 損失関数

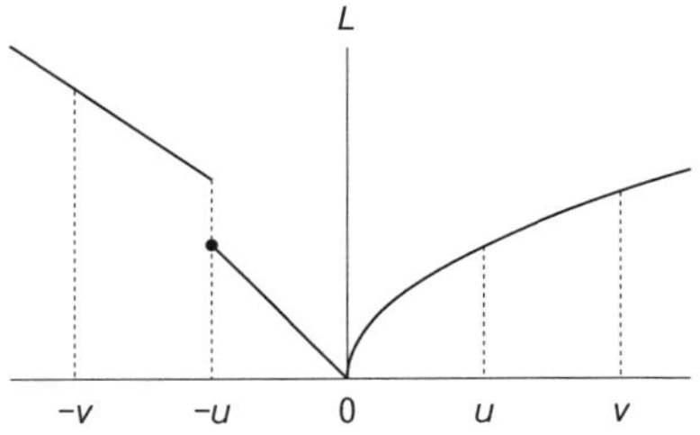

を最小とする $\mu(\boldsymbol{X})$ を最良とする立場にも最小二乗法と同等の説得力があります．これを**最小絶対誤差法**（Least Absolute Deviation：LAD）といいます．

損失関数と最良予測

さまざまな評価基準による立場を統一的に記述するために，次のような関数を導入しましょう．

> **定義 9.6**
> 任意の $0 < u < v$ について，
> (i) $0 = L(0) \leq L(u) \leq L(v)$ かつ
> (ii) $0 = L(0) \leq L(-u) \leq L(-v)$
> を満たす関数 $L : \mathbb{R} \to \mathbb{R}$ を**損失関数**（loss function）という．

図9.2に損失関数の一例を示します．定義9.6が，L の凸性も，対称性（つまり $L(u) = L(-u)$ となること）も，連続性すらも要求していないことに注意してください．損失関数を用いれば，良い回帰関数が備えるべき性質を次のようにして特徴付けることができます．

> **定義 9.7**
> $E[L(Y - \mu(\boldsymbol{X}))]$ を最小にする $\boldsymbol{X}$ 可測な確率変数 $\mu(\boldsymbol{X})$ を，**$\boldsymbol{L}$ のもとでの $\boldsymbol{Y}$ の最良予測**（best predictor）という．

最良予測と条件付き期待値

最小二乗法の損失関数は $L(u)=u^2$ となります．これに対応する最良予測は条件付き期待値 $E(Y\,|\,\boldsymbol{X})$ であることが次の定理によって示されます．

定理 9.9

損失関数 $L(u)=u^2$ のもとでの Y の最良予測は $E(Y\,|\,\boldsymbol{X})$ である．すなわち，

$$MSE=E[(Y-\mu(\boldsymbol{X}))^2] \tag{9.17}$$

は $\mu(\boldsymbol{X})=E(Y\,|\,\boldsymbol{X})$ において最小化される．

［証明］　重複期待の法則により $MSE=E[E(\varepsilon^2\,|\,\boldsymbol{X})]$．また，

$$\begin{aligned}\varepsilon^2 =&(Y-E(Y\,|\,\boldsymbol{X}))^2-2(Y-E(Y\,|\,\boldsymbol{X}))(\mu(\boldsymbol{X})-E(Y\,|\,\boldsymbol{X}))\\&+(\mu(\boldsymbol{X})-E(Y\,|\,\boldsymbol{X}))^2\end{aligned}$$

が成り立つ．ここで定理9.3より，

$$\begin{aligned}&E[(Y-E(Y\,|\,\boldsymbol{X}))(\mu(\boldsymbol{X})-E(Y\,|\,\boldsymbol{X}))\,|\,\boldsymbol{X}]\\&\quad=(\mu(\boldsymbol{X})-E(Y\,|\,\boldsymbol{X}))E[Y-E(Y\,|\,\boldsymbol{X})\,|\,\boldsymbol{X}]\end{aligned}$$

さらに $E[Y-E(Y\,|\,\boldsymbol{X})\,|\,\boldsymbol{X}]=E(Y\,|\,\boldsymbol{X})-E(Y\,|\,\boldsymbol{X})=0$ となるから，

$$\begin{aligned}MSE&=E[E(Y^2\,|\,\boldsymbol{X})-E(Y\,|\,\boldsymbol{X})^2]+E[(E(Y\,|\,\boldsymbol{X})-\mu(\boldsymbol{X}))^2]\\&\geq E[E(Y^2\,|\,\boldsymbol{X})-E(Y\,|\,\boldsymbol{X})^2]\end{aligned}$$

したがって $\mu(\boldsymbol{X})=E(Y\,|\,\boldsymbol{X})$ であるとき，MSE は最小値 $E[E(Y^2\,|\,\boldsymbol{X})-E(Y\,|\,\boldsymbol{X})^2]$ に達する．■

さまざまな回帰関数

損失関数の選択肢は $L(u)=u^2$ に限られません．異なる L のもとでは，異なる最良予測が得られるわけです．いずれの L を採用するのかは分析者に任され，絶対的な基準があるわけではありません．

損失関数として $L(u)=|u|$ を用いるときには，最良予測を与える回帰関数

は次の**条件付き中央値**（conditional median），

$$\mu(\boldsymbol{X}) = med(Y \mid \boldsymbol{X}) \tag{9.18}$$

によって与えられます．ここで，$med(Y \mid \boldsymbol{X})$ は，

$$\mathbf{P}\{Y \leq m \mid \boldsymbol{X}\} \geq \frac{1}{2} \tag{9.19}$$

を満たす最小の m として定義される量のことです．回帰関数 $\mu(\boldsymbol{X}) = med(Y \mid \boldsymbol{X})$ を，**中央値回帰**（median regression）ということもあります．

あるいは定数 $\alpha \in (0, 1)$ を用いて，

$$L(u) = \begin{cases} -(1-\alpha)u & (u \leq 0) \\ \alpha u & (u > 0) \end{cases}$$

によって損失関数を与えることもできます．これに対応する最良予測は，Y の**条件付き $\boldsymbol{\alpha}$ 分位数**（conditional $\boldsymbol{\alpha}$-quantile）$q_\alpha(\boldsymbol{X})$ です．ここで $q_\alpha(\boldsymbol{X})$ は，

$$\mathbf{P}\{Y \leq q \mid \boldsymbol{X}\} \geq \alpha \tag{9.20}$$

を満たす最小の q として定義される量のことです．このケースを**分位数回帰**（quantile regression）といいます．とくに $\alpha = 0.5$ であるとき，$q_\alpha(\boldsymbol{X}) = med(Y \mid \boldsymbol{X})$ となります．

中央値回帰，分位数回帰は，いずれも広く応用される重要な手法です．しかしながら，その厳密に数学的な取り扱いは，本書の射程を大きく超えます．したがって以下では，計算と記述の最も容易な最小二乗法を中心的に取り扱います．中央値回帰，分位数回帰については，例えば[10]などを参照ください．

線形回帰モデル

再び最小二乗法の立場に戻り，損失関数として $L(u) = u^2$ を採用しましょう．さらに，追加的な仮定として，**回帰係数**（regression coefficients）$\boldsymbol{\beta} \in \mathbb{R}^k$ が存在して

$$E(Y \mid \boldsymbol{X}) = \boldsymbol{X}'\boldsymbol{\beta} \tag{9.21}$$

が成り立つものとするとき，これを**線形回帰モデル**（linear regression model）といいます．

線形回帰モデルにおいて興味の対象となっているのは係数$\boldsymbol{\beta}$のほうであり，$\boldsymbol{X}$の値はデータを通じて観察される定数の扱いを受けます．そういうわけで，回帰関数も本来であれば$\mu(\boldsymbol{X})=\boldsymbol{\beta}'\boldsymbol{X}$と書かれるはずのところを，$\boldsymbol{\beta}$と$\boldsymbol{X}$の順序を前後させて$\mu(\boldsymbol{X})=\boldsymbol{X}'\boldsymbol{\beta}$と書くのが普通になっています．

回帰係数の識別

線形回帰モデル$E(Y\,|\,\boldsymbol{X})=\boldsymbol{X}'\boldsymbol{\beta}$を想定するとき，回帰係数$\boldsymbol{\beta}$を$Y$と$\boldsymbol{X}$によって特徴付けることが可能になります．

定理 9.10

線形回帰モデル$E(Y\,|\,\boldsymbol{X})=\boldsymbol{X}'\boldsymbol{\beta}$を仮定する．また，$k$次正方行列$E(\boldsymbol{X}\boldsymbol{X}')$が正則であるとする．このとき，

$$\boldsymbol{\beta}=[E(\boldsymbol{X}\boldsymbol{X}')]^{-1}E(\boldsymbol{X}Y) \tag{9.22}$$

が成り立つ．

［証明］　条件付き期待値の性質により，$\boldsymbol{X}E(Y\,|\,\boldsymbol{X})=E(\boldsymbol{X}Y\,|\,\boldsymbol{X})$，したがって$E(\boldsymbol{X}Y\,|\,\boldsymbol{X})=(\boldsymbol{X}\boldsymbol{X}')\boldsymbol{\beta}$が成り立つ．この両辺の期待値を計算すれば，重複期待の法則により，

$$E[E(\boldsymbol{X}Y\,|\,\boldsymbol{X})]=E(\boldsymbol{X}Y)=E(\boldsymbol{X}\boldsymbol{X}')\boldsymbol{\beta}$$

行列$E(\boldsymbol{X}\boldsymbol{X}')$が正則であることから(9.22)式を得る．■

(9.22)式のように，興味の対象である$\boldsymbol{\beta}$を，観察可能な量Y，$\boldsymbol{X}$によって表現する作業を**識別**（identification）といいます．回帰係数$\boldsymbol{\beta}$が識別されたということは，Yと$\boldsymbol{X}$に関する十分な大きさのデータを手に入れることができれば，それを用いて$\boldsymbol{\beta}$を推定できるということを意味します．

回帰係数とMSE

予測の精度の評価基準として平均二乗誤差を用いるとき，最良の回帰関数は

条件付き期待値 $\mu(\boldsymbol{X}) = E(Y \mid \boldsymbol{X})$ であることを述べました．この考え方を線形回帰モデルに延長すれば，$\boldsymbol{\beta}$ には次のような解釈が与えられます．

定理 9.11

線形回帰モデル $E(Y \mid \boldsymbol{X}) = \boldsymbol{X}'\boldsymbol{\beta}$ を仮定する．行列 $E(\boldsymbol{XX}')$ が正則であるとき，平均二乗誤差 $MSE(\boldsymbol{b}) = E[(Y - \boldsymbol{X}'\boldsymbol{b})^2]$ は $\boldsymbol{b} = \boldsymbol{\beta}$ において最小になる．

［証明］ 目的関数 $MSE(\boldsymbol{b})$ の右辺を展開すれば，$MSE(\boldsymbol{b}) = E(Y^2) - 2E(\boldsymbol{X}Y)'\boldsymbol{b} + \boldsymbol{b}'E(\boldsymbol{XX}')\boldsymbol{b}$ である（$\boldsymbol{X}'\boldsymbol{b} = \boldsymbol{b}'\boldsymbol{X}$ に注意すること）．仮定より行列 $E(\boldsymbol{XX}')$ は正則，したがって正定値であるから，定理6.7および6.8により，$\mathbf{D}MSE(\boldsymbol{b}) = -2E(\boldsymbol{X}Y) + 2E(\boldsymbol{XX}')\boldsymbol{b} = \mathbf{0}$ を満たす $\boldsymbol{b}$ によって MSE は最小になる．したがって，MSE は $\boldsymbol{b} = [E(\boldsymbol{XX}')]^{-1}E(\boldsymbol{X}Y) = \boldsymbol{\beta}$ において最小になる．■

演習問題

問題 9.1 サイコロAとBを振る試行 $\Omega = \{1,\ldots,6\} \times \{1,\ldots,6\}$ を考える．ただし，「Aには i の目，Bには j の目が出る」という状態を $\omega = (i, j)$ としている．事象族を $\mathcal{F} = 2^{\Omega}$ とし，いずれの状態 ω にも $\mathbf{P}\{\omega\} = \frac{1}{36}$ の確率が与えられているとき，以下の問いに答えよ．

(1) AとBのうち大きなほうの目を X，小さなほうの目を Y とするとき，$E(Y \mid X)$ を求めよ．

(2) AとBの目の合計を X，Aの目を Y とするとき，$E(Y \mid X)$ を求めよ．

問題 9.2 確率空間 $(\Omega, \mathcal{F}, \mathbf{P})$ の可測集合 $A \in \mathcal{F}$ を1つ選び，それを用いて $\mathcal{A} = \{\varnothing, A, A^c, \Omega\}$ とする．任意の確率変数 X について，$E(X \mid \mathcal{A})$ を求めよ．

問題 9.3 同じ確率空間 $(\Omega, \mathcal{F}, \mathbf{P})$ 上に定義された確率変数 X，Y，Z について以下を示せ．

(1) $Y \leq Z$ であるなら $E(Y \mid X) \leq E(Z \mid X)$ が成り立つ．ただし，$\mathbf{P}\{Y \leq Z\} = 1$ であることをもって $Y \leq Z$ とする．

(2) $|E(Y \mid X)| \leq \sqrt{E(Y^2 \mid X)}$ が成り立つ．

問題 9.4 $\mathcal{H} \subset \mathcal{G}$ であるとき，$E[E(Y \mid \mathcal{H}) \mid \mathcal{G}] = E(Y \mid \mathcal{H})$ が成り立つことを示せ．

問題 9.5 Y を $(\Omega, \mathcal{F}, \mathbf{P})$ 上の非負確率変数，W を同一空間上の非負かつ有界な確率変数，$\mathcal{G}$ を $\mathcal{F}$ の部分 σ 加法族とする．このとき，W が $\mathcal{G}$ 可測であるなら $E(WY \mid \mathcal{G}) = WE(Y \mid \mathcal{G})$ が

成立することを示したい．

(1) $W_n = \sum_{j=1}^{2^n} a_{n,j}\mathbb{I}_{B_{n,j}}$ を W の近似単関数とするとき，$\lim_{n\to\infty} E(W_nY \mid \mathcal{G}) = WE(Y \mid \mathcal{G})$ であることを示せ．

(2) 以下に説明する定理を用いて，$E(WY \mid \mathcal{G}) = WE(Y \mid \mathcal{G})$ を示せ．

ある確率変数列 $\{Z_n\}$ に対して，以下の条件が満たされるものとする．(i) $|Z_n| \leq W$ かつ $EW < \infty$ を満たす W が存在する．一般に，W を $\{Z_n\}$ の**優関数** (dominating function) という．(ii) 各 $\omega \in \Omega$ について，$Z(\omega) = \lim_{n\to\infty} Z_n(\omega)$ を満たす確率変数 Z が存在する．このとき，$\lim_{n\to\infty} EZ_n = EZ$ が成り立つ．これを**優収束定理** (dominated convergence theorem) という．

問題 9.6　$\mathbb{R}$ 上で連続かつ正の密度関数 f_X をもつ確率変数 X について，$E|X-m|$ を最小にする m の値を求めよ．

第10章 大数の法則と推定量の一致性

この章では，観測されたデータを用いて回帰関数を推定するための具体的な方法について考えます．そのための数学的な準備として，まずは「独立同一分布をもつ確率変数列」という概念を定義します．次に，独立同一な確率変数列の重要な性質である「大数の法則」の説明をします．そのうえで，線形回帰モデルの推定方法としてもっとも基本的な「OLS 推定量」を導入し，データのサイズが大きくなるにつれて，OLS 推定の精度が高まることを示します．

10.1 独立性

事象の独立性

確率空間 $(\Omega, \mathcal{F}, \mathbf{P})$ において，２つの事象 A，$B \in \mathcal{F}$ を選びます．情報 B を利用して A の確率を再計算すれば，条件付き確率 $\mathbf{P}(A \mid B)$ が得られます．ここで，B が A の確率を計算するための情報源としては何の役にも立たないものであったらどうでしょう？　それはつまり，$\mathbf{P}(A \mid B) = \mathbf{P}A$ であることを意味します．このとき，条件付き確率の定義により，

$$\mathbf{P}(A \mid B) = \frac{\mathbf{P}(A \cap B)}{\mathbf{P}B} = \mathbf{P}A$$

もしくは $\mathbf{P}(A \cap B) = (\mathbf{P}A)(\mathbf{P}B)$ が成り立ちます．したがって $\mathbf{P}(A \cap B) = (\mathbf{P}A)(\mathbf{P}B)$ であるとき，A と B のうち一方の事象が実現することを事前に知っていたとしても，他方の事象が実現する確率を計算するためには有益ではない，ということになります．

以上の考察に基づいて，次の定義を与えましょう．

定義 10.1

確率空間 $(\Omega, \mathscr{F}, \mathbf{P})$ において，事象 $A_1, \ldots, A_n \in \mathscr{F}$ が

$$\mathbf{P}(A_1 \cap \cdots \cap A_n) = (\mathbf{P}A_1) \cdots (\mathbf{P}A_n) \tag{10.1}$$

を満たすとき，事象 $A_1, \ldots, A_n$ は**独立**（independent）であるという．

例えば，コインを 2 回振る試行 $\Omega = \{HH, HT, TH, TT\}$ を考えましょう．ただし，すべての状態 ω に確率 $\mathbf{P}\{\omega\} = \frac{1}{4}$ を与えます．このとき，1 回目に表が出る事象 $A = \{HH, HT\}$ と 2 回目に表が出る事象 $B = \{HH, TH\}$ は独立です．実際に，

$$\mathbf{P}(A \cap B) = \mathbf{P}\{HH\} = \frac{1}{4}, \quad (\mathbf{P}A)(\mathbf{P}B) = \frac{1}{2} \times \frac{1}{2} = \frac{1}{4}$$

であり，$\mathbf{P}(A \cap B) = (\mathbf{P}A)(\mathbf{P}B)$ が成り立っています．

確率変数の独立性

定義10.1を，そのまま集合族に拡張すれば次の定義に至ります．

定義 10.2

確率空間 $(\Omega, \mathscr{F}, \mathbf{P})$ において，$\mathscr{F}$ の部分集合族 $\mathscr{G}_1, \ldots, \mathscr{G}_n$ が独立であるとは，それぞれの集合族から選ばれた任意の事象 $A_1 \in \mathscr{G}_1, \ldots, A_n \in \mathscr{G}_n$ がつねに独立になることをいう．さらに，n 個の確率変数ベクトル $\boldsymbol{Z}_1, \ldots, \boldsymbol{Z}_n$ について，それぞれが生成する σ 加法族 $\sigma[\boldsymbol{Z}_1], \ldots, \sigma[\boldsymbol{Z}_n]$ が独立であるとき，$\boldsymbol{Z}_1, \ldots, \boldsymbol{Z}_n$ は**独立な確率変数**（independent random variables）であるという．とくに，$\boldsymbol{Z}_1$，$\boldsymbol{Z}_2$ が独立であることを

$$\boldsymbol{Z}_1 \perp\!\!\!\perp \boldsymbol{Z}_2 \tag{10.2}$$

と表す．

独立な確率変数と分布

確率変数が具体的に与えられたとき，それらの独立性を定義10.2に従って示すのは非常に面倒な作業です．したがって，そのような場面では，次の定理を利用しましょう．

定理 10.1

$(\Omega, \mathcal{F}, \mathbf{P})$ 上の確率変数ベクトル $\boldsymbol{Z}_1, \dots, \boldsymbol{Z}_n$ が独立であるための必要十分条件は，任意の $\boldsymbol{t}_1, \dots, \boldsymbol{t}_n$ について

$$\mathbf{P}\{\boldsymbol{Z}_1 \leq \boldsymbol{t}_1, \dots, \boldsymbol{Z}_n \leq \boldsymbol{t}_n\} = (\mathbf{P}\{\boldsymbol{Z}_1 \leq \boldsymbol{t}_1\})\cdots(\mathbf{P}\{\boldsymbol{Z}_n \leq \boldsymbol{t}_n\}) \tag{10.3}$$

が成立することである．

[証明]　必要性のみ示す．任意の $\boldsymbol{t}_1, \dots, \boldsymbol{t}_n$ について，$\{\boldsymbol{Z}_1 \leq \boldsymbol{t}_1\} \in \sigma[\boldsymbol{Z}_1], \dots, \{\boldsymbol{Z}_n \leq \boldsymbol{t}_n\} \in \sigma[\boldsymbol{Z}_n]$ が成り立つ．したがって，$\boldsymbol{Z}_1, \dots, \boldsymbol{Z}_n$ の独立性のもとで(10.3)式が成立する．■

系 10.1

$(\Omega, \mathcal{F}, \mathbf{P})$ 上の確率変数 $X_1, \dots, X_n$ と，それらを成分とする確率変数ベクトル $\boldsymbol{X}$ が，密度関数 $f_{X_1}(t_1), \dots, f_{X_n}(t_n)$，および結合密度関数 $f_{\boldsymbol{X}}(\boldsymbol{t})$ をもつとする．このとき，$X_1, \dots, X_n$ が独立であるための必要十分条件は，

$$f_{\boldsymbol{X}}(\boldsymbol{t}) = f_{X_1}(t_1)\cdots f_{X_n}(t_n) \tag{10.4}$$

が成立することである．

[証明]　$X_1, \dots, X_n$ が独立であるとき，定理10.1より $F_{\boldsymbol{X}}(\boldsymbol{t}) = F_{X_1}(t_1)\cdots F_{X_n}(t_n)$ を得る．両辺を $t_1, \dots, t_n$ で偏微分することにより(10.4)式を得る．■

例題 10.1

2次元確率変数ベクトル $\boldsymbol{X} = \begin{bmatrix} X_1 \\ X_2 \end{bmatrix}$ が標準正規分布 $N(\mathbf{0}, \mathbf{I}_2)$ に従うとき，$\boldsymbol{X}$ の成分 X_1，X_2 について $X_1 \perp\!\!\!\perp X_2$ であることを示せ．

[解答]　定理8.12より，$\boldsymbol{X} \sim N(\mathbf{0}, \mathbf{I}_2)$ であるとき，$X_1, X_2 \sim N(0,1)$ である．さらに，

$$\begin{aligned}\mathbf{P}\{X_1 \le t_1, X_2 \le t_2\} &= \left(\int_{-\infty}^{t_1} \frac{1}{\sqrt{2\pi}} e^{-z_1^2/2}\, dz_1\right)\left(\int_{-\infty}^{t_2} \frac{1}{\sqrt{2\pi}} e^{-z_2^2/2}\, dz_2\right) \\ &= (\mathbf{P}\{X_1 \le t_1\})(\mathbf{P}\{X_2 \le t_2\})\end{aligned}$$

が成り立っていることが，$N(\mathbf{0}, \mathbf{I}_2)$ の分布関数の形から見てとれる．

独立な確率変数の性質

独立な確率変数について成り立つ以下の性質は，いずれも重要なものです．

定理 10.2

$X \perp\!\!\!\perp Y$ であるとき，以下が成り立つ．

(1) $E(Y\,|\,X) = EY$

(2) $E(XY) = (EX)(EY)$

(3) $Cov(X, Y) = 0$

[証明] (1) 離散確率変数の場合には，直接計算により示すことができる．すなわち，$X \perp\!\!\!\perp Y$ のときには $\mathbf{P}\{X = x, Y = y\} = (\mathbf{P}\{X = x\})(\mathbf{P}\{Y = y\})$ が成り立つから，

$$p_{Y|X}(y\,|\,x) = \frac{\mathbf{P}(\{X = x\} \cap \{Y = y\})}{\mathbf{P}\{X = x\}} = \mathbf{P}\{Y = y\} = p_Y(y)$$

したがって，$E(Y\,|\,X = x) = \sum_{y \in \mathcal{Y}} y\, p_{Y|X}(y\,|\,x) = \sum_{y \in \mathcal{Y}} y\, p_Y(y) = EY$ である．(2) これも(1)と同様に，離散確率変数を想定すれば直接計算で示せるが，ここでは少しだけ洒落た方法で証明してみる．すなわち，重複期待の法則により，$E(XY) = E[E(XY\,|\,X)] = E[X\,E(Y\,|\,X)]$．さらに(1)の結果により $E[X\,E(Y\,|\,X)] = E[X\,EY] = (EX)(EY)$ を得る．(3) 共分散の定義と(2)の結果により，$Cov(X, Y) = E[(X - EX)(Y - EY)] = [E(X - EX)][E(Y - EY)] = (EX - EX)(EY - EY) = 0$ となる．■

定理10.2の一般的な証明

一般の確率変数について，直接計算によらずに定理10.2を証明するには次のように考えます．まずは，Y が単関数 $Y = \sum_{j=1}^{m} y_j \mathbb{I}_{B_j}$ によって表されるものとします．ただし，$0 < y_1 < \cdots < y_m$ であるとしておきましょう．このとき，各 $j = 1, \ldots, m$ について $B_j = \{Y = y_j\}$ ですから，$B_j \in \sigma[Y]$ となります．ま

た，仮定 $X \perp\!\!\!\perp Y$ より，任意の $A \in \sigma[X]$ について $\mathbf{P}(A \cap B_j) = (\mathbf{P}A)(\mathbf{P}B_j)$ が成り立ちます．したがって，

$$\begin{aligned} E[\mathbb{I}_A Y] = \sum_{j=1}^{m} y_j E[\mathbb{I}_A \mathbb{I}_{B_j}] &= \sum_{j=1}^{m} y_j \mathbf{P}(A \cap B_j) \\ &= (\mathbf{P}A) \sum_{j=1}^{m} y_j \mathbf{P}B_j = E[\mathbb{I}_A(EY)] \end{aligned}$$

が成り立つことになります．定数 EY は X 可測ですから，以上により $E(Y \mid X) = EY$ が示されました．

単関数に限らない一般の Y についても，定理9.7（および問題9.5）と同様の方法により，近似単関数を経由することによって証明がなされます．すなわち，Y を非負かつ有界（$0 \leq Y \leq M$）であるとし，その近似単関数を

$$Y_n = \sum_{j=1}^{2^n} \frac{j-1}{2^n} M\, \mathbb{I}_{B_{n,j}}, \quad B_{n,j} = \left\{ \frac{j-1}{2^n} < Y \leq \frac{j}{2^n} \right\}$$

によって定義します．このとき，$B_{n,j} \in \sigma[Y]$ が成り立ちます．また，各 $\omega \in \Omega$ について，$n \to \infty$ のとき $Y_n(\omega) \to Y(\omega)$ となることにも留意しましょう．単関数 Y_n については，任意の $A \in \sigma[X]$ について，$E[\mathbb{I}_A Y_n] = E[\mathbb{I}_A(EY_n)]$ となることはすでに示されています．また，優収束定理（問題9.5）により，$n \to \infty$ のとき $E[\mathbb{I}_A Y_n] \to E[\mathbb{I}_A Y]$，$E[\mathbb{I}_A(EY_n)] \to E[\mathbb{I}_A(EY)]$ であることがそれぞれ示されます．これより，任意の $A \in \sigma[X]$ について，$E[\mathbb{I}_A Y] = E[\mathbb{I}_A(EY)]$ となることがわかりました．

非負かつ有界な確率変数について定理が示されてしまえば，その結果を一般の確率変数へと拡大することは，8.2節で一般の確率変数についての期待値を定義したときと同様に行えます．

10.2 大数の法則

独立同一な確率変数列

確率空間 $(\Omega, \mathcal{F}, \mathbf{P})$ 上に定義された確率変数の列，$\{\boldsymbol{Z}_n\} = \{\boldsymbol{Z}_1, \boldsymbol{Z}_2, \ldots\}$ を考えます．この列には，次の2つの性質があるものとしましょう．

（独立性）　任意の $n \in \mathbb{N}$ について，$\boldsymbol{Z}_1, \ldots, \boldsymbol{Z}_n$ は独立である．

（同一分布）同一の分布関数 $F : \mathbb{R}^k \to [0, 1]$ が存在して，すべての $\boldsymbol{t} \in \mathbb{R}^k$ について，

$$\mathbf{P}\{\boldsymbol{Z}_1 \leq \boldsymbol{t}\} = \mathbf{P}\{\boldsymbol{Z}_2 \leq \boldsymbol{t}\} = \cdots = F(\boldsymbol{t})$$

が成り立つ．

このとき，$\boldsymbol{Z}_1, \boldsymbol{Z}_2, \ldots$ は $\mathbf{P}$ のもとで**独立同一に分布する**（independently and identically distributed : iid）といいます．

大数の法則

独立同一に分布する確率変数列には，いくつもの顕著な性質があります．その第一が**大数の法則**（Law of Large Numbers : LLN）です．任意の n について，$\boldsymbol{Z}_1, \ldots, \boldsymbol{Z}_n$ の**標本平均**（sample mean）を

$$\bar{\boldsymbol{Z}}_n = \frac{1}{n}\sum_{i=1}^{n} \boldsymbol{Z}_i \tag{10.5}$$

によって定義します．また，下添え字をもたない $\boldsymbol{Z}$ によって，$\boldsymbol{Z}_1, \ldots, \boldsymbol{Z}_n$ と同じ分布 F をもつ確率変数の代表とします．このとき，n を限りなく大きくするにつれて，$\bar{\boldsymbol{Z}}_n$ の値は，期待値 $E\boldsymbol{Z}$ に収束していきます．これが大数の法則とよばれる定理の内容です．

確率収束

大数の法則の内容を直感的に理解することは難しくないのですが，その正確な記述を与えようとすると，ひとつの難点があります．平均値 $\bar{\boldsymbol{Z}}_n$ は確率変数 $\boldsymbol{Z}_1, \ldots, \boldsymbol{Z}_n$ の線形結合であり，したがってそれ自身も確率変数です．というわけで，大数の法則を正確に記述するには，確率変数という「ふらふら」している存在が確固たる実数に収束することを，まずは定義しなくてはならないのです．

ここで実数列の収束 $a_n \to a\ (n \to \infty)$ の定義1.2を思い出しましょう．この定義を確率変数列に拡張したのが以下のものです．

定義 10.3

確率変数ベクトルの列 $\{\boldsymbol{W}_n\}$ が定数 $\boldsymbol{a} \in \mathbb{R}^k$ に**確率収束**（convergence in probability）するとは，任意の定数 $\varepsilon > 0$ に対して，必ず

$$\mathbf{P}\{\| \boldsymbol{W}_n - \boldsymbol{a} \| < \varepsilon\} \to 1 \quad (n \to \infty) \tag{10.6}$$

となることをいい，このとき，$\boldsymbol{W}_n \xrightarrow{p} \boldsymbol{a}\ (n \to \infty)$ と書く．ただし，$\|\cdot\|$ はベクトルのノルムであり，$\| \boldsymbol{W}_n - \boldsymbol{a} \| = \sqrt{(\boldsymbol{W}_n - \boldsymbol{a})'(\boldsymbol{W}_n - \boldsymbol{a})}$ である．

つまり，確率変数 $\boldsymbol{W}_n$ そのものではなく，確率 $\mathbf{P}\{\| \boldsymbol{W}_n - \boldsymbol{a} \| < \varepsilon\}$ の収束を論じるのが確率収束というわけです．

確率行列の収束

以下では，確率変数や確率変数ベクトルだけでなく，確率変数を成分とする確率行列も登場します．ある確率行列 $\mathbf{A}_n$ が定数行列 $\mathbf{A}$ に確率収束するとは，$\mathbf{A}_n$ の各成分が $\mathbf{A}$ の対応する成分に確率収束することを意味します．すなわち，$\mathbf{A}_n$ の i 行 j 列成分にあたる確率変数を $a_{n,ij}$，$\mathbf{A}$ の i 行 j 列成分を a_{ij} と書くとき，すべての i，j について $a_{n,ij} \xrightarrow{p} a_{ij}$ が成り立つことをもって $\mathbf{A}_n \xrightarrow{p} \mathbf{A}$ の定義とします．

確率収束の例

サイコロを n 回振ったときに出た目の最小値を W_n としましょう．このとき，$W_n \xrightarrow{p} 1\ (n \to \infty)$ であることを示します．これはつまり，サイコロを何回も振れば，1 回くらいは 1 の目が出るはずだという直感の確認です．

確率空間 $(\Omega, \mathcal{F}, \mathbf{P})$ 上に，独立同一な確率変数列 $\{X_1, X_2, \ldots\}$ を考えます．これらは各回に出たサイコロの目を表します．したがって各変数の値域は $\mathcal{X} = \{1, \ldots, 6\}$ であり，その分布は確率質量関数 $p_X(x) = \frac{1}{6}\ (x = 1, \ldots, 6)$ によって与えられます．また，$W_n = \min\{X_1, \ldots, X_n\}$ と定義します．

次に，$\varepsilon > 0$ を任意に小さく選び，事象 $\Omega_n(\varepsilon) = \{|W_n - 1| < \varepsilon\}$ を構成します．とくに，ε が 1 より小さいものとすれば，$\Omega_n(\varepsilon) = \{W_n = 1\} = \{X_1 \geq 2, \ldots, X_n \geq 2\}^c$ となることに注意しましょう．この事象の確率は，$X_1, X_2, \ldots$，の独立

同一性により，

$$\mathbf{P}\Omega_n(\varepsilon) = 1 - \left(\frac{5}{6}\right)^n$$

と計算されます．したがって，$\mathbf{P}\Omega_n(\varepsilon) \to 1 \ (n \to \infty)$ が示されます．

連続写像定理

確率収束の重要な性質を２つ紹介します．その第一は，関数の連続性と確率収束の関係についてです．関数 f が連続であるとは，任意の収束列 $a_n \to a \ (n \to \infty)$ について必ず $f(a_n) \to f(a) \ (n \to \infty)$ が成り立つことでした．この性質の確率収束バージョンが，次に述べる**連続写像定理**（Continuous Mapping Theorem：CMT）です．

定理 10.3
関数 $f : \mathbb{R}^d \to \mathbb{R}$ が $\boldsymbol{a} \in \mathbb{R}^d$ において連続であり，かつ $\boldsymbol{W}_n \xrightarrow{p} \boldsymbol{a} \ (n \to \infty)$ であるならば，$f(\boldsymbol{W}_n) \xrightarrow{p} f(\boldsymbol{a}) \ (n \to \infty)$ が成り立つ．

［証明］　任意の $\varepsilon > 0$ を選ぶ．f の連続性が仮定されているから，十分に小さな $\delta > 0$ が存在して，$\|\boldsymbol{w} - \boldsymbol{a}\| < \delta$ ならば $|f(\boldsymbol{w}) - f(\boldsymbol{a})| < \varepsilon$ とできる．そこで $\Omega_n(\delta) = \{\|\boldsymbol{W}_n - \boldsymbol{a}\| < \delta\}$ なる事象を準備すれば，$\Omega_n(\delta) \subset \{|f(\boldsymbol{W}_n) - f(\boldsymbol{a})| < \varepsilon\}$ という事象の包含関係が成立する．確率測度の単調性（p.125）より，$\mathbf{P}\Omega_n(\delta) \leq \mathbf{P}\{|f(\boldsymbol{W}_n) - f(\boldsymbol{a})| < \varepsilon\}$．仮定より $\boldsymbol{W}_n \xrightarrow{p} \boldsymbol{a}$ であるから $\mathbf{P}\Omega_n(\delta) \to 1 \ (n \to \infty)$．したがって，$\mathbf{P}\{|f(\boldsymbol{W}_n) - f(\boldsymbol{a})| < \varepsilon\} \to 1 \ (n \to \infty)$ が示された．■

逆行列の確率収束

連続写像定理はとても便利な定理です．例えば，この定理によって，確率行列の収束 $\mathbf{A}_n \xrightarrow{p} \mathbf{A}$ が逆行列の収束 $\mathbf{A}_n^{-1} \xrightarrow{p} \mathbf{A}^{-1}$ を意味することを示せます．

以下では簡単のため，２次正方行列を考えることにしましょう．確率変数 a_n, b_n, c_n, d_n のそれぞれについて，$a_n \xrightarrow{p} a$, $b_n \xrightarrow{p} b$, $c_n \xrightarrow{p} c$, $d_n \xrightarrow{p} d \ (n \to \infty)$ であるとします．このとき，

$$\mathbf{A}_n = \begin{bmatrix} a_n & b_n \\ c_n & d_n \end{bmatrix} \xrightarrow{p} \mathbf{A} = \begin{bmatrix} a & b \\ c & d \end{bmatrix} \quad (n \to \infty)$$

が成り立ちます．逆行列 $\mathbf{A}^{-1}$ が存在するための必要十分条件は $ad-bc\neq 0$ でした．この条件のもとで，

$$\begin{bmatrix} a & b \\ c & d \end{bmatrix}^{-1}=\frac{1}{ad-bc}\begin{bmatrix} d & -b \\ -c & a \end{bmatrix}$$

が成り立ちます．ここで，関数 $f:\mathbb{R}^4\to\mathbb{R}$ を

$$f(a,b,c,d)=\frac{d}{ad-bc}$$

によって定義すれば，$ad-bc\neq 0$ であるかぎり f は (a,b,c,d) において連続です．したがって，連続写像定理により

$$\frac{d_n}{a_nd_n-b_nc_n}\xrightarrow{p}\frac{d}{ad-bc}\quad(n\to\infty)$$

がわかります．他の成分についても同様に考えれば，$n\to\infty$ のとき

$$\mathbf{A}_n^{-1}=\frac{1}{a_nd_n-b_nc_n}\begin{bmatrix} d_n & -b_n \\ -c_n & a_n \end{bmatrix}\xrightarrow{p}\mathbf{A}^{-1}=\frac{1}{ad-bc}\begin{bmatrix} d & -b \\ -c & a \end{bmatrix}$$

となることが示されます．

確率収束列の和と積

確率収束の重要な性質の2つめは，2つの確率収束列の和と積に関するものです．これも連続写像定理の応用の一つです．

定理 10.4

確率収束列 $W_{n,1}\xrightarrow{p}a_1$ と $W_{n,2}\xrightarrow{p}a_2\ (n\to\infty)$ について，

(i) $W_{n,1}+W_{n,2}\xrightarrow{p}a_1+a_2\quad(n\to\infty)$

(ii) $W_{n,1}W_{n,2}\xrightarrow{p}a_1a_2\quad(n\to\infty)$

が成り立つ．

［証明］ 仮定より，ベクトルとしての確率収束

$$\boldsymbol{W}_n=\begin{bmatrix} W_{n,1} \\ W_{n,2} \end{bmatrix}\xrightarrow{p}\boldsymbol{a}=\begin{bmatrix} a_1 \\ a_2 \end{bmatrix}\quad(n\to\infty)$$

が成立している．また，関数 $f(s,t)=s+t$，$g(s,t)=st$ はいずれも $\mathbb{R}^2$ から $\mathbb{R}$ への

連続写像であるから，定理10.3により $f(\boldsymbol{W}_n) \xrightarrow{p} f(\boldsymbol{a})$，$g(\boldsymbol{W}_n) \xrightarrow{p} g(\boldsymbol{a})$ $(n \to \infty)$ が成立する．■

確率行列の和と積

定理10.4を，ベクトル値や行列値の確率変数列へ拡張することも可能です．例えば

$$\mathbf{A}_n = \begin{bmatrix} a_n & b_n \\ c_n & d_n \end{bmatrix} \xrightarrow{p} \mathbf{A} = \begin{bmatrix} a & b \\ c & d \end{bmatrix} \quad (n \to \infty)$$

かつ

$$\mathbf{S}_n = \begin{bmatrix} s_n & t_n \\ u_n & v_n \end{bmatrix} \xrightarrow{p} \mathbf{S} = \begin{bmatrix} s & t \\ u & v \end{bmatrix} \quad (n \to \infty)$$

であるときには，行列の成分ごとに定理10.4を用いることにより，

$$\mathbf{A}_n + \mathbf{S}_n = \begin{bmatrix} a_n + s_n & b_n + t_n \\ c_n + u_n & d_n + v_n \end{bmatrix} \xrightarrow{p} \mathbf{A} + \mathbf{S} = \begin{bmatrix} a + s & b + t \\ c + u & d + v \end{bmatrix} \quad (n \to \infty)$$

が示されます．同様にして，行列の積の収束 $\mathbf{A}_n\mathbf{S}_n \xrightarrow{p} \mathbf{AS}$ $(n \to \infty)$ も示されます．

大数の法則

それではいよいよ，大数の法則とその証明を述べましょう．

定理 10.5

$Var(Z) < \infty$ であるとき，

$$\bar{Z}_n \xrightarrow{p} EZ \quad (n \to \infty) \tag{10.7}$$

が成り立つ．

この定理10.5の証明は，本質的に難しいものではないのですが，少々長いものになります．以下，いくつかのステップに分けて解説します．

まずは，

$$Var(\bar{Z}_n) = \frac{Var(Z)}{n} \tag{10.8}$$

が成り立つことを示します．独立同一性の仮定により，$EZ = EZ_1 = \cdots = EZ_n$，したがって $E\bar{Z}_n = \frac{1}{n}\sum_{i=1}^{n} EZ_i = EZ$ です．これより，$\bar{Z}_n - E\bar{Z}_n = \frac{1}{n}\sum_{i=1}^{n}(Z_i - EZ)$，また

$$(\bar{Z}_n - E\bar{Z}_n)^2 = \frac{1}{n^2}\sum_{i=1}^{n}(Z_i - EZ)^2 + \frac{2}{n^2}\sum_{i<j}(Z_i - EZ)(Z_j - EZ)$$

となることがわかります．再び分布の同一性により $E(Z_i - EZ)^2 = Var(Z)$，また独立性により，$E[(Z_i - EZ)(Z_j - EZ)] = [E(Z_i - EZ)][E(Z_j - EZ)] = 0$ ですから，

$$E(\bar{Z}_n - E\bar{Z}_n)^2 = \frac{Var(Z)}{n}$$

を得ます．

続いて，**チェビシェフの不等式（Chebyshev's inequality）**とよばれる次の不等式を準備します．

補題 10.1

任意の確率変数 W と，任意の実数 $\varepsilon > 0$ について，

$$\mathbf{P}\{|W| \geq \varepsilon\} \leq \frac{E(W^2)}{\varepsilon^2} \tag{10.9}$$

が成り立つ．

[証明]　与えられた $\varepsilon > 0$ のもとで，$\Omega(\varepsilon) = \{|W| \geq \varepsilon\}$ なる事象を準備する．次に，指示関数 $\mathbb{I}\{\cdot\}$ を用いて $\xi = \mathbb{I}_{\Omega(\varepsilon)}$ なる確率変数を作る．ここで，$\xi = 1$ であるなら必ず $|W| \geq \varepsilon$ であることに気が付けば，$\xi \leq \frac{W^2}{\varepsilon^2}$ が成り立つことがわかる．したがって，$E\xi \leq E\left(\frac{W^2}{\varepsilon^2}\right) = \frac{E(W^2)}{\varepsilon^2}$ である．■

それでは，大数の法則を証明します．示すべきことは，任意の $\varepsilon > 0$ について，

$$\mathbf{P}\{|\bar{Z}_n - EZ| < \varepsilon\} \to 1 \quad (n \to \infty) \tag{10.10}$$

が成り立つことです．補題10.1より，

$$\mathbf{P}\{|\bar{Z}_n - EZ| \geq \varepsilon\} \leq \frac{E[(\bar{Z}_n - EZ)^2]}{\varepsilon^2}$$

を得ます．その一方で $E[(\bar{Z}_n - EZ)^2] = Var(\bar{Z}_n) = \frac{Var(Z)}{n}$ ですから，$Var(Z) < \infty$ であるかぎり，

$$\mathbf{P}\{|\bar{Z}_n - EZ| < \varepsilon\} \geq 1 - \frac{Var(Z)}{n\varepsilon^2} \to 1 \quad (n \to \infty)$$

となります．これは，$\bar{Z}_n \xrightarrow{p} EZ$ を意味しています．

定理10.5の拡張

定理10.5では，収束の条件として $Var(Z) < \infty$ であることを仮定していますが，じつは $E|Z| < \infty$ を仮定すれば，大数の法則が成立することが知られています．一般に $E|Z| \leq \sqrt{E(Z^2)}$ ですから，$Var(Z) < \infty$ であることは $E|Z| < \infty$ を意味しますが，その逆は成り立ちません．したがって，$E|Z| < \infty$ のほうが弱い仮定ということになります．また，大数の法則は確率変数ベクトルについても成立します．後の参照の便利のために，以上のことをまとめて一つの定理として述べておきます．

定理 10.6

確率変数ベクトル $\boldsymbol{Z} = \begin{bmatrix} Z_1 \\ \vdots \\ Z_k \end{bmatrix}$ について，$E|Z_1| < \infty, \ldots, E|Z_k| < \infty$ であるとする．また，$\boldsymbol{Z}$ と同じ分布をもつ独立同一列を $\{\boldsymbol{Z}_n\}$ とする．このとき，

$$\bar{\boldsymbol{Z}}_n = \frac{1}{n}\sum_{i=1}^{n} \boldsymbol{Z}_i \xrightarrow{p} E\boldsymbol{Z} \quad (n \to \infty) \tag{10.11}$$

が成り立つ．

10.3 推定量の一致性

母集団

今後よく使うことになる，基本的な統計学の用語を導入しておきましょう．確率空間 $(\Omega, \mathcal{F}, \mathbf{P})$ の上に定義された確率変数ベクトル $\boldsymbol{Z}$ を考えます．推測統計学では，この $\boldsymbol{Z}$ の実現値 $\boldsymbol{z}$ を観察することにより，確率空間 $(\Omega, \mathcal{F}, \mathbf{P})$ の諸性質を調べます．推測の手掛かりとなる実現値 $\boldsymbol{z}$ を**データ**（data）といい，データを生み出す確率空間 $(\Omega, \mathcal{F}, \mathbf{P})$ を**母集団**（population）といいます．

試行を n 回繰り返して行うことにより，n 個の確率変数 $\boldsymbol{Z}_1, ..., \boldsymbol{Z}_n$ の実現値 $\boldsymbol{z}_1, ..., \boldsymbol{z}_n$ を観察することができたとしましょう．このときのデータは $\{\boldsymbol{z}_1, ..., \boldsymbol{z}_n\}$ であり，その大きさ n をデータの大きさ，あるいはデータの**サイズ**（size）といいます．

統計量

母集団上の確率変数 $\boldsymbol{Z}_1, ..., \boldsymbol{Z}_n$ の挙動を観察できるとき，それらの関数 $S_n = S(\boldsymbol{Z}_1, ..., \boldsymbol{Z}_n)$ を**統計量**（statistic）といいます．例えば $\boldsymbol{Z}_1, ..., \boldsymbol{Z}_n$ の平均値，

$$\boldsymbol{Z}_n = \frac{1}{n}\sum_{i=1}^{n} \boldsymbol{Z}_i$$

などが統計量の例です．

とくに，統計量が母集団に属する量 θ を推定するために考案されたものであるとき，それを θ の**推定量**（estimator）といいます．例えば標本平均 $\boldsymbol{Z}_n$ は，期待値 $E\boldsymbol{Z}$ の推定量です．

また，データ $\{\boldsymbol{z}_1, ..., \boldsymbol{z}_n\}$ を用いて計算された S_n の実現値 $S(\boldsymbol{z}_1, ..., \boldsymbol{z}_n)$ のことを θ の**推定値**（estimate）といいます．したがって，推定量は状態 ω に依存する確率変数であり，推定値はデータによって値の定まる実数になります．

回帰分析

回帰分析において観測されるデータは $\boldsymbol{Z} = \begin{bmatrix} Y \\ \boldsymbol{X} \end{bmatrix}$ の実現値 $\boldsymbol{z} = \begin{bmatrix} y \\ \boldsymbol{x} \end{bmatrix} \in \mathbb{R}^{k+1}$

です．ここでは，$\boldsymbol{Z}$と独立同一に分布するn個の確率変数ベクトル $\boldsymbol{Z}_1=\begin{bmatrix} Y_1 \\ \boldsymbol{X}_1 \end{bmatrix}, \ldots, \boldsymbol{Z}_n=\begin{bmatrix} Y_n \\ \boldsymbol{X}_n \end{bmatrix}$について，その実現値$\boldsymbol{z}_1=\begin{bmatrix} y_1 \\ \boldsymbol{x}_1 \end{bmatrix}, \ldots, z_n=\begin{bmatrix} y_n \\ \boldsymbol{x}_n \end{bmatrix}$が観察されているとします．このとき，$\{\boldsymbol{z}_1, \ldots, \boldsymbol{z}_n\}$を**無作為抽出データ**といいます．

最小二乗法における推定の対象は，条件付き期待値$\mu(\boldsymbol{X})=E(Y\,|\,\boldsymbol{X})$でした．とくに離散確率モデルであれば，

$$E(Y\,|\,\boldsymbol{X}=\boldsymbol{x})=\frac{\sum_{y\in\mathcal{Y}} y\,\mathbf{P}(\{Y=y\}\cap\{\boldsymbol{X}=\boldsymbol{x}\})}{\mathbf{P}\{\boldsymbol{X}=\boldsymbol{x}\}} \tag{10.12}$$

のように書くことができます．また，線形回帰モデルであれば，(9.22)式より

$$\begin{aligned} E(Y\,|\,\boldsymbol{X}) &= \boldsymbol{X}'[E(\boldsymbol{X}\boldsymbol{X}')]^{-1}E(\boldsymbol{X}Y) \\ &= \boldsymbol{X}'\left(\int \boldsymbol{X}\boldsymbol{X}'\,d\mathbf{P}\right)^{-1}\int \boldsymbol{X}Y\,d\mathbf{P} \end{aligned} \tag{10.13}$$

が成り立ちます．これらはいずれも，母集団の確率測度$\mathbf{P}$から派生する量です．

OLS推定量の直接的な構成

大数の法則を応用すれば，回帰係数$\boldsymbol{\beta}$の推定量を，2通りのやり方で構成することができます．第一の方法は，$\boldsymbol{\beta}$の識別(9.22)式に現れる期待値を，$\boldsymbol{Z}_1, \ldots, \boldsymbol{Z}_n$の標本平均に置き換えるという方法です．すなわち，

$$\hat{\boldsymbol{\beta}}_n=\left(\frac{1}{n}\sum_{i=1}^{n}\boldsymbol{X}_i\boldsymbol{X}_i'\right)^{-1}\frac{1}{n}\sum_{i=1}^{n}\boldsymbol{X}_iY_i \tag{10.14}$$

としましょう．これを回帰係数の**最小二乗推定量**（Ordinary Least Squares estimator），あるいは**OLS推定量**といいます．とくに，データ$\{\boldsymbol{z}_1, \ldots, \boldsymbol{z}_n\}$のもとでは，

$$\hat{\boldsymbol{\beta}}_n=\left(\frac{1}{n}\sum_{i=1}^{n}\boldsymbol{x}_i\boldsymbol{x}_i'\right)^{-1}\frac{1}{n}\sum_{i=1}^{n}\boldsymbol{x}_iy_i \tag{10.15}$$

によって$\boldsymbol{\beta}$の推定値が得られます．

定理10.6の前提条件が満たされているものとすれば，$n\to\infty$のとき，確率収束

$$\frac{1}{n}\sum_{i=1}^{n}\boldsymbol{X}_i\boldsymbol{X}_i' \xrightarrow{p} E(\boldsymbol{X}\boldsymbol{X}'), \quad \frac{1}{n}\sum_{i=1}^{n}\boldsymbol{X}_iY_i \xrightarrow{p} E(\boldsymbol{X}Y)$$

が成り立ちます．また連続写像定理の応用により，

$$\left(\frac{1}{n}\sum_{i=1}^{n}\boldsymbol{X}_i\boldsymbol{X}_i'\right)^{-1} \xrightarrow{p} [E(\boldsymbol{X}\boldsymbol{X}')]^{-1} \quad (n\to\infty)$$

さらに定理10.4の応用により，

$$\begin{aligned}\hat{\boldsymbol{\beta}}_n &= \left(\frac{1}{n}\sum_{i=1}^{n}\boldsymbol{X}_i\boldsymbol{X}_i'\right)^{-1}\frac{1}{n}\sum_{i=1}^{n}\boldsymbol{X}_iY_i \\ &\xrightarrow{p} \boldsymbol{\beta} = [E(\boldsymbol{X}\boldsymbol{X}')]^{-1}E(\boldsymbol{X}Y) \quad (n\to\infty)\end{aligned}$$

を得ます．したがって $n\to\infty$ のとき，OLS 推定量が $\boldsymbol{\beta}$ に確率収束することが示されました．この性質を，OLS 推定量の**一致性（consistency）**といいます．

OLS 推定量の間接的な構成

一致性をもつ $\boldsymbol{\beta}$ の推定量を見つける第二の方法は，平均二乗誤差 $MSE(\boldsymbol{b})=E(Y-\boldsymbol{X}'\boldsymbol{b})^2$ を標本平均 $\frac{1}{n}\sum_{i=1}^{n}(Y_i-\boldsymbol{X}_i'\boldsymbol{b})^2$ によって近似し，これを最小にする $\boldsymbol{b}$ の値を計算するという間接的なアプローチです．ただし，$\frac{1}{n}$ の存在は最小化の計算に影響を与えませんから，記述の簡単のため

$$\hat{M}_n(\boldsymbol{b})=\sum_{i=1}^{n}(Y_i-\boldsymbol{X}_i'\boldsymbol{b})^2$$

をもって最小化の目的関数と考えることにしましょう．

さらに，

$$\mathbf{y}_n=\begin{bmatrix}Y_1\\ \vdots\\ Y_n\end{bmatrix}, \quad \mathbf{X}_n=\begin{bmatrix}\boldsymbol{X}_1'\\ \vdots\\ \boldsymbol{X}_n'\end{bmatrix}=\begin{bmatrix}X_{1,1} & \cdots & X_{1,k}\\ \vdots & & \vdots\\ X_{n,1} & \cdots & X_{n,k}\end{bmatrix} \tag{10.16}$$

によって n 次元ベクトル $\mathbf{y}_n$ と $n\times k$ 行列 $\mathbf{X}_n$ を定義すれば，

$$\mathbf{y}_n-\mathbf{X}_n\boldsymbol{b}=\begin{bmatrix}Y_1\\ \vdots\\ Y_n\end{bmatrix}-\begin{bmatrix}X_{1,1} & \cdots & X_{1,k}\\ \vdots & & \vdots\\ X_{n,1} & \cdots & X_{n,k}\end{bmatrix}\begin{bmatrix}b_1\\ \vdots\\ b_k\end{bmatrix}=\begin{bmatrix}Y_1-\boldsymbol{X}_1'\boldsymbol{b}\\ \vdots\\ Y_n-\boldsymbol{X}_n'\boldsymbol{b}\end{bmatrix}$$

が成り立ちます．したがって，最小化の目的関数を，

$$\hat{M}_n(\boldsymbol{b}) = (\mathbf{y}_n - \mathbf{X}_n\boldsymbol{b})'(\mathbf{y}_n - \mathbf{X}_n\boldsymbol{b}) \tag{10.17}$$

のように行列表示することが可能になります．

上式の右辺を展開すれば，$\hat{M}_n(\boldsymbol{b}) = \mathbf{y}_n'\mathbf{y}_n - 2\boldsymbol{b}'\mathbf{X}_n'\mathbf{y}_n + \boldsymbol{b}'\mathbf{X}_n'\mathbf{X}_n\boldsymbol{b}$ を得ます．これを最小化する $\boldsymbol{b}$ の値を $\hat{\boldsymbol{\beta}}_n$ とするなら，最小化の一階の条件

$$\mathbf{D}\hat{M}_n(\hat{\boldsymbol{\beta}}_n) = -2\mathbf{X}_n'\mathbf{y}_n + 2\mathbf{X}_n'\mathbf{X}_n\hat{\boldsymbol{\beta}}_n = \mathbf{0}$$

が成立することになります（定理6.7）．k 次正方行列 $\mathbf{X}_n'\mathbf{X}_n$ は半正定値ですから，最小化の二階の条件も満たされます（定理6.8）．さらに $\mathbf{X}_n'\mathbf{X}_n$ が正則行列であるなら，一階の条件は

$$\hat{\boldsymbol{\beta}}_n = (\mathbf{X}_n'\mathbf{X}_n)^{-1}\mathbf{X}_n'\mathbf{y}_n \tag{10.18}$$

のように解かれます．これが，$\boldsymbol{\beta}$ の推定量を構成する２つめの方法です．

2つの方法が同値であること

行列 $\mathbf{X}_n$ とベクトル $\mathbf{y}_n$ を成分表示すれば，(10.14)式と(10.18)式が同値であることを確認できます．すなわち，

$$\mathbf{X}_n'\mathbf{X}_n = \begin{bmatrix} \sum_{i=1}^n X_{i,1}X_{i,1} & \cdots & \sum_{i=1}^n X_{i,1}X_{i,k} \\ \vdots & \ddots & \vdots \\ \sum_{i=1}^n X_{i,k}X_{i,1} & \cdots & \sum_{i=1}^n X_{i,k}X_{i,k} \end{bmatrix} = \sum_{i=1}^n \boldsymbol{X}_i\boldsymbol{X}_i'$$

となります．また，

$$\mathbf{X}_n'\mathbf{y}_n = \begin{bmatrix} X_{1,1} & \cdots & X_{n,1} \\ \vdots & & \vdots \\ X_{1,k} & \cdots & X_{n,k} \end{bmatrix} \begin{bmatrix} Y_1 \\ \vdots \\ Y_n \end{bmatrix} = \begin{bmatrix} \sum_{i=1}^n X_{i,1}Y_i \\ \vdots \\ \sum_{i=1}^n X_{i,k}Y_i \end{bmatrix} = \sum_{i=1}^n \boldsymbol{X}_iY_i$$

ですから，

$$(\mathbf{X}_n'\mathbf{X}_n)^{-1}\mathbf{X}_n'\mathbf{y}_n = \left(\sum_{i=1}^n \boldsymbol{X}_i\boldsymbol{X}_i'\right)^{-1}\sum_{i=1}^n \boldsymbol{X}_iY_i = \left(\frac{1}{n}\sum_{i=1}^n \boldsymbol{X}_i\boldsymbol{X}_i'\right)^{-1}\frac{1}{n}\sum_{i=1}^n \boldsymbol{X}_iY_i$$

が得られます．これにより，(10.14)式と(10.18)式が同値であることが確認されました．

定義 10.4

ベクトル $\mathbf{y}_n$ と行列 $\mathbf{X}_n$ を(10.16)式により定義する．k 次正方行列 $\mathbf{X}_n'\mathbf{X}_n$ が正則であるとき，関数 $\hat{M}_n(\boldsymbol{b})=(\mathbf{y}_n-\mathbf{X}_n\boldsymbol{b})'(\mathbf{y}_n-\mathbf{X}_n\boldsymbol{b})$ を最小化する $\hat{\boldsymbol{\beta}}_n=(\mathbf{X}_n'\mathbf{X}_n)^{-1}\mathbf{X}_n'\mathbf{y}_n$ を，回帰係数 $\boldsymbol{\beta}$ の OLS 推定量という．

定理 10.7

線形回帰モデル $E(Y\,|\,\boldsymbol{X})=\boldsymbol{X}'\boldsymbol{\beta}$ について，以下の(i)〜(ii)を仮定する．

(i) $E(\boldsymbol{X}'\boldsymbol{X})<\infty$，$E(Y^2)<\infty$

(ii) $E(\boldsymbol{X}\boldsymbol{X}')$，$\mathbf{X}_n'\mathbf{X}_n$ はいずれも正則

このとき，OLS 推定量の一致性 $\hat{\boldsymbol{\beta}}_n\xrightarrow{p}\hat{\boldsymbol{\beta}}\ (n\to\infty)$ が成り立つ．

[証明]　証明すべきは，大数の法則を $\hat{\boldsymbol{\beta}}_n$ に適用するための前提条件が満たされていることである．仮定(i)とコーシー・シュワルツの不等式（定理8.7）より，$E|X_jX_l|\le\sqrt{E(X_j^2)}\sqrt{E(X_l^2)}<\infty\ (1\le j\le k,\ 1\le l\le k)$．したがって大数の法則（定理10.6）により，

$$\frac{1}{n}\sum_{i=1}^{n}\boldsymbol{X}_i\boldsymbol{X}_i'\xrightarrow{p}E(\boldsymbol{X}\boldsymbol{X}')\quad(n\to\infty)$$

が成り立つ．同様にして，$E|X_jY|\le\sqrt{E(X_j^2)}\sqrt{E(Y^2)}<\infty$ であるから，

$$\frac{1}{n}\sum_{i=1}^{n}\boldsymbol{X}_iY_i\xrightarrow{p}E(\boldsymbol{X}Y)\quad(n\to\infty)$$

も成り立つ．■

OLS 推定量の幾何学的解釈

OLS 推定量 $\hat{\boldsymbol{\beta}}_n$ を用いて回帰関数 $\mu(\boldsymbol{X})=\boldsymbol{X}'\boldsymbol{\beta}$ を推定すれば，

$$\hat{\mu}_n(\boldsymbol{X})=\boldsymbol{X}'(\mathbf{X}_n'\mathbf{X}_n)^{-1}\mathbf{X}_n'\mathbf{y}_n \tag{10.19}$$

となります．とくに，データ $\{\boldsymbol{x}_1,\dots,\boldsymbol{x}_n\}$ の各点における推定値は

$$\hat{\mu}_n(\mathbf{X}_n)=\begin{bmatrix}\mu_n(\boldsymbol{x}_1)\\ \vdots \\ \mu_n(\boldsymbol{x}_n)\end{bmatrix}=\begin{bmatrix}\boldsymbol{x}_1' \\ \vdots \\ \boldsymbol{x}_n'\end{bmatrix}(\mathbf{X}_n'\mathbf{X}_n)^{-1}\mathbf{X}_n'\mathbf{y}_n=\mathbf{X}_n(\mathbf{X}_n'\mathbf{X}_n)^{-1}\mathbf{X}_n'\mathbf{y}_n \tag{10.20}$$

によって与えられます．これは，説明変数がスパンする空間 $\mathrm{Im}\mathbf{X}_n$ に被説明変数のベクトル $\mathbf{y}_n$ を射影したものが最良予測 $\hat{\mu}_n(\mathbf{X}_n)$ であることを意味しています．

また，被説明変数の実測値 $\mathbf{y}_n$ と予測値 $\hat{\mu}_n(\mathbf{X}_n)=\mathbf{X}_n(\mathbf{X}_n'\mathbf{X}_n)^{-1}\mathbf{X}_n'\mathbf{y}_n$ の差，

$$\begin{aligned}\hat{\mathbf{e}}_n&=\mathbf{y}_n-\hat{\mu}_n(\mathbf{X}_n)=\mathbf{y}_n-\mathbf{X}_n(\mathbf{X}_n'\mathbf{X}_n)^{-1}\mathbf{X}_n'\mathbf{y}_n\\&=(\mathbf{I}_n-\mathbf{X}_n(\mathbf{X}_n'\mathbf{X}_n)^{-1}\mathbf{X}_n')\mathbf{y}_n\end{aligned} \tag{10.21}$$

を推定の**残差**（residuals）といいます．この形式から，$\mathbf{y}_n$ を $\mathrm{Im}\mathbf{X}_n$ の直交補空間 $(\mathrm{Im}\mathbf{X}_n)^{\perp}$ に射影したものが残差 $\hat{\mathbf{e}}_n$ であることがわかります．とくに，**残差平方和**（residual sum of squares：RSS）が，

$$\hat{\mathbf{e}}_n'\hat{\mathbf{e}}_n=\mathbf{y}_n'(\mathbf{I}_n-\mathbf{X}_n(\mathbf{X}_n'\mathbf{X}_n)^{-1}\mathbf{X}_n')\mathbf{y}_n \tag{10.22}$$

によって計算されることが見てとれます．

GLS 推定量

このように幾何学的な視点に立てば，OLS 推定量の一般化が可能になります．すなわち，$\hat{M}_n(\boldsymbol{b})=(\mathbf{y}_n-\mathbf{X}_n\boldsymbol{b})'(\mathbf{y}_n-\mathbf{X}_n\boldsymbol{b})$ を $\boldsymbol{b}$ について最小化することは，残差 $\mathbf{e}_n=\mathbf{y}_n-\mathbf{X}_n\boldsymbol{b}$ のノルム $\|\mathbf{e}_n\|$ を最小にする $\boldsymbol{b}$ を探すことに等しいことになります．

一方，第 6 章で説明したように，適当な正定値行列 $\mathbf{W}$ をウェイトに用いれば，ノルムを一般化することが可能でした（定義6.2）．したがってここでも，適当な n 次正定値行列 $\mathbf{W}_n$ による一般化ノルムを

$$\|\mathbf{e}_n\|_{\mathbf{W}_n}=\sqrt{(\mathbf{y}_n-\mathbf{X}_n\boldsymbol{b})'\mathbf{W}_n(\mathbf{y}_n-\mathbf{X}_n\boldsymbol{b})} \tag{10.23}$$

によって定義し，これを最小化する $\boldsymbol{b}$ の値をもって $\boldsymbol{\beta}$ の推定量とすることもできそうです．このようにして定義される推定量を，$\boldsymbol{\beta}$ の**一般化最小二乗推定**

量（Generalized Least Squares estimator）あるいは**GLS 推定量**といいます．

GLS 推定量の導出

一般化ノルム $\|\mathbf{e}_n\|_{\mathbf{W}_n}$ を最小化する $\boldsymbol{b}$ を計算してみましょう．ノルムの定義を二乗してから展開すれば，

$$(\|\mathbf{e}_n\|_{\mathbf{W}_n})^2 = \mathbf{y}_n'\mathbf{W}_n\mathbf{y}_n - 2\,\boldsymbol{b}'\mathbf{X}_n'\mathbf{W}_n\mathbf{y}_n + \boldsymbol{b}'\mathbf{X}_n'\mathbf{W}_n\mathbf{X}_n\boldsymbol{b}$$

を得ます．したがって最小化の一階の条件は，$-2\mathbf{X}_n'\mathbf{W}_n\mathbf{y}_n + 2\mathbf{X}_n'\mathbf{W}_n\mathbf{X}_n\hat{\boldsymbol{\beta}}_n = \mathbf{0}$ となります．また二階の条件は，$\mathbf{X}_n'\mathbf{W}_n\mathbf{X}_n$ が正定値であれば満たされます．このとき，GLS 推定量は，

$$\hat{\boldsymbol{\beta}}_n = (\mathbf{X}_n'\mathbf{W}_n\mathbf{X}_n)^{-1}\mathbf{X}_n'\mathbf{W}_n\mathbf{y}_n$$

によって与えられます．とくにウェイト行列が単位行列 $\mathbf{W}_n = \mathbf{I}_n$ に等しいとき，GLS 推定量は OLS 推定量に帰着します．

GLS 推定量の一致性

データのサイズが $n \to \infty$ となるとき，GLS 推定量についても，一定の条件下で一致性 $\hat{\boldsymbol{\beta}}_n \xrightarrow{p} \boldsymbol{\beta}$ が成立します．ここで改めて GLS 推定量の定義を与え，その一致性を示しましょう．

定義 10.5

確率変数ベクトル $\boldsymbol{Z} = \begin{bmatrix} Y \\ \boldsymbol{X} \\ W \end{bmatrix}$ と同じ分布をもつ独立同一列 $\{\boldsymbol{Z}_n\} = \left\{\begin{bmatrix} Y_n \\ \boldsymbol{X}_n \\ W_n \end{bmatrix}\right\}$ を考える．ベクトル $\mathbf{y}_n$ と行列 $\mathbf{X}_n$ を(10.16)式により定義し，$\mathbf{W}_n$ は $W_1, \ldots, W_n$ を対角成分とする n 次対角行列，

$$\mathbf{W}_n = diag[W_1 \ \cdots \ W_n] \tag{10.24}$$

であるとする．すべての $W_1, \ldots, W_n$ が正であり，したがって $\mathbf{W}_n$ が正定値行

列であるとき，

$$\hat{\boldsymbol{\beta}}_n = (\mathbf{X}_n'\mathbf{W}_n\mathbf{X}_n)^{-1}\mathbf{X}_n'\mathbf{W}_n\mathbf{y}_n \tag{10.25}$$

を，$\mathbf{W}_n$ をウェイトとする $\boldsymbol{\beta}$ の GLS 推定量という．

定理 10.8

線形回帰モデル $E(Y\,|\,\boldsymbol{X}) = \boldsymbol{X}'\boldsymbol{\beta}$ について，以下の(i)〜(iii)が満たされるとする．

(i) $E(\boldsymbol{X}'\boldsymbol{X}) < \infty$，$E(Y^2) < \infty$

(ii) W は $\boldsymbol{X}$ 可測，$\mathbf{P}\{W > 0\} = 1$，かつ $E(W^2\boldsymbol{X}'\boldsymbol{X}) < \infty$

(iii) $\mathbf{X}_n'\mathbf{W}_n\mathbf{X}_n$，$E(W\boldsymbol{X}\boldsymbol{X}')$ は正則

このとき，GLS 推定量(10.25)式について一致性 $\hat{\boldsymbol{\beta}}_n \xrightarrow{p} \boldsymbol{\beta}\ (n \to \infty)$ が成立する．

［証明］ GLS 推定量の定義式に現れる $\mathbf{X}_n'\mathbf{W}_n\mathbf{X}_n$ を成分表示すれば，

$$\mathbf{X}_n'\mathbf{W}_n\mathbf{X}_n = [\,\boldsymbol{X}_1 \ \cdots \ \boldsymbol{X}_n] \begin{bmatrix} W_1 & & \\ & \ddots & \\ & & W_n \end{bmatrix} \begin{bmatrix} \boldsymbol{X}_1' \\ \vdots \\ \boldsymbol{X}_n' \end{bmatrix} = \sum_{i=1}^{n} W_i\boldsymbol{X}_i\boldsymbol{X}_i'$$

となる．また $\mathbf{X}_n'\mathbf{W}_n\mathbf{y}_n$ についても，

$$\mathbf{X}_n'\mathbf{W}_n\mathbf{y}_n = [\,\boldsymbol{X}_1 \ \cdots \ \boldsymbol{X}_n] \begin{bmatrix} W_1 & & \\ & \ddots & \\ & & W_n \end{bmatrix} \begin{bmatrix} Y_1 \\ \vdots \\ Y_n \end{bmatrix} = \sum_{i=1}^{n} W_i\boldsymbol{X}_iY_i$$

を得る．したがって，

$$\hat{\boldsymbol{\beta}}_n = \left(\frac{1}{n}\sum_{i=1}^{n} W_i\boldsymbol{X}_i\boldsymbol{X}_i'\right)^{-1}\frac{1}{n}\sum_{i=1}^{n} W_i\boldsymbol{X}_iY_i$$

である．確率変数に関するコーシー・シュワルツの不等式（定理8.7）により，各 $1 \leq j \leq k$，$1 \leq l \leq k$ について

$$E\,|\,WX_jX_l\,| \leq \sqrt{E(W^2X_j^2)}\sqrt{E(X_l^2)} < \infty$$
$$E\,|\,WX_jY\,| \leq \sqrt{E(W^2X_j^2)}\sqrt{E(Y^2)} < \infty$$

であるから，大数の法則より $\hat{\boldsymbol{\beta}}_n \xrightarrow{p} [E(W\boldsymbol{X}\boldsymbol{X}')]^{-1}E(W\boldsymbol{X}Y)$ が成り立つ．さらに，W は $\boldsymbol{X}$ 可測であるから，重複期待の法則により $E(W\boldsymbol{X}Y) = E[W\boldsymbol{X}E(Y \mid \boldsymbol{X})] = E(W\boldsymbol{X}\boldsymbol{X}')\boldsymbol{\beta}$ である．これを変形すれば $[E(W\boldsymbol{X}\boldsymbol{X}')]^{-1} \times E(W\boldsymbol{X}Y) = \boldsymbol{\beta}$ を得る．■

どうやって $\mathbf{W}_n$ を選ぶか

以上により，条件を満たすウェイト行列 $\mathbf{W}_n$ について，GLS 推定量が一致性を満たすことがわかりました．しかし，定理の条件を満たす $\mathbf{W}_n$ には依然として無数の候補があり，実際に推定を行う際には，そのうちのどれか1つを選ばねばなりません．

どのようなウェイト行列が望ましいかを考えるには，GLS 推定量の「漸近分散」という概念を準備する必要があります．この漸近分散を最小化する $\mathbf{W}_n$ をもって，最も望ましいウェイト行列であると考えるのです．次の章では「中心極限定理」を紹介し，その応用として，GLS 推定にとって最適なウェイト行列 $\mathbf{W}_n$ を選ぶ方法を考えます．

演習問題

問題 10.1　同一の分布をもつが独立ではない確率変数列 $\{X_n\}$ の例を考えよ．

問題 10.2　サイコロを n 回振ったときに出た目の最大値を Z_n とするとき，$Z_n \xrightarrow{p} 6\ (n \to \infty)$ を示せ．

問題 10.3　任意の確率変数 Z を用いて，$Z_n = Z/n$ とする．$E|Z| < \infty$ であるとき，$Z_n \xrightarrow{p} 0\ (n \to \infty)$ となることを確率収束の定義に従って示せ．

問題 10.4　独立同一に分布する確率変数列 $X_1, X_2, \ldots$ について，それぞれの期待値を μ，分散を σ^2 とするとき，

$$S_n = \frac{1}{n-1}\sum_{i=1}^{n}(X_i - \bar{X}_n)^2 \xrightarrow{p} \sigma^2 \quad (n \to \infty)$$

が成り立つことを示せ．ここで，$\bar{X}_n = \frac{1}{n}\sum_{i=1}^{n} X_i$ である．

問題 10.5　確率空間 $(\Omega, \mathcal{F}, \mathbf{P})$ 上に定義された確率変数 Z と確率変数列 $\{Z_n\}$ について，

$$E(Z_n - Z)^2 \to 0 \quad (n \to \infty) \tag{10.26}$$

が成り立つとき，Z_n は Z に**二乗平均収束**（convergence in the second mean）する，あるいは **L_2-収束**（convergence in the L_2-norm）するという．Z_n が Z に L_2-収束するとき，Z_n は Z に確率収束することを示せ．

問題 10.6　確率空間 $(\Omega, \mathcal{F}, \mathbf{P})$ 上に定義された確率変数列 $\{Z_n\}$ を考える．各状態 $w \in \Omega$ のもとで，$z_n = Z_n(\omega)$ によって定まる実数列 $\{z_n\}$ は，通常の意味で何らかの極限 $\lim_{n\to\infty} z_n$ に収束するか，あるいはどこにも収束しないか，そのいずれかである．そこで，

$$\Omega_\infty = \{\omega \in \Omega \mid \lim_{n\to\infty} Z_n(\omega) \text{が存在する}\} \tag{10.27}$$

によって事象 Ω_∞ を定め，$\mathbf{P}\Omega_\infty = 1$ であるとき，Z_n は**概収束**（almost sure convergence）するという．とくに，収束先を Z とするとき，$Z_n \xrightarrow{a.s.} Z$，あるいは $Z_n \to Z$ (a.s.)と書く．

(1) 問題10.3に定める $\{Z_n\}$ について，$Z_n \to 0$ (a.s.)であることを示せ．

(2) 問題10.2に定める $\{Z_n\}$ について，Z_n が概収束することを示せ．

第11章 中心極限定理と推定量の漸近正規性

第10章では，母集団から得られた大きさ n のデータを用いて回帰係数を推定する方法を学びました．とくに $n \to \infty$ のとき，推定量が回帰係数に確率収束することを示しました．しかしながら，実際のデータのサイズは有限です．したがって，有限の n のもとで得られた推定の精度を評価する方法があると安心です．この章では，「中心極限定理」とよばれる統計学の重要な結果を紹介します．また，中心極限定理の応用により，n が有限であるときの OLS 推定量の精度を評価する方法を考えます．

11.1 分布収束と中心極限定理

分布収束

第10章では，確率変数列 $\{\boldsymbol{Z}_n\}$ についての確率収束を考えました．この章では，次によって定義される新たな収束概念を考えます．

定義 11.1

$(\Omega, \mathcal{F}, \mathbf{P})$ 上に，確率変数ベクトル $\boldsymbol{Z}$，および確率変数ベクトルの列 $\{\boldsymbol{Z}_n\}$ が定義されているとする．$\boldsymbol{Z}$ の分布関数を F とする．また各 $\boldsymbol{Z}_n$ の分布関数を F_n とする．F が連続となる点 $\boldsymbol{t}$ において，必ず $F_n(\boldsymbol{t}) \to F(\boldsymbol{t})\ (n \to \infty)$ が成り立つとき，$\boldsymbol{Z}_n$ は $\boldsymbol{Z}$ に**分布収束**（convergence in distribution）するという．

$$\boldsymbol{Z}_n \xrightarrow{d} \boldsymbol{Z} \quad (n \to \infty) \tag{11.1}$$

と書く．とくに $\boldsymbol{Z}$ の分布 F が具体的に与えられている場合には，

$$\boldsymbol{Z}_n \xrightarrow{d} F \quad (n \to \infty) \tag{11.2}$$

と書くこともある．

分布収束の例

確率変数そのものではなく，その分布関数の収束を論じるのが分布収束です．例えば，任意の確率変数 Z を用いて，$Z_n = Z + \frac{1}{n}$ と定義すれば，$n \to \infty$ のとき $Z_n \xrightarrow{d} Z$ であることが示せます．実際に，Z と Z_n の分布関数を F と F_n によって表せば，任意の t について，

$$F_n(t) = \mathbf{P}\{Z_n \leq t\} = \mathbf{P}\left\{Z \leq t - \frac{1}{n}\right\} = F\left(t - \frac{1}{n}\right)$$

が成り立ちます．したがって，t において F が連続であるなら，$n \to \infty$ のとき $F_n(t) \to F(t)$ が成り立ちます．また，t において F が不連続であるなら，$F_n(t)$ は必ずしも $F(t)$ には収束しないこともわかります．

一様分布への分布収束

区間 $[0, 1]$ 上の一様分布 $U[0, 1]$ に従う確率変数 Z を考えます．すなわち，Z の分布関数 F は，任意の $t \in [0, 1]$ について $F(t) = t$ によって与えられます．このとき $F(t)$ は $[0, 1]$ 上の連続関数になります．

その一方で，$\mathcal{Z}_n = \left\{\frac{1}{n}, \frac{2}{n}, \ldots, \frac{n}{n}\right\}$ 上の各点を一定の確率 $p_n(z) \equiv \frac{1}{n}$ でとる離散確率変数 Z_n を考えます．したがって，任意の $t \in [0, 1]$ について，Z_n の分布関数は

$$F_n(t) = \sum_{z \in \mathcal{Z}_n,\, z \leq t} p_n(z) = \frac{[nt]}{n} \tag{11.3}$$

によって与えられます．ここで，$[nt]$ は「nt 以下の最大の整数」を意味します．$nt - 1 \leq [nt] \leq nt$ ですから，すべての $n \in \mathbb{N}$ について

図11.1 一様分布 $\boldsymbol{U}$**[0, 1]** への分布収束

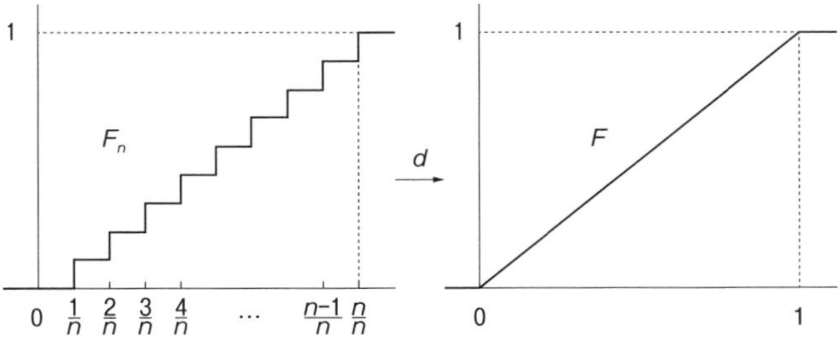

$$t-\frac{1}{n} \leq F_n(t) \leq t$$

が満たされます．これより，$\lim_{n\to\infty} F_n(t) = F(t) = t$ が成り立ちますから，$Z_n \xrightarrow{d} U[0,1]$ $(n\to\infty)$ であることがわかります（図11.1）．

定数への分布収束

定数 0 につねに等しい確率変数 $Z=0$ を考えます．Z の分布関数 F は，

$$F(t) = \begin{cases} 1 & (t \geq 0) \\ 0 & (t < 0) \end{cases} \tag{11.4}$$

によって与えられ，これは 0 において不連続な関数になります．

一方で，Z_n は，区間 $\left[-\frac{1}{n}, \frac{1}{n}\right]$ 上の一様分布 $U\left[-\frac{1}{n}, \frac{1}{n}\right]$ に従うものとします．このとき，Z_n の分布関数は，

$$F_n(t) = \begin{cases} 1 & \left(t \geq \frac{1}{n}\right) \\ \frac{n}{2}t+\frac{1}{2} & \left(-\frac{1}{n} \leq t < \frac{1}{n}\right) \\ 0 & \left(t < -\frac{1}{n}\right) \end{cases} \tag{11.5}$$

となります（図11.2）．

したがって，$n\to\infty$ とすれば，$t>0$ のとき $F_n(t)\to F(t)=1$，$t<0$ のとき $F_n(t)\to F(t)=0$ となります．$t=0$ のときには，すべての n について $F_n(0)=\frac{1}{2}$ であるので $F(0)=0$ に収束しませんが，$t=0$ は F の不連続点であるので，分布収束の定義により無視されます．以上により，$Z_n \xrightarrow{d} Z$ $(n\to\infty)$

図11.2　定数への分布収束

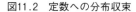

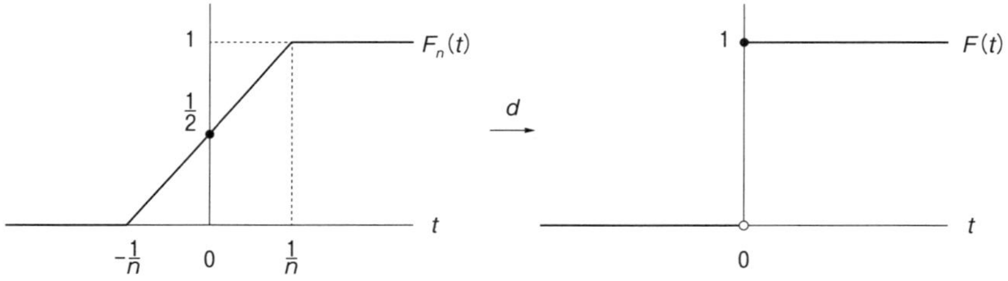

が示されました．

分布収束の性質

OLS 推定量や GLS 推定量の分布収束を示す際には，次の定理が活躍します．

定理 11.1

2つの確率変数列 $\{W_n\}$，$\{Z_n\}$ について，$W_n \xrightarrow{p} a$, $Z_n \xrightarrow{d} Z$ $(n \to \infty)$ であるとする．ただし a は定数，Z は確率変数である．このとき，

(i) $W_n + Z_n \xrightarrow{d} a + Z$ $(n \to \infty)$

(ii) $W_n Z_n \xrightarrow{d} aZ$ $(n \to \infty)$

が成り立つ．

[証明]　簡単のため，Z の分布関数 F はいたるところで連続であるとする．(i) 任意の $\varepsilon > 0$ について $\mathbf{P}\{|W_n - a| \geq \varepsilon\} \to 0$ $(n \to \infty)$ である．さらに，

$$\begin{aligned}\{W_n + Z_n \leq t\} &= \{W_n + Z_n \leq t\} \cap \bigl(\{|W_n - a| < \varepsilon\} \cup \{|W_n - a| \geq \varepsilon\}\bigr) \\ &\subset \{Z_n \leq t - a + \varepsilon\} \cup \{|W_n - a| \geq \varepsilon\}\end{aligned}$$

が成り立つから，$\mathbf{P}\{W_n + Z_n \leq t\} \leq \mathbf{P}\{Z_n \leq t - a + \varepsilon\} + \mathbf{P}\{|W_n - a| \geq \varepsilon\}$．その一方で，

$$\begin{aligned}\{Z_n \leq t - a - \varepsilon\} &= \{Z_n \leq t - a - \varepsilon\} \cap \bigl(\{|W_n - a| < \varepsilon\} \cup \{|W_n - a| \geq \varepsilon\}\bigr) \\ &\subset \{W_n + Z_n \leq t\} \cup \{|W_n - a| \geq \varepsilon\}\end{aligned}$$

が成り立つから，$\mathbf{P}\{W_n + Z_n \leq t\} \geq \mathbf{P}\{Z_n \leq t - a - \varepsilon\} - \mathbf{P}\{|W_n - a| \geq \varepsilon\}$ である．こ

こで極限 $n\to\infty$ をとれば，$F(t-a-\varepsilon)\le\lim_{n\to\infty}\mathbf{P}\{W_n+Z_n\le t\}\le F(t-a+\varepsilon)$．さらに $\varepsilon\to 0$ とすれば，F の連続性より $\lim_{n\to\infty}\mathbf{P}\{W_n+Z_n\le t\}\to F(t-a)$ がわかる．
(ii) 任意の $\varepsilon>0$ と $M>0$ について，

$$\{|(W_n-a)Z_n|\ge\varepsilon\}=\{|(W_n-a)Z_n|\ge\varepsilon\}\cap\big(\{|Z_n|<M\}\cup\{|Z_n|\ge M\}\big)$$
$$\subset\left\{|W_n-a|\ge\frac{\varepsilon}{M}\right\}\cup\{|Z_n|\ge M\}$$

であるから，$\mathbf{P}\{|(W_n-a)Z_n|\ge\varepsilon\}\le\mathbf{P}\left\{|W_n-a|\ge\frac{\varepsilon}{M}\right\}+\mathbf{P}\{|Z_n|\ge M\}$ を得る．したがって任意の $M>0$ について，$0\le\lim_{n\to\infty}\mathbf{P}\{|(W_n-a)Z_n|\ge\varepsilon\}\le\mathbf{P}\{|Z|\ge M\}$．さらに $M\to\infty$ とすれば，$\lim_{n\to\infty}\mathbf{P}\{|(W_n-a)Z_n|\ge\varepsilon\}=0$ である．これは $(W_n-a)Z_n\xrightarrow{p}0$ を意味する．定理の(i)より，$W_nZ_n=(W_n-a)Z_n+aZ_n\xrightarrow{d}0+aZ=aZ$ が示される．■

この定理を最初に証明した数学者**スルツキー**（Eugene Slutsky；1880～1948）の名に因んで，定理11.1は**スルツキー（Slutsky）の定理**とよばれています．ミクロ経済学を知っている人にとっては，むしろ「スルツキー分解」の発案者としてのほうが通りがよいかもしれませんね．スルツキーの定理のポイントは W_n が確率収束する先が定数 a であることです．もし W_n の収束する先が確率変数 W であったなら，W と Z の相関によっては W_nZ_n の落ち着き先が定まらないことになります．しかしここでは，W_n の収束する先は定数ですから，Z との相関について悩む必要がないわけです．

正規分布への収束

分布収束の最重要例が次の定理です．

定理 11.2

確率変数ベクトル $\boldsymbol{Z}$ について，$E(\boldsymbol{Z}'\boldsymbol{Z})<\infty$，$E\boldsymbol{Z}=\boldsymbol{\mu}$，$Var(\boldsymbol{Z})=\boldsymbol{\Sigma}$ であるとする．また，$\boldsymbol{Z}$ と独立同一に分布する確率変数ベクトル列を $\{\boldsymbol{Z}_n\}$ とする．このとき，

$$\boldsymbol{W}_n=\frac{1}{\sqrt{n}}\sum_{i=1}^{n}(\boldsymbol{Z}_i-\boldsymbol{\mu}) \tag{11.6}$$

によって定義される確率変数列 $\{\boldsymbol{W}_n\}$ について，

$$\boldsymbol{W}_n \xrightarrow{d} N(\boldsymbol{0}, \boldsymbol{\Sigma}) \quad (n \to \infty) \tag{11.7}$$

が成立する．

これを**中心極限定理**（Central Limit Theorem：CLT）といいます．厳密な定理の証明には，やや高度な技術を要しますので，以下では細部を省略した証明のアイディアだけを説明します．

まずは，$\boldsymbol{W}_n$ の積率母関数を M_n とします．すなわち

$$M_n(\boldsymbol{t}) = E\left[\exp\left(\frac{1}{\sqrt{n}}\sum_{i=1}^{n}\boldsymbol{t}'(\boldsymbol{Z}_i - \boldsymbol{\mu})\right)\right]$$

です．$\boldsymbol{Z}_1, \boldsymbol{Z}_2, \ldots$ が独立であることを利用すれば，定理10.2より

$$M_n(\boldsymbol{t}) = \prod_{i=1}^{n} E\left[\exp\left(\frac{1}{\sqrt{n}}\boldsymbol{t}'(\boldsymbol{Z}_i - \boldsymbol{\mu})\right)\right]$$

が成り立ちます．さらに指数関数のマクローリン展開 $\exp u = 1 + u + \frac{u^2}{2} + \cdots$ より，

$$\exp\left(\frac{\boldsymbol{t}'(\boldsymbol{Z}_i - \boldsymbol{\mu})}{\sqrt{n}}\right) = 1 + \frac{1}{\sqrt{n}}\boldsymbol{t}'(\boldsymbol{Z}_i - \boldsymbol{\mu}) + \frac{1}{2n}\boldsymbol{t}'(\boldsymbol{Z}_i - \boldsymbol{\mu})(\boldsymbol{Z}_i - \boldsymbol{\mu})'\boldsymbol{t} + \cdots$$

したがって，$E\left[\exp\left(\frac{\boldsymbol{t}'(\boldsymbol{Z}_i - \boldsymbol{\mu})}{\sqrt{n}}\right)\right] = 1 + \frac{1}{2n}\boldsymbol{t}'\boldsymbol{\Sigma}\boldsymbol{t} + \cdots$ が成立します．ネイピア数の定義式 $e = \lim_{n\to\infty}(1 + 1/n)^n$ を思い出せば，$n \to \infty$ のとき，

$$\lim_{n\to\infty} M_n(\boldsymbol{t}) = \lim_{n\to\infty}\left(1 + \frac{1}{2n}\boldsymbol{t}'\boldsymbol{\Sigma}\boldsymbol{t}\right)^n = \exp\left(\frac{\boldsymbol{t}'\boldsymbol{\Sigma}\boldsymbol{t}}{2}\right)$$

を得ます．

その一方で，定理8.10より，$\boldsymbol{W} \sim N(\boldsymbol{0}, \boldsymbol{\Sigma})$ の特性関数は $M(\boldsymbol{t}) = \exp\left(\frac{\boldsymbol{t}'\boldsymbol{\Sigma}\boldsymbol{t}}{2}\right)$ です．というわけで，$\lim_{n\to\infty} M_n(\boldsymbol{t}) = M(\boldsymbol{t})$ を得ます．積率母関数が一致することは分布関数が等しいことを意味しますから，$\boldsymbol{W}_n \xrightarrow{d} N(\boldsymbol{0}, \boldsymbol{\Sigma})$ $(n \to \infty)$ となることがわかります．

11.2 OLS 推定量の漸近正規性

漸近正規性

線形回帰モデル $E(Y\mid \boldsymbol{X})=\boldsymbol{X}'\boldsymbol{\beta}$ において，大きさ n のデータから得られる OLS 推定量を $\hat{\boldsymbol{\beta}}_n=(\mathbf{X}_n'\mathbf{X}_n)^{-1}\mathbf{X}_n'\mathbf{y}_n$ としましょう．ただし，これまでと同様に

$$\mathbf{y}_n=\begin{bmatrix} Y_1 \\ \vdots \\ Y_n \end{bmatrix},\quad \mathbf{X}_n=\begin{bmatrix} \boldsymbol{X}_1' \\ \vdots \\ \boldsymbol{X}_n' \end{bmatrix}=\begin{bmatrix} X_{1,1} & \cdots & X_{1,k} \\ \vdots & & \vdots \\ X_{n,1} & \cdots & X_{n,k} \end{bmatrix}$$

としています．

このとき，中心極限定理によって，OLS 推定量の分布収束

$$\sqrt{n}(\hat{\boldsymbol{\beta}}_n-\boldsymbol{\beta})\xrightarrow{d}N(\mathbf{0},\mathbf{V})\quad(n\to\infty) \tag{11.8}$$

を示すことが可能です．ただし，

$$\mathbf{V}=[E(\boldsymbol{X}\boldsymbol{X}')]^{-1}E\big[(Y-\boldsymbol{X}'\boldsymbol{\beta})^2\boldsymbol{X}\boldsymbol{X}'\big][E(\boldsymbol{X}\boldsymbol{X}')]^{-1} \tag{11.9}$$

としています．分布収束(11.8)式を，OLS 推定量の**漸近正規性**（asymptotic normality）といいます．また，行列 $\mathbf{V}$ を，OLS 推定量の**漸近分散**（asymptotic variance）といいます．一般的に，「漸近」という言葉は，極限 $n\to\infty$ における統計量の振る舞いを指します．

推定誤差

OLS 推定量の漸近正規性を示すために，まずは**推定誤差**（estimation error）を

$$\varepsilon=Y-E(Y\mid \boldsymbol{X})=Y-\boldsymbol{X}'\boldsymbol{\beta} \tag{11.10}$$

によって定義しましょう．これは，実際の Y と予測 $E(Y\mid \boldsymbol{X})$ の差として定まる確率変数であり，推定の結果として定まる残差(10.21)式とは似て非なるものであることに注意しましょう．

(11.10)式を変形すれば，$Y=\boldsymbol{X}'\boldsymbol{\beta}+\varepsilon$ となります．さらに，次の性質を示

すことができます．

定理 11.3

推定誤差 $\varepsilon = Y - E(Y|\boldsymbol{X})$ について，

(i) $E(\varepsilon|\boldsymbol{X}) = 0$

(ii) $E(\varepsilon\boldsymbol{X}) = \mathbf{0}$

(iii) $Var(\varepsilon\boldsymbol{X}) = E(\varepsilon^2\boldsymbol{X}\boldsymbol{X}')$

が成り立つ．

［証明］ (i) $E(\varepsilon|\boldsymbol{X}) = E[Y - E(Y|\boldsymbol{X}) \mid \boldsymbol{X}] = E(Y|\boldsymbol{X}) - E(Y|\boldsymbol{X}) = 0$. (ii) $E(\varepsilon\boldsymbol{X}) = E[E(\varepsilon\boldsymbol{X}|\boldsymbol{X})] = E[E(\varepsilon|\boldsymbol{X})\boldsymbol{X}] = \mathbf{0}$. (iii) $Var(\varepsilon\boldsymbol{X}) = E[(\varepsilon\boldsymbol{X})(\varepsilon\boldsymbol{X})'] - [E(\varepsilon\boldsymbol{X})][E(\varepsilon\boldsymbol{X})]' = E(\varepsilon^2\boldsymbol{X}\boldsymbol{X}')$. ■

したがって，推定誤差 ε を用いることで，線形回帰モデル $E(Y|\boldsymbol{X}) = \boldsymbol{X}'\boldsymbol{\beta}$ を

$$Y = \boldsymbol{X}'\boldsymbol{\beta} + \varepsilon, \quad E(\varepsilon|\boldsymbol{X}) = 0 \tag{11.11}$$

によって表現できます．

OLS 推定量の漸近正規性

確率変数列 $\{\boldsymbol{Z}_n\}$ が独立同一であるならば，$\varepsilon_n = Y_n - E(Y_n|\boldsymbol{X}_n)$ によって与えられる $\{\varepsilon_n\}$ も独立同一に分布する確率変数列になります．n 個の推定誤差をベクトル表記して

$$\mathbf{e}_n = \begin{bmatrix} \varepsilon_1 \\ \vdots \\ \varepsilon_n \end{bmatrix} \tag{11.12}$$

とすれば，$\mathbf{y}_n = \mathbf{X}_n\boldsymbol{\beta} + \mathbf{e}_n$ が成り立ちます．この $\mathbf{y}_n$ の表記を OLS 推定量の定義 $\hat{\boldsymbol{\beta}}_n = (\mathbf{X}'_n\mathbf{X}_n)^{-1}\mathbf{X}'_n\mathbf{y}_n$ に代入すれば，

$$\hat{\boldsymbol{\beta}}_n = (\mathbf{X}'_n\mathbf{X}_n)^{-1}\mathbf{X}'_n(\mathbf{X}_n\boldsymbol{\beta} + \mathbf{e}_n) = \boldsymbol{\beta} + (\mathbf{X}'_n\mathbf{X}_n)^{-1}\mathbf{X}'_n\mathbf{e}_n$$

となりますから，これより $\sqrt{n}(\hat{\boldsymbol{\beta}}_n - \boldsymbol{\beta}) = \left(\frac{1}{n}\mathbf{X}'_n\mathbf{X}_n\right)^{-1}\frac{1}{\sqrt{n}}\mathbf{X}'_n\mathbf{e}_n$ を得ます．この右辺に中心極限定理を適用すれば，OLS 推定量の漸近正規性が証明できます．

すなわち，条件 $E(\boldsymbol{X}'\boldsymbol{X})<\infty$ のもとで，大数の法則により

$$\frac{1}{n}\mathbf{X}'_n\mathbf{X}_n=\frac{1}{n}\sum_{i=1}^{n}\boldsymbol{X}_i\boldsymbol{X}'_i\xrightarrow{p}E\boldsymbol{X}\boldsymbol{X}'\quad(n\to\infty)$$

が得られます．さらに，連続写像定理によって，

$$\left(\frac{1}{n}\mathbf{X}'_n\mathbf{X}_n\right)^{-1}\xrightarrow{p}[E(\boldsymbol{X}\boldsymbol{X}')]^{-1}\quad(n\to\infty)$$

が成り立ちます．その一方で，$E(\varepsilon^2\boldsymbol{X}'\boldsymbol{X})<\infty$ と中心極限定理によって

$$\frac{1}{\sqrt{n}}\mathbf{X}'_n\mathbf{e}_n=\frac{1}{\sqrt{n}}\sum_{i=1}^{n}\boldsymbol{X}_i\varepsilon_i\xrightarrow{d}N(\mathbf{0},E(\varepsilon^2\boldsymbol{X}\boldsymbol{X}'))\quad(n\to\infty)$$

が成り立ちますから，とどめにスルツキーの定理11.1を使えば

$$\sqrt{n}(\hat{\boldsymbol{\beta}}_n-\boldsymbol{\beta})\xrightarrow{d}[E(\boldsymbol{X}\boldsymbol{X}')]^{-1}N(\mathbf{0},E(\varepsilon^2\boldsymbol{X}\boldsymbol{X}'))\quad(n\to\infty)$$

したがって，定理8.8より，

$$\sqrt{n}(\hat{\boldsymbol{\beta}}_n-\boldsymbol{\beta})\xrightarrow{d}N\big(\mathbf{0},[E(\boldsymbol{X}\boldsymbol{X}')]^{-1}E(\varepsilon^2\boldsymbol{X}\boldsymbol{X}')[E(\boldsymbol{X}\boldsymbol{X}')]^{-1}\big)$$

の成立がわかります．

定理 11.4

線形回帰モデル $Y=\boldsymbol{X}'\boldsymbol{\beta}+\varepsilon$, $E(\varepsilon|\boldsymbol{X})=0$ について，以下の(i)〜(iii)を仮定する．

(i) $E(\boldsymbol{X}'\boldsymbol{X})<\infty$

(ii) $E(\varepsilon^2\boldsymbol{X}'\boldsymbol{X})<\infty$

(iii) $E(\boldsymbol{X}\boldsymbol{X}')$, $\mathbf{X}'_n\mathbf{X}_n$ はいずれも正則

このとき，

$$\sqrt{n}(\hat{\boldsymbol{\beta}}_n-\boldsymbol{\beta})\xrightarrow{d}N(\mathbf{0},\mathbf{V})\quad(n\to\infty)$$

が成り立つ．ただし，

$$\mathbf{V}=[E(\boldsymbol{X}\boldsymbol{X}')]^{-1}E(\varepsilon^2\boldsymbol{X}\boldsymbol{X}')[E(\boldsymbol{X}\boldsymbol{X}')]^{-1}\tag{11.13}$$

とする．

均一分散モデル

線形回帰モデルの特別な場合として，推定誤差と説明変数の独立性 $\varepsilon \perp\!\!\!\perp \boldsymbol{X}$ を仮定することがあります．この仮定より $E(\varepsilon^2 | \boldsymbol{X}) = E(\varepsilon^2)$ が成り立ちますので，$\sigma_\varepsilon^2 = E(\varepsilon^2)$ とおけば，重複期待の法則により

$$E(\varepsilon^2 \boldsymbol{X}\boldsymbol{X}') = E[E(\varepsilon^2 | \boldsymbol{X})\boldsymbol{X}\boldsymbol{X}'] = \sigma_\varepsilon^2 E(\boldsymbol{X}\boldsymbol{X}')$$

を得ます．したがって，OLS 推定量の漸近分散は $\mathbf{V} = \sigma_\varepsilon^2[E(\boldsymbol{X}\boldsymbol{X}')]^{-1}$ のように簡単になり，

$$\sqrt{n}(\hat{\boldsymbol{\beta}}_n - \boldsymbol{\beta}) \xrightarrow{d} N\left(\mathbf{0}, \sigma_\varepsilon^2[E(\boldsymbol{X}\boldsymbol{X}')]^{-1}\right) \quad (n \to \infty) \tag{11.14}$$

が成り立ちます．この特別な場合を，**均一分散モデル**（homoskedastic model）といいます．それに対して，ε と $\boldsymbol{X}$ の独立性を仮定しない一般的なケースを**不均一分散モデル**（heteroskedastic model）ということがあります．

漸近分散の推定

漸近正規性を応用して推定量の精度評価をする際には，$\boldsymbol{\beta}$ だけでなく漸近分散 $\mathbf{V}$ もあわせて推定する必要が生じます．ここでは計算の容易な均一分散モデルに限定して，漸近分散 $\mathbf{V} = \sigma_\varepsilon^2[E(\boldsymbol{X}\boldsymbol{X}')]^{-1}$ を推定する方法を説明しておきましょう．

定理 11.5

均一分散モデル $Y = \boldsymbol{X}'\boldsymbol{\beta} + \varepsilon$, $\varepsilon \perp\!\!\!\perp \boldsymbol{X}$, $E(\varepsilon^2) = \sigma_\varepsilon^2$ について，定理11.4の仮定をおく．OLS 推定の残差ベクトルを $\hat{\mathbf{e}}_n = \mathbf{y}_n - \mathbf{X}_n\hat{\boldsymbol{\beta}}_n$ によって定義するとき，

$$\hat{\mathbf{V}}_n = \frac{1}{n}\hat{\mathbf{e}}_n'\hat{\mathbf{e}}_n\left(\frac{1}{n}\mathbf{X}_n'\mathbf{X}_n\right)^{-1} \xrightarrow{p} \mathbf{V} = \sigma_\varepsilon^2[E(\boldsymbol{X}\boldsymbol{X}')]^{-1} \quad (n \to \infty) \tag{11.15}$$

が成立する．

［証明］　OLS 推定における残差平方和 $\hat{\mathbf{e}}_n'\hat{\mathbf{e}}_n$ の定義(10.22)式と大数の法則により，

$$\frac{1}{n}\hat{\mathbf{e}}'_n\hat{\mathbf{e}}_n=\frac{1}{n}\mathbf{y}'_n\mathbf{y}_n-\left(\frac{1}{n}\mathbf{X}'_n\mathbf{y}_n\right)'\left(\frac{1}{n}\mathbf{X}'_n\mathbf{X}_n\right)^{-1}\left(\frac{1}{n}\mathbf{X}'_n\mathbf{y}_n\right)$$
$$\xrightarrow{p}E(Y^2)-[E(\boldsymbol{X}Y)]'[E(\boldsymbol{X}\boldsymbol{X}')]^{-1}[E(\boldsymbol{X}Y)]\quad(n\to\infty)$$

さらに $Y=\boldsymbol{X}'\boldsymbol{\beta}+\varepsilon$, $\varepsilon \perp\!\!\!\perp \boldsymbol{X}$, $E(\varepsilon|\boldsymbol{X})=0$ より，$E(Y^2)=\boldsymbol{\beta}'E(\boldsymbol{X}\boldsymbol{X}')\boldsymbol{\beta}+E(\varepsilon^2)$，また $E(\boldsymbol{X}Y)=E(\boldsymbol{X}\boldsymbol{X}')\boldsymbol{\beta}$．したがって，$E(Y^2)-[E(\boldsymbol{X}Y)]'[E(\boldsymbol{X}\boldsymbol{X}')]^{-1}[E(\boldsymbol{X}Y)]=\sigma_\varepsilon^2$ である．■

11.3 GLS 推定量の漸近正規性

漸近正規性の導出

OLS 推定量の場合と同様の方法により，GLS 推定量の漸近正規性を導出することができます．すなわち，(11.11)式によって与えられる線形回帰モデルの係数 $\boldsymbol{\beta}$ を，(10.25)式によって定義される GLS 推定量 $\hat{\boldsymbol{\beta}}_n$ によって推定します．このとき，一定の条件下で，

$$\sqrt{n}(\hat{\boldsymbol{\beta}}_n-\boldsymbol{\beta})\xrightarrow{d} N\left(\mathbf{0},[E(W\boldsymbol{X}\boldsymbol{X}')]^{-1}E(\varepsilon^2W^2\boldsymbol{X}\boldsymbol{X}')[E(W\boldsymbol{X}\boldsymbol{X}')]^{-1}\right)\qquad(11.16)$$

が成り立ちます．漸近分散の複雑さを見れば，線形代数の有用性に納得がいきますね．

これを導出するやり方は OLS 推定量のときと同じです．まずは推定誤差ベクトル $\mathbf{e}_n$ を (11.12) 式によって定義し，線形回帰モデルの行列表示 $\mathbf{y}_n=\mathbf{X}_n\boldsymbol{\beta}+\mathbf{e}_n$ を準備します．これを GLS 推定量の定義式(10.25)の右辺に代入すれば，$\hat{\boldsymbol{\beta}}_n=\boldsymbol{\beta}+(\mathbf{X}'_n\mathbf{W}_n\mathbf{X}_n)^{-1}\mathbf{X}'_n\mathbf{W}_n\mathbf{e}_n$，したがって

$$\sqrt{n}(\hat{\boldsymbol{\beta}}_n-\boldsymbol{\beta})=\left(\frac{1}{n}\mathbf{X}'_n\mathbf{W}_n\mathbf{X}_n\right)^{-1}\frac{1}{\sqrt{n}}\mathbf{X}'_n\mathbf{W}_n\mathbf{e}_n$$

が得られます．大数の法則により，$n\to\infty$ のとき，

$$\frac{1}{n}\mathbf{X}'_n\mathbf{W}_n\mathbf{X}_n=\frac{1}{n}\sum_{i=1}^{n}W_i\boldsymbol{X}_i\boldsymbol{X}'_i\xrightarrow{p}E(W\boldsymbol{X}\boldsymbol{X}')$$

したがって連続写像定理により，

$$\left(\frac{1}{n}\mathbf{X}'_n\mathbf{W}_n\mathbf{X}_n\right)^{-1}\xrightarrow{p}[E(W\boldsymbol{X}\boldsymbol{X}')]^{-1}$$

その一方で中心極限定理により，

$$\frac{1}{\sqrt{n}}\mathbf{X}'_n\mathbf{W}_n\mathbf{e}_n = \frac{1}{\sqrt{n}}\sum_{i=1}^{n}\varepsilon_i W_i \boldsymbol{X}_i \xrightarrow{d} N(\mathbf{0}, E(\varepsilon^2 W^2 \boldsymbol{X}\boldsymbol{X}'))$$

となりますから，スルツキーの定理により

$$\sqrt{n}(\hat{\boldsymbol{\beta}}_n - \boldsymbol{\beta}) \xrightarrow{d} [E(W\boldsymbol{X}\boldsymbol{X}')]^{-1}N(\mathbf{0}, E(\varepsilon^2 W^2 \boldsymbol{X}\boldsymbol{X}'))$$

を得ます．仕上げに定理8.8を使えば，(11.16)式に帰結します．

定理 11.6

線形回帰モデル $Y = \boldsymbol{X}'\boldsymbol{\beta}+\varepsilon$, $E(\varepsilon\,|\,\boldsymbol{X}) = 0$ について，以下の(i)〜(iii)が満たされるとする．

(i) $E(\boldsymbol{X}'\boldsymbol{X}) < \infty$

(ii) W は $\boldsymbol{X}$ 可測，かつ $E(W^2\boldsymbol{X}'\boldsymbol{X}) < \infty$, $E(\varepsilon^2 W^2 \boldsymbol{X}'\boldsymbol{X}) < \infty$

(iii) $\mathbf{X}'_n\mathbf{W}_n\mathbf{X}_n$, $E(W\boldsymbol{X}\boldsymbol{X}')$ は正則

このとき，GLS 推定量(10.25)式について漸近正規性(11.16)式が成立する．

行列の大小関係

以上により，与えられたウェイト行列 $\mathbf{W}_n$ のもとで GLS 推定量が漸近正規性を示すこと，そして，その漸近分散が(11.16)式によって与えられることがわかりました．

次に考えるべきは，それならばどのような $\mathbf{W}_n$ を選べばよいのか，ということです．それにあたって，まずは行列のあいだの大小関係を定義します．

定義 11.2

k 次正方行列 $\mathbf{A}$, $\mathbf{B}$ について，それらの差 $\mathbf{A}-\mathbf{B}$ が半正定値であるとき $\mathbf{A} \geq \mathbf{B}$ と書く．また $\mathbf{A}-\mathbf{B}$ が正定値であれば $\mathbf{A} > \mathbf{B}$ とする．

例題 11.1　以下のそれぞれの場合について，行列の大小関係を判定せよ．

(1) $\begin{bmatrix} 2 & 0 \\ 0 & 3 \end{bmatrix}$, $\begin{bmatrix} 1 & 0 \\ 0 & 1 \end{bmatrix}$　　(2) $\begin{bmatrix} 1 & 0 \\ 0 & 2 \end{bmatrix}$, $\begin{bmatrix} 2 & -1 \\ -1 & 3 \end{bmatrix}$

[解答]

(1) $\begin{bmatrix} 2 & 0 \\ 0 & 3 \end{bmatrix} - \begin{bmatrix} 1 & 0 \\ 0 & 1 \end{bmatrix} = \begin{bmatrix} 1 & 0 \\ 0 & 2 \end{bmatrix}$ は正定値であるから $\begin{bmatrix} 2 & 0 \\ 0 & 3 \end{bmatrix} > \begin{bmatrix} 1 & 0 \\ 0 & 1 \end{bmatrix}$.

(2) $\begin{bmatrix} 2 & -1 \\ -1 & 3 \end{bmatrix} - \begin{bmatrix} 1 & 0 \\ 0 & 2 \end{bmatrix} = \begin{bmatrix} 1 & -1 \\ -1 & 1 \end{bmatrix}$ は半正定値であるから $\begin{bmatrix} 1 & 0 \\ 0 & 2 \end{bmatrix} \leq \begin{bmatrix} 2 & -1 \\ -1 & 3 \end{bmatrix}$.

一般化コーシー・シュワルツ不等式

分散共分散行列の大小関係を判定するには，次の不等式が便利です．

定理 11.7

任意の確率変数ベクトル $\boldsymbol{X} \in \mathbb{R}^k$, $\boldsymbol{Y} \in \mathbb{R}^l$ について，$E(\boldsymbol{X}\boldsymbol{X}')$, $E(\boldsymbol{Y}\boldsymbol{Y}')$ が正則であるとする．このとき，

$$E(\boldsymbol{Y}\boldsymbol{X}')[E(\boldsymbol{X}\boldsymbol{X}')]^{-1}E(\boldsymbol{X}\boldsymbol{Y}') \leq E(\boldsymbol{Y}\boldsymbol{Y}') \tag{11.17}$$

が成り立つ．

[証明]　Tripathi (1999) による証明を示す．任意の実数ベクトル $\boldsymbol{s} \in \mathbb{R}^k$, $\boldsymbol{t} \in \mathbb{R}^l$ について，$D(\boldsymbol{s}, \boldsymbol{t}) = E(\boldsymbol{s}'\boldsymbol{X} + \boldsymbol{t}'\boldsymbol{Y})^2$ とすれば，$D(\boldsymbol{s}, \boldsymbol{t}) \geq 0$ が成り立つ．左辺を展開すれば $D(\boldsymbol{s}, \boldsymbol{t}) = \boldsymbol{s}'E(\boldsymbol{X}\boldsymbol{X}')\boldsymbol{s} + 2\boldsymbol{s}'E(\boldsymbol{X}\boldsymbol{Y}')\boldsymbol{t} + \boldsymbol{t}'E(\boldsymbol{Y}\boldsymbol{Y}')\boldsymbol{t}$ となる．固定された $\boldsymbol{t}$ のもとで，$D(\boldsymbol{s}, \boldsymbol{t})$ を最小化する $\boldsymbol{s}$ の値を $\boldsymbol{s}^*$ とすれば，最小化の一階の条件により

$$2E(\boldsymbol{X}\boldsymbol{X}')\boldsymbol{s}^* + 2E(\boldsymbol{X}\boldsymbol{Y}')\boldsymbol{t} = \boldsymbol{0}$$

である．$E(\boldsymbol{X}\boldsymbol{X}')$ は正定値であるから二階の条件も満たされる．したがって，与えられた $\boldsymbol{t}$ のもとで，$D(\boldsymbol{s}, \boldsymbol{t})$ は $\boldsymbol{s}^* = -[E(\boldsymbol{X}\boldsymbol{X}')]^{-1}E(\boldsymbol{X}\boldsymbol{Y}')\boldsymbol{t}$ によって最小化され，最小化された D の値は

$$D(\boldsymbol{s}^*, \boldsymbol{t}) = \boldsymbol{t}'E(\boldsymbol{Y}\boldsymbol{Y}')\boldsymbol{t} - \boldsymbol{t}'E(\boldsymbol{Y}\boldsymbol{X}')[E(\boldsymbol{X}\boldsymbol{X}')]^{-1}E(\boldsymbol{X}\boldsymbol{Y}')\boldsymbol{t}$$

によって与えられる．任意の $\boldsymbol{t}$ について $D(\boldsymbol{s}^*, \boldsymbol{t}) \geq 0$ であるから，これより (11.17) 式が示される．■

とくに $k = l = 1$ のとき，(11.17) 式は，確率変数についての不等式 $|E(XY)|^2 \leq E(X^2)E(Y^2)$ に帰結します．したがって，(11.17) 式は確かにコーシー・シュワルツ不等式の一般化になっています．

最適なウェイト行列

誤差項 ε の**条件付き分散** (conditional variance) を,

$$\sigma_\varepsilon^2(\boldsymbol{X}) = E(\varepsilon^2 \,|\, \boldsymbol{X}) \tag{11.18}$$

によって定義します．また，**条件付き標準誤差** (conditional standard error) を $\sigma_\varepsilon(\boldsymbol{X}) = \sqrt{E(\varepsilon^2 \,|\, \boldsymbol{X})}$ としましょう．このとき，W が $\boldsymbol{X}$ 可測であるという仮定により，GLS 推定量の漸近分散を W に依存する量として

$$\mathbf{V}(W) = [E(W\boldsymbol{X}\boldsymbol{X}')]^{-1} E(\sigma_\varepsilon^2(\boldsymbol{X}) W^2 \boldsymbol{X}\boldsymbol{X}')[E(W\boldsymbol{X}\boldsymbol{X}')]^{-1} \tag{11.19}$$

と書くことができます．この表現と(11.17)式をあわせて考えれば，次の結果が得られます．

定理 11.8

定理11.6の条件を満たす任意の確率変数 W について,

$$\mathbf{V}\left(\frac{1}{\sigma_\varepsilon^2(\boldsymbol{X})}\right) = \left[E\left(\frac{\boldsymbol{X}\boldsymbol{X}'}{\sigma_\varepsilon^2(\boldsymbol{X})}\right)\right]^{-1} \leq \mathbf{V}(W) \tag{11.20}$$

が成り立つ.

[証明]　一般化コーシー・シュワルツ不等式より,

$$E\left[(\sigma_\varepsilon(\boldsymbol{X}) W\boldsymbol{X})\left(\frac{\boldsymbol{X}}{\sigma_\varepsilon(\boldsymbol{X})}\right)'\right]\left[E\left(\frac{\boldsymbol{X}}{\sigma_\varepsilon(\boldsymbol{X})}\right)\left(\frac{\boldsymbol{X}}{\sigma_\varepsilon(\boldsymbol{X})}\right)'\right]^{-1} E\left[\left(\frac{\boldsymbol{X}}{\sigma_\varepsilon(\boldsymbol{X})}\right)(\sigma_\varepsilon(\boldsymbol{X}) W\boldsymbol{X})'\right]$$
$$\leq E[(\sigma_\varepsilon(\boldsymbol{X}) W\boldsymbol{X})(\sigma_\varepsilon(\boldsymbol{X}) W\boldsymbol{X})']$$

あるいは

$$E(W\boldsymbol{X}\boldsymbol{X}')\left[E\left(\frac{\boldsymbol{X}\boldsymbol{X}'}{\sigma_\varepsilon^2(\boldsymbol{X})}\right)\right]^{-1} E(W\boldsymbol{X}\boldsymbol{X}') \leq E[\sigma_\varepsilon^2(\boldsymbol{X}) W^2 \boldsymbol{X}\boldsymbol{X}']$$

を得る．したがって

$$\boldsymbol{\Delta} = E[\sigma_\varepsilon^2(\boldsymbol{X}) W^2 \boldsymbol{X}\boldsymbol{X}'] - E(W\boldsymbol{X}\boldsymbol{X}')\left[E\left(\frac{\boldsymbol{X}\boldsymbol{X}'}{\sigma_\varepsilon^2(\boldsymbol{X})}\right)\right]^{-1} E(W\boldsymbol{X}\boldsymbol{X}')$$

は正定値であるので，とくに $\boldsymbol{s} = [E(W\boldsymbol{X}\boldsymbol{X}')]^{-1}\boldsymbol{t}$ について $\boldsymbol{s}'\boldsymbol{\Delta}\boldsymbol{s} \geq 0$ である．これは任意の $\boldsymbol{t}$ について

$$\boldsymbol{t}'\left[\mathbf{V}(W)-\mathbf{V}\left(\frac{1}{\sigma_\varepsilon^2(\boldsymbol{X})}\right)\right]\boldsymbol{t} \geq 0$$

であることを意味する．■

FGLS 推定量

定理11.8により，GLS 推定量の漸近分散は $W=\frac{1}{\sigma_\varepsilon^2(\boldsymbol{X})}$ によって最小化されることがわかりました．したがって，ε の条件付き分散 $E(\varepsilon^2 | \boldsymbol{X})=\sigma_\varepsilon^2(\boldsymbol{X})$ が既知であるなら，対角行列

$$\mathbf{W}_n = diag\left[\frac{1}{\sigma_\varepsilon^2(\boldsymbol{X}_1)}, \ldots, \frac{1}{\sigma_\varepsilon^2(\boldsymbol{X}_n)}\right] \tag{11.21}$$

を用いて $\hat{\boldsymbol{\beta}}_n$ を構成すれば，もっと小さな分散をもつ推定値が得られます．

しかし，実際に $\sigma_\varepsilon^2(\boldsymbol{X})$ が既知であることはめったにありません．そのような場合には，次のような二段階推定が行われます．

(Step 1) ウェイト行列を単位行列 $\mathbf{I}_n$ として，一段階目の OLS 推定を実施する．

(Step 2) OLS 推定の残差を $\hat{e}_i = y_i - \boldsymbol{x}'_i\hat{\boldsymbol{\beta}}_n$ $(1 \leq i \leq n)$ によって計算する．

(Step 3) $\hat{e}_i$ を ε_i の推定値とみなし，$\begin{bmatrix}\hat{e}_1\\ \boldsymbol{x}_1\end{bmatrix}, \ldots, \begin{bmatrix}\hat{e}_n\\ \boldsymbol{x}_n\end{bmatrix}$ をデータとして用いて $\sigma_\varepsilon^2(\boldsymbol{x}_i) = E(\varepsilon_i^2 | \boldsymbol{x}_i)$ を推定する．

(Step 4) 得られた推定値 $\hat{\sigma}_\varepsilon^2(\boldsymbol{x}_i)$ を用いて

$$\hat{\mathbf{W}}_n = diag\left[\frac{1}{\hat{\sigma}_\varepsilon^2(\boldsymbol{X}_1)}, \ldots, \frac{1}{\hat{\sigma}_\varepsilon^2(\boldsymbol{X}_n)}\right] \tag{11.22}$$

を構成し，二段階目の推定を $\hat{\boldsymbol{\beta}}_n = (\mathbf{X}'_n\hat{\mathbf{W}}_n\mathbf{X}_n)^{-1}\mathbf{X}'_n\hat{\mathbf{W}}_n\mathbf{y}_n$ によって実行する．

この推定方法を，**実行可能な一般化最小二乗法**（feasible generalized least squares），あるいは **FGLS 推定法**といいます．

演習問題

問題 11.1　確率変数 Z を用いて，$Z_n = \left(1+\frac{1}{n}\right)Z$ によって確率変数列 $\{Z_n\}$ を定義する．このとき，Z_n が Z に分布収束することを定義に従って示せ．

問題 11.2　一様分布 $U(0,1)$ に従って独立同一に分布する確率変数の列 $X_1, X_2, \ldots$ について，$Z_n = n(1-\max\{X_1, \ldots, X_n\})$ と定義する．このとき，以下の問いに答えよ．

(1) Z_n の分布関数を F_n とするとき，任意の $t>0$ について $F_n(t) = \left(1-\frac{t}{n}\right)^n$ となることを示せ．

(2) ネイピア数の定義 $e = \lim_{n\to\infty}\left(1+\frac{1}{n}\right)^n$ を用いて，Z_n が分布収束することを示せ．

問題 11.3　独立同一に分布する確率変数列 $u_0, u_1, u_2, \ldots$ について，それぞれの平均を μ，分散を σ^2 とする．また，$X_n = \frac{1}{2}(u_n + u_{n-1})$ によって定義される確率変数列を $\{X_n\}$ とする．

(1) $\frac{1}{n}\sum_{i=1}^{n} X_i \xrightarrow{p} \mu$ $(n\to\infty)$ を示せ．

(2) $\frac{1}{\sqrt{n}}\sum_{i=1}^{n}(X_i - \mu) \xrightarrow{d} N(0, \sigma^2)$ $(n\to\infty)$ を示せ．

問題 11.4　連続写像定理（定理10.3）は，確率収束だけでなく法則収束についても成立する．すなわち，$f:\mathbb{R}\to\mathbb{R}$ が連続関数，また $Z_n \xrightarrow{d} Z$ $(n\to\infty)$ であるならば，$f(Z_n) \xrightarrow{d} f(Z)$ $(n\to\infty)$ が成り立つ．とくに $f(z) = z^2$ であるとき，$Z_n^2 \xrightarrow{d} Z^2$ $(n\to\infty)$ を示せ．ただし簡単のため，Z_n, Z はともに連続確率変数であり，$\mathbb{R}$ 上で連続な分布関数をもつものとする．

● 演習問題解答

第1章

問題 1.1

任意の $x \in A \backslash B$ について，$x \in A$ かつ $x \notin B$ である．したがって $x \in A$ かつ $x \in B^c$ である．ゆえに $x \in A \cap B^c$ であることがわかる．これは $A \backslash B \subset A \cap B^c$ を意味する．

次に任意の $x \in A \cap B^c$ を選ぶ．したがって $x \in A$ かつ $x \in B^c$ である．これは $x \in A$ かつ $x \notin B$ に等しい．したがって $x \in A \backslash B$ であることがわかる．これは $A \backslash B \supset A \cap B^c$ を意味する．

問題 1.2

(1) 誤．例えば $A = B = [0, 2]$ とすると，$(4, 1) \in (A \times B)^c$，しかし $(4, 1) \notin A^c \times B^c$ である．

(2) 誤．例えば $A = B$ のとき，$A \backslash B = \emptyset$ であるから $(A \backslash B)^c = \Omega$．しかしこのとき，$A^c \backslash B^c = \emptyset$ である．

問題 1.3

$[a, b] = \bigcap_{n=1}^{\infty} \left(a - \frac{1}{n}, b + \frac{1}{n}\right)$ を示す．任意の $t \in [a, b]$ について，$a - \frac{1}{n} < a \leq t \leq b < b + \frac{1}{n}$ がすべての n について成立する．したがって $t \in \left(a - \frac{1}{n}, b + \frac{1}{n}\right)$ であるから，$[a, b] \subset \bigcap_{n=1}^{\infty} \left(a - \frac{1}{n}, b + \frac{1}{n}\right)$．また任意の $s < a$ について，十分大きな n により，$s \leq a - \frac{1}{n} < a$ が成り立つ．したがって $s \notin \bigcap_{n=1}^{\infty} \left(a - \frac{1}{n}, b + \frac{1}{n}\right)$．同様に，$s > b$ についても $s \notin \bigcap_{n=1}^{\infty} \left(a - \frac{1}{n}, b + \frac{1}{n}\right)$ がわかる．これは，$s \notin [a, b]$ ならば $s \notin \bigcap_{n=1}^{\infty} \left(a - \frac{1}{n}, b + \frac{1}{n}\right)$ であることを意味するから，$[a, b]^c \subset \left[\bigcap_{n=1}^{\infty} \left(a - \frac{1}{n}, b + \frac{1}{n}\right)\right]^c$，あるいは $[a, b] \supset \bigcap_{n=1}^{\infty} \left(a - \frac{1}{n}, b + \frac{1}{n}\right)$ であることがわかる．これより，題意が示された．後半の $(a, b) = \bigcup_{n=1}^{\infty} \left[a + \frac{1}{n}, b - \frac{1}{n}\right]$ についても同様の方法により証明できる．

問題 1.4

(1) 以下のとおり．

$$2^A = \left\{ \emptyset, \{1\}, \{2\}, \{3\}, \{4\}, \{1,2\}, \{1,3\}, \{1,4\}, \{2,3\}, \{2,4\}, \{3,4\}, \right.$$
$$\left. \{1,2,3\}, \{1,2,4\}, \{1,3,4\}, \{2,3,4\}, A \right\}$$

(2) $A = \{1, 2, ..., n\}$ から部分集合 A' を抜き出すには，A の各元について，それを A' に含めるか，含めないか，二者択一の判断をすることになる．一つの部分集合を構成するためには，この二者択一を n 回行うことになるから，その結果は 2^n 通りになる．

問題 1.5

(1) $\mathrm{Im}\,\varphi = \{z+3 \mid z \in \mathbb{Z}\} = \mathbb{Z}$ であるから φ は全射である．また，$z \neq z'$ なら $z+3 \neq z'+3$ であるから，φ は単射でもある．したがって φ は全単射である．

(2) $\mathrm{Im}\,\varphi = \{z^2-3 \mid z \in \mathbb{Z}\} \neq \mathbb{Z}$ であるから φ は全射ではない．そのうえ，$z = 1$, $z' = -1$ について $\varphi(z) = \varphi(z') = 1-3 = -2$ であるから，φ は単射でもない．したがって φ は全単射ではない．

問題 1.6

非負の有理数集合を $\mathbb{Q}_+$ によって表す．問題文に与えた数列を改めて $\{a_1, a_2, a_3, ...\}$ とする．すなわち $a_1 = 0$, $a_2 = \frac{1}{1}$, $a_3 = \frac{1}{2}, ...$ である．さらに，写像 $\varphi : \mathbb{N} \to \mathbb{Q}_+$ を $\varphi(n) = a_n$ によって定めよう．このとき，任意の正の有理数 $q = \frac{j}{k}$ は，$(k+j+1)$ 番目の群の前から j 番目に現れるから，$\mathrm{Im}\,\varphi = \mathbb{Q}_+$ である．これは $\mathbb{Q}_+$ が可算集合であることを意味する．

問題 1.7

任意の $a \in \mathbb{R}$ を選ぶ．また，任意の $\varepsilon > 0$ をとる．このとき，$\delta = \sqrt{\varepsilon+(a+1)^2} - (a+1)$ とおけば $\delta > 0$ である．そのうえ，$|x-a| < \delta$ であるなら，必ず

$$\begin{aligned} |f(x)-f(a)| &\leq |x-a| \cdot |x+a+2| \leq |x-a|(|x-a|+2|a+1|) \\ &< \delta(\delta+2|a+1|) = \varepsilon \end{aligned}$$

が成り立つ．したがって，f は a において連続である．ここで a は任意に選ばれたから，すべての点上で f は連続である．

第 2 章

問題 2.1

(1) $\begin{bmatrix} 0 \\ 2 \end{bmatrix}$ (2) $\begin{bmatrix} -1 \\ 7 \\ 7 \end{bmatrix}$

問題 2.2

部分空間ではない．例えば $\boldsymbol{x} = \begin{bmatrix} 1 \\ 0 \\ 3 \end{bmatrix}$ とすれば，$s = 0$ によって $\boldsymbol{x} \in M$ である．しかし，$2\boldsymbol{x} \notin M$ であるから，M はベクトル空間ではない．

問題 2.3

(1) $s\begin{bmatrix}-1\\0\\4\end{bmatrix}+t\begin{bmatrix}2\\1\\-2\end{bmatrix}=\begin{bmatrix}0\\0\\0\end{bmatrix}$ が満たされるのは $s=t=0$ のときのみであるから線形独立.

(2) $3\begin{bmatrix}-1\\0\\4\end{bmatrix}+4\begin{bmatrix}2\\1\\-2\end{bmatrix}=\begin{bmatrix}5\\4\\4\end{bmatrix}$ であるから線形従属.

問題 2.4

(1) $M=\mathrm{Span}\left\{\begin{bmatrix}-1\\0\\-1\end{bmatrix},\begin{bmatrix}0\\1\\1\end{bmatrix}\right\}$ であるから, $\dim M=2$ である.

(2) $N=\mathrm{Span}\left\{\begin{bmatrix}1\\2\end{bmatrix},\begin{bmatrix}2\\1\end{bmatrix}\right\}$ であるから, $\dim N=2$ である.

第 3 章

問題 3.1

(1) $\begin{bmatrix}1&0\\0&1\end{bmatrix}$　(2) $\begin{bmatrix}3&13&4\end{bmatrix}$　(3) $\begin{bmatrix}1&0\\0&1\\0&0\end{bmatrix}$

問題 3.2

$\mathbf{A}=diag[a_1,\ldots,a_k]$, $\mathbf{B}=diag[b_1,\ldots,b_k]$ とすれば,

$$\mathbf{AB}=\begin{bmatrix}a_1&&\\&\ddots&\\&&a_k\end{bmatrix}\begin{bmatrix}b_1&&\\&\ddots&\\&&b_k\end{bmatrix}=\begin{bmatrix}a_1b_1&&\\&\ddots&\\&&a_kb_k\end{bmatrix}=\mathbf{BA}$$

が成り立つ.

問題 3.3

(1) $(\mathbf{A}+\mathbf{B})^2=(\mathbf{A}+\mathbf{B})(\mathbf{A}+\mathbf{B})=\mathbf{A}(\mathbf{A}+\mathbf{B})+\mathbf{B}(\mathbf{A}+\mathbf{B})=\mathbf{A}^2+\mathbf{AB}+\mathbf{BA}+\mathbf{B}^2$. したがって,

$$\begin{aligned}(\mathbf{A}+\mathbf{B})^3&=(\mathbf{A}+\mathbf{B})(\mathbf{A}^2+\mathbf{AB}+\mathbf{BA}+\mathbf{B}^2)\\&=\mathbf{A}(\mathbf{A}^2+\mathbf{AB}+\mathbf{BA}+\mathbf{B}^2)+\mathbf{B}(\mathbf{A}^2+\mathbf{AB}+\mathbf{BA}+\mathbf{B}^2)\\&=\mathbf{A}^3+\mathbf{A}^2\mathbf{B}+\mathbf{ABA}+\mathbf{AB}^2+\mathbf{BA}^2+\mathbf{BAB}+\mathbf{B}^2\mathbf{A}+\mathbf{B}^3\end{aligned}$$

(2) $\mathbf{AB}=\mathbf{BA}$ が成り立つならば, $\mathbf{ABA}=\mathbf{A}(\mathbf{BA})=\mathbf{A}(\mathbf{AB})=\mathbf{A}^2\mathbf{B}$ となる. 同様に $\mathbf{BA}^2=\mathbf{A}^2\mathbf{B}$, $\mathbf{BAB}=\mathbf{AB}^2$ であるから,

$$
\begin{aligned}
(\mathbf{A}+\mathbf{B})^3 &= \mathbf{A}^3+\mathbf{A}^2\mathbf{B}+\mathbf{A}^2\mathbf{B}+\mathbf{A}\mathbf{B}^2+\mathbf{A}^2\mathbf{B}+\mathbf{A}\mathbf{B}^2+\mathbf{A}\mathbf{B}^2+\mathbf{B}^3 \\
&= \mathbf{A}^3+3\mathbf{A}^2\mathbf{B}+3\mathbf{A}\mathbf{B}^2+\mathbf{B}^3
\end{aligned}
$$

を得る.

問題 3.4

(1) $\operatorname{rank}\begin{bmatrix}2&1\\2&4\\2&0\end{bmatrix}=\dim\operatorname{Span}\left\{\begin{bmatrix}2\\2\\2\end{bmatrix},\begin{bmatrix}1\\4\\0\end{bmatrix}\right\}=2$

(2) $\operatorname{rank}\begin{bmatrix}1&0&1&0\\0&1&1&1\\1&0&1&1\end{bmatrix}=\dim\operatorname{Span}\left\{\begin{bmatrix}1\\0\\1\end{bmatrix},\begin{bmatrix}0\\1\\0\end{bmatrix},\begin{bmatrix}0\\1\\1\end{bmatrix}\right\}=3$

(3) $\operatorname{rank}\begin{bmatrix}3&1&0\\5&1&0\\0&0&0\end{bmatrix}=\dim\operatorname{Span}\left\{\begin{bmatrix}3\\5\\0\end{bmatrix},\begin{bmatrix}1\\1\\0\end{bmatrix}\right\}=2$

問題 3.5

(1) $\operatorname{Ker}\begin{bmatrix}2&1\\2&4\\2&0\end{bmatrix}=\{\mathbf{0}\}$　　(2) $\operatorname{Ker}\begin{bmatrix}1&0&1&0\\0&1&1&1\\1&0&1&1\end{bmatrix}=\operatorname{Span}\left\{\begin{bmatrix}1\\1\\-1\\0\end{bmatrix}\right\}$

(3) $\operatorname{Ker}\begin{bmatrix}3&1&0\\5&1&0\\0&0&0\end{bmatrix}=\operatorname{Span}\left\{\begin{bmatrix}0\\0\\1\end{bmatrix}\right\}$

問題 3.6

(1) $\boldsymbol{x}\boldsymbol{x}'=\begin{bmatrix}x_1\\\vdots\\x_n\end{bmatrix}[x_1\ \cdots\ x_n]=\begin{bmatrix}x_1x_1&\cdots&x_1x_k\\\vdots&\ddots&\vdots\\x_kx_1&\cdots&x_kx_k\end{bmatrix}$

(2) $\operatorname{Im}\boldsymbol{x}\boldsymbol{x}'=\operatorname{Span}\left\{\begin{bmatrix}x_1x_1\\\vdots\\x_1x_k\end{bmatrix},\ldots,\begin{bmatrix}x_kx_1\\\vdots\\x_kx_k\end{bmatrix}\right\}=\operatorname{Span}\left\{\begin{bmatrix}x_1\\\vdots\\x_k\end{bmatrix}\right\}=\operatorname{Span}\{\boldsymbol{x}\}$ であるから,

$\operatorname{rank}\boldsymbol{x}\boldsymbol{x}'=1$.

問題 3.7

(1) 定理3.14より, $\begin{bmatrix}1&3\\3&1\end{bmatrix}^{-1}=\dfrac{1}{1\cdot1-3\cdot3}\begin{bmatrix}1&-3\\-3&1\end{bmatrix}=\begin{bmatrix}-1/8&3/8\\3/8&-1/8\end{bmatrix}$

(2) 連立方程式 $\begin{bmatrix}1&2&3\\0&1&2\\0&0&1\end{bmatrix}\begin{bmatrix}x_1\\x_2\\x_3\end{bmatrix}=\begin{bmatrix}y_1\\y_2\\y_3\end{bmatrix}$ あるいは $\begin{cases}x_1+2x_2+3x_3=y_1\\ \qquad x_2+2x_3=y_2\\ \qquad\qquad x_3=y_3\end{cases}$ を解けば,

$$x_1=y_1-2y_2+y_3,\quad x_2=y_2-2y_3,\quad x_3=y_3$$

を得る. これを行列表示すれば

$$\begin{bmatrix} x_1 \\ x_2 \\ x_3 \end{bmatrix} = \begin{bmatrix} 1 & -2 & 1 \\ 0 & 1 & -2 \\ 0 & 0 & 1 \end{bmatrix} \begin{bmatrix} y_1 \\ y_2 \\ y_3 \end{bmatrix}$$

となるから，

$$\begin{bmatrix} 1 & 2 & 3 \\ 0 & 1 & 2 \\ 0 & 0 & 1 \end{bmatrix}^{-1} = \begin{bmatrix} 1 & -2 & 1 \\ 0 & 1 & -2 \\ 0 & 0 & 1 \end{bmatrix}$$

(3) $\mathrm{rank}\begin{bmatrix} 1 & 2 & 3 \\ 0 & 1 & 2 \\ 1 & 1 & 1 \end{bmatrix} = 2 < 3$ であるので，定理3.13より逆行列は存在しない．

第4章

問題4.1

(1) サラスの公式(4.2)より，$\begin{vmatrix} 1 & a & b \\ 0 & 1 & a \\ 0 & 0 & 1 \end{vmatrix} = (1+0+0)-(0+0+0) = 1$

(2) 同様に，$\begin{vmatrix} 1 & a & b \\ a & 1 & a \\ b & a & 1 \end{vmatrix} = (1+a^2b+a^2b)-(b^2+a^2+a^2) = (2a^2-b-1)(b-1)$

(3) 1列目による余因子展開によって，

$$\begin{vmatrix} 1 & a & 0 & 0 \\ a & 1 & a & 0 \\ 0 & a & 1 & a \\ 0 & 0 & a & 1 \end{vmatrix} = \begin{vmatrix} 1 & a & 0 \\ a & 1 & a \\ 0 & a & 1 \end{vmatrix} - a\begin{vmatrix} a & 0 & 0 \\ a & 1 & a \\ 0 & a & 1 \end{vmatrix} = (1-2a^2)-a(a-a^3) = a^4-3a^2+1$$

問題4.2

(1) 余因子行列は

$$\begin{bmatrix} \begin{vmatrix} 1 & a \\ 0 & 1 \end{vmatrix} & -\begin{vmatrix} a & b \\ 0 & 1 \end{vmatrix} & \begin{vmatrix} a & b \\ 1 & a \end{vmatrix} \\ -\begin{vmatrix} 0 & a \\ 0 & 1 \end{vmatrix} & \begin{vmatrix} 1 & b \\ 0 & 1 \end{vmatrix} & -\begin{vmatrix} 1 & b \\ 0 & a \end{vmatrix} \\ \begin{vmatrix} 0 & 1 \\ 0 & 0 \end{vmatrix} & -\begin{vmatrix} 1 & a \\ 0 & 0 \end{vmatrix} & \begin{vmatrix} 1 & a \\ 0 & 1 \end{vmatrix} \end{bmatrix} = \begin{bmatrix} 1 & -a & a^2-b \\ 0 & 1 & -a \\ 0 & 0 & 1 \end{bmatrix}$$

行列式は 1 であるから，求める逆行列は $\begin{bmatrix} 1 & -a & a^2-b \\ 0 & 1 & -a \\ 0 & 0 & 1 \end{bmatrix}$ である．

(2) 余因子行列は

$$\begin{bmatrix} \begin{vmatrix} 1 & a \\ a & 1 \end{vmatrix} & -\begin{vmatrix} a & b \\ a & 1 \end{vmatrix} & \begin{vmatrix} a & b \\ 1 & a \end{vmatrix} \\ -\begin{vmatrix} a & a \\ b & 1 \end{vmatrix} & \begin{vmatrix} 1 & b \\ b & 1 \end{vmatrix} & -\begin{vmatrix} 1 & b \\ a & a \end{vmatrix} \\ \begin{vmatrix} a & 1 \\ b & a \end{vmatrix} & -\begin{vmatrix} 1 & a \\ b & a \end{vmatrix} & \begin{vmatrix} 1 & a \\ a & 1 \end{vmatrix} \end{bmatrix} = \begin{bmatrix} 1-a^2 & a(b-1) & a^2-b \\ a(b-1) & -(b+1)(b-1) & a(b-1) \\ a^2-b & a(b-1) & 1-a^2 \end{bmatrix}$$

行列式は $(2a^2-b-1)(b-1)$ であるから，求める逆行列は

$$\frac{1}{(2a^2-b-1)(b-1)}\begin{bmatrix} 1-a^2 & a(b-1) & a^2-b \\ a(b-1) & -(b+1)(b-1) & a(b-1) \\ a^2-b & a(b-1) & 1-a^2 \end{bmatrix}$$

である．

(3) 余因子行列は

$$\begin{bmatrix} \begin{vmatrix} 1 & a & 0 \\ a & 1 & a \\ 0 & a & 1 \end{vmatrix} & -\begin{vmatrix} a & 0 & 0 \\ a & 1 & a \\ 0 & a & 1 \end{vmatrix} & \begin{vmatrix} a & 0 & 0 \\ 1 & a & 0 \\ 0 & a & 1 \end{vmatrix} & -\begin{vmatrix} a & 0 & 0 \\ 1 & a & 0 \\ a & 1 & a \end{vmatrix} \\ -\begin{vmatrix} a & a & 0 \\ a & 1 & a \\ 0 & a & 1 \end{vmatrix} & \begin{vmatrix} 1 & 0 & 0 \\ 0 & 1 & a \\ 0 & a & 1 \end{vmatrix} & -\begin{vmatrix} 1 & 0 & 0 \\ a & a & 0 \\ 0 & a & 1 \end{vmatrix} & \begin{vmatrix} 1 & 0 & 0 \\ a & a & 0 \\ 0 & 1 & a \end{vmatrix} \\ \begin{vmatrix} a & 1 & 0 \\ 0 & a & a \\ 0 & 0 & 1 \end{vmatrix} & -\begin{vmatrix} 1 & a & 0 \\ 0 & a & a \\ 0 & 0 & 1 \end{vmatrix} & \begin{vmatrix} 1 & a & 0 \\ a & 1 & 0 \\ 0 & 0 & 1 \end{vmatrix} & -\begin{vmatrix} 1 & a & 0 \\ a & 1 & 0 \\ 0 & a & a \end{vmatrix} \\ -\begin{vmatrix} a & 1 & a \\ 0 & a & 1 \\ 0 & 0 & a \end{vmatrix} & \begin{vmatrix} 1 & a & 0 \\ 0 & a & 1 \\ 0 & 0 & a \end{vmatrix} & -\begin{vmatrix} 1 & a & 0 \\ a & 1 & a \\ 0 & 0 & a \end{vmatrix} & \begin{vmatrix} 1 & a & 0 \\ a & 1 & a \\ 0 & a & 1 \end{vmatrix} \end{bmatrix} = \begin{bmatrix} 1-2a^2 & a^3-a & a^2 & -a^3 \\ a^3+a^2-a & 1-a^2 & -a & a^2 \\ a^2 & -a & 1-a^2 & a^3-a \\ -a^3 & a^2 & a^3-a & 1-2a^2 \end{bmatrix}$$

行列式は a^4-3a^2+1 であるから，求める逆行列は

$$\frac{1}{a^4-3a^2+1}\begin{bmatrix} 1-2a^2 & a^3-a & a^2 & -a^3 \\ a^3+a^2-a & 1-a^2 & -a & a^2 \\ a^2 & -a & 1-a^2 & a^3-a \\ -a^3 & a^2 & a^3-a & 1-2a^2 \end{bmatrix}$$

である．

問題 4.3

(1) $b-a$　(2) $(c-b)(c-a)(b-a)$　(3) $(d-c)(d-b)(d-a)(c-b)(c-a)(b-a)$

問題 4.4

定理 3.5 により，$(\mathbf{A}^{-1})'\mathbf{A}'=(\mathbf{A}\mathbf{A}^{-1})'=\mathbf{I}_n$. 仮定より $\mathbf{A}'=\mathbf{A}$ であるから $(\mathbf{A}^{-1})'\mathbf{A}=\mathbf{I}_n$. したがって $(\mathbf{A}^{-1})'=\mathbf{A}^{-1}$.

問題 4.5

$\mathbf{A}+\mathbf{B}=(\mathbf{A}\mathbf{B}^{-1}+\mathbf{A}\mathbf{A}^{-1})\mathbf{B}=\mathbf{A}(\mathbf{B}^{-1}+\mathbf{A}^{-1})\mathbf{B}$ が成り立つ．したがって定理4.6により，$(\mathbf{A}+\mathbf{B})^{-1}=\mathbf{B}^{-1}(\mathbf{B}^{-1}+\mathbf{A}^{-1})^{-1}\mathbf{A}^{-1}$ を得る．

問題 4.6

$\mathbf{A}=[a_{ij}]$, $\mathbf{B}=[b_{ij}]$ とするとき，積 $\mathbf{AB}$ の i 行 j 列成分は $\sum_{k=1}^{n}a_{ik}b_{kj}$ となる．したがって $\mathrm{tr}\,\mathbf{AB}=\sum_{i=1}^{n}\left(\sum_{k=1}^{n}a_{ik}b_{ki}\right)=\sum_{k=1}^{n}\left(\sum_{i=1}^{n}b_{ki}a_{ik}\right)=\mathrm{tr}\,\mathbf{BA}$.

第 5 章

問題 5.1

実数 t が存在して $\boldsymbol{y}=t\boldsymbol{x}$ が成り立つとする．このとき，$|\boldsymbol{x}'\boldsymbol{y}|=|t|\,|\boldsymbol{x}'\boldsymbol{x}|=|t|\|\boldsymbol{x}\|^2$ であるが，$\|\boldsymbol{y}\|=|t|\|\boldsymbol{x}\|$ であるので $|\boldsymbol{x}'\boldsymbol{y}|=\|\boldsymbol{x}\|\|\boldsymbol{y}\|$ を得る．

逆に $|\boldsymbol{x}'\boldsymbol{y}|=\|\boldsymbol{x}\|\|\boldsymbol{y}\|$ であるとする．このとき，任意の t について，$\|t\boldsymbol{x}+\boldsymbol{y}\|^2=t^2\|\boldsymbol{x}\|^2+2t\boldsymbol{x}'\boldsymbol{y}+\|\boldsymbol{y}\|^2=t^2\|\boldsymbol{x}\|^2+2t\boldsymbol{x}'\boldsymbol{y}+\left(\frac{\boldsymbol{x}'\boldsymbol{y}}{\|\boldsymbol{x}\|}\right)^2=\left(t\|\boldsymbol{x}\|+\frac{\boldsymbol{x}'\boldsymbol{y}}{\|\boldsymbol{x}\|}\right)^2\geq 0$ が成り立つ．とくに $t^*=-\frac{\boldsymbol{x}'\boldsymbol{y}}{\|\boldsymbol{x}\|^2}$ において $\|t^*\boldsymbol{x}+\boldsymbol{y}\|=0$ となるが，ノルムの性質より，このとき $t^*\boldsymbol{x}+\boldsymbol{y}=\boldsymbol{0}$ である．したがって $\boldsymbol{y}=-t^*\boldsymbol{x}$.

以上より，コーシー・シュワルツ不等式において等号が成立するための必要十分条件は，何らかの実数 t によって $\boldsymbol{y}=t\boldsymbol{x}$ が成り立つことである．

問題 5.2

(1) $\begin{bmatrix}1&0\\1&0\\1&1\end{bmatrix}\left(\begin{bmatrix}1&1&1\\0&0&1\end{bmatrix}\begin{bmatrix}1&0\\1&0\\1&1\end{bmatrix}\right)^{-1}\begin{bmatrix}1&1&1\\0&0&1\end{bmatrix}=\frac{1}{2}\begin{bmatrix}1&1&0\\1&1&0\\0&0&3\end{bmatrix}$

(2) $\mathrm{Im}\begin{bmatrix}2&0\\1&0\end{bmatrix}=\mathrm{Im}\begin{bmatrix}2\\1\end{bmatrix}$ であるから，この部分空間への射影行列は

$$\begin{bmatrix}2\\1\end{bmatrix}\left(\begin{bmatrix}2&1\end{bmatrix}\begin{bmatrix}2\\1\end{bmatrix}\right)^{-1}\begin{bmatrix}2&1\end{bmatrix}=\frac{1}{5}\begin{bmatrix}4&2\\2&1\end{bmatrix}$$

(3) $\mathrm{Im}\begin{bmatrix}1&1&1\\0&1&2\end{bmatrix}=\mathrm{Im}\begin{bmatrix}1&1\\0&1\end{bmatrix}=\mathbb{R}^2$ であるから，この部分空間への射影行列は $\mathbf{I}_2$ である．実際に，

$$\begin{bmatrix}1&1\\0&1\end{bmatrix}\left(\begin{bmatrix}1&0\\1&1\end{bmatrix}\begin{bmatrix}1&1\\0&1\end{bmatrix}\right)^{-1}\begin{bmatrix}1&0\\1&1\end{bmatrix}=\begin{bmatrix}1&0\\0&1\end{bmatrix}$$

となる．

問題 5.3

(1) $\mathrm{Im}\begin{bmatrix}1&0\\1&0\\1&1\end{bmatrix}=\mathrm{Span}\left\{\begin{bmatrix}1\\1\\1\end{bmatrix},\begin{bmatrix}0\\0\\1\end{bmatrix}\right\}$ より $\dim M=2$，よって $\dim M^{\perp}=3-2=1$ である．$\begin{bmatrix}1\\-1\\0\end{bmatrix}\perp\begin{bmatrix}1\\1\\1\end{bmatrix}$, $\begin{bmatrix}1\\-1\\0\end{bmatrix}\perp\begin{bmatrix}0\\0\\1\end{bmatrix}$ であるから，$M^{\perp}=\mathrm{Span}\left\{\begin{bmatrix}1\\-1\\0\end{bmatrix}\right\}$.

(2) $\mathrm{Im}\begin{bmatrix}2&0\\1&0\end{bmatrix}=\mathrm{Span}\left\{\begin{bmatrix}2\\1\end{bmatrix}\right\}$ より $\dim N=1$，したがって $\dim N^{\perp}=2-1=1$ である．$\begin{bmatrix}1\\-2\end{bmatrix}\perp\begin{bmatrix}2\\1\end{bmatrix}$ であるから，$N^{\perp}=\mathrm{Span}\left\{\begin{bmatrix}1\\-2\end{bmatrix}\right\}$.

(3) $\mathrm{Im}\begin{bmatrix}1&1&1\\0&1&2\end{bmatrix}=\mathrm{Span}\left\{\begin{bmatrix}1\\0\end{bmatrix},\begin{bmatrix}1\\1\end{bmatrix}\right\}$ より $\dim L=2$，したがって $\dim L^{\perp}=2-2=0$ である．したがって $L^{\perp}=\{\mathbf{0}\}$.

問題 5.4

定理5.8より $\boldsymbol{y}=(\boldsymbol{y}-\boldsymbol{y}^*)+\boldsymbol{y}^*$，$\boldsymbol{y}-\boldsymbol{y}^*\perp\boldsymbol{y}^*$ のように分解されるから，

$$\|\boldsymbol{y}\|^2=\|\boldsymbol{y}-\boldsymbol{y}^*\|^2+2(\boldsymbol{y}-\boldsymbol{y}^*)'\boldsymbol{y}^*+\|\boldsymbol{y}^*\|^2=\|\boldsymbol{y}-\boldsymbol{y}^*\|^2+\|\boldsymbol{y}^*\|^2\geq\|\boldsymbol{y}^*\|^2$$

問題 5.5

各 i, j について，$a_{ij}=\frac{\boldsymbol{w}_j'\boldsymbol{x}_i}{\boldsymbol{w}_j'\boldsymbol{w}_j}$ と定義すれば，

$$[\boldsymbol{x}_1\ \ \boldsymbol{x}_2\ \ \cdots\ \ \boldsymbol{x}_n]=[\boldsymbol{w}_1\ \ \boldsymbol{w}_2\ \ \cdots\ \ \boldsymbol{w}_n]\begin{bmatrix}1&a_{21}&\cdots&a_{n1}\\0&1&\cdots&a_{n2}\\\vdots&\vdots&\ddots&\vdots\\0&0&\cdots&1\end{bmatrix}$$

と書ける．ただし $[\boldsymbol{w}_1\ \ \boldsymbol{w}_2\ \ \cdots\ \ \boldsymbol{w}_n]$ は，n 個の n 次元ベクトル $\boldsymbol{w}_1, \ldots, \boldsymbol{w}_n$ を横に並べて作った n 次正方行列を意味する．$[\boldsymbol{x}_1\ \ \boldsymbol{x}_2\ \ \cdots\ \ \boldsymbol{x}_n]$ についても同様である．さらに，余因子展開により

$$\begin{vmatrix}1&a_{21}&\cdots&a_{n1}\\0&1&\cdots&a_{n2}\\\vdots&\vdots&\ddots&\vdots\\0&0&\cdots&1\end{vmatrix}=1\neq 0$$

となるから，

$$[\boldsymbol{w}_1 \quad \boldsymbol{w}_2 \quad \cdots \quad \boldsymbol{w}_n] = [\boldsymbol{x}_1 \quad \boldsymbol{x}_2 \quad \cdots \quad \boldsymbol{x}_n]\begin{bmatrix} 1 & a_{21} & \cdots & a_{n1} \\ 0 & 1 & \cdots & a_{n2} \\ \vdots & \vdots & \ddots & \vdots \\ 0 & 0 & \cdots & 1 \end{bmatrix}^{-1}$$

と書ける．

係数 $c_1, \ldots, c_n$ のもとで $c_1\boldsymbol{w}_1 + \cdots + c_n\boldsymbol{w}_n = \boldsymbol{0}$ が成り立っているとする．このとき，

$$c_1\boldsymbol{w}_1 + \cdots + c_n\boldsymbol{w}_n = [\boldsymbol{x}_1 \quad \boldsymbol{x}_2 \quad \cdots \quad \boldsymbol{x}_n]\begin{bmatrix} 1 & a_{21} & \cdots & a_{n1} \\ 0 & 1 & \cdots & a_{n2} \\ \vdots & \vdots & \ddots & \vdots \\ 0 & 0 & \cdots & 1 \end{bmatrix}^{-1}\begin{bmatrix} c_1 \\ c_2 \\ \vdots \\ c_n \end{bmatrix} = \boldsymbol{0}$$

である．さらに，

$$\begin{bmatrix} b_1 \\ b_2 \\ \vdots \\ b_n \end{bmatrix} = \begin{bmatrix} 1 & a_{21} & \cdots & a_{n1} \\ 0 & 1 & \cdots & a_{n2} \\ \vdots & \vdots & \ddots & \vdots \\ 0 & 0 & \cdots & 1 \end{bmatrix}^{-1}\begin{bmatrix} c_1 \\ c_2 \\ \vdots \\ c_n \end{bmatrix}$$

とすれば，$b_1\boldsymbol{x}_1 + \cdots + b_n\boldsymbol{x}_n = \boldsymbol{0}$ が得られる．仮定より $\boldsymbol{x}_1, \ldots, \boldsymbol{x}_n$ は線形独立であるから，$b_1 = \cdots = b_n = 0$ である．これより，

$$\begin{bmatrix} c_1 \\ c_2 \\ \vdots \\ c_n \end{bmatrix} = \begin{bmatrix} 1 & a_{21} & \cdots & a_{n1} \\ 0 & 1 & \cdots & a_{n2} \\ \vdots & \vdots & \ddots & \vdots \\ 0 & 0 & \cdots & 1 \end{bmatrix}\begin{bmatrix} 0 \\ 0 \\ \vdots \\ 0 \end{bmatrix} = \begin{bmatrix} 0 \\ 0 \\ \vdots \\ 0 \end{bmatrix}$$

である．したがって，$\boldsymbol{w}_1, \ldots, \boldsymbol{w}_n$ もまた線形独立になることが示された．

次に，帰納法により直交性を示す．定義により，

$$\boldsymbol{w}'_1\boldsymbol{w}_2 = \boldsymbol{w}'_1\left(\boldsymbol{x}_2 - \frac{\boldsymbol{w}'_1\boldsymbol{x}_2}{\boldsymbol{w}'_1\boldsymbol{w}_1}\boldsymbol{w}_1\right) = \boldsymbol{w}'_1\boldsymbol{x}_2 - \frac{\boldsymbol{w}'_1\boldsymbol{x}_2}{\boldsymbol{w}'_1\boldsymbol{w}_1}\boldsymbol{w}'_1\boldsymbol{w}_1 = 0$$

である．さらに，ある $m \geq 2$ について，$\boldsymbol{w}_m \perp \boldsymbol{w}_1, \ldots, \boldsymbol{w}_m \perp \boldsymbol{w}_{m-1}$ であるとする．このとき任意の $1 \leq l \leq m$ について

$$\boldsymbol{w}'_l\boldsymbol{w}_{m+1} = \boldsymbol{w}'_l\left(\boldsymbol{x}_{m+1} - \sum_{j=1}^{m}\frac{\boldsymbol{w}'_j\boldsymbol{x}_{m+1}}{\boldsymbol{w}'_j\boldsymbol{w}_j}\boldsymbol{w}_j\right) = \boldsymbol{w}'_l\boldsymbol{x}_{m+1} - \frac{\boldsymbol{w}'_l\boldsymbol{x}_{m+1}}{\boldsymbol{w}'_l\boldsymbol{w}_l}\boldsymbol{w}'_l\boldsymbol{w}_l = 0$$

となり，$\boldsymbol{w}_{m+1} \perp \boldsymbol{w}_1, \ldots, \boldsymbol{w}_{m+1} \perp \boldsymbol{w}_m$ が示される．帰納的に，すべての $1 \leq i < j \leq n$ について $\boldsymbol{w}_i \perp \boldsymbol{w}_j$ であることがわかる．

問題 5.6

ここでは，$\boldsymbol{x}_1=\begin{bmatrix}1\\1\\1\end{bmatrix}$, $\boldsymbol{x}_2=\begin{bmatrix}1\\1\\0\end{bmatrix}$, $\boldsymbol{x}_3=\begin{bmatrix}1\\0\\0\end{bmatrix}$ としたときの計算を示す．シュミットの直交化法により，

$$\boldsymbol{w}_1=\begin{bmatrix}1\\1\\1\end{bmatrix},\quad \boldsymbol{w}_2=\begin{bmatrix}1\\1\\0\end{bmatrix}-\frac{2}{3}\begin{bmatrix}1\\1\\1\end{bmatrix}=\frac{1}{3}\begin{bmatrix}1\\1\\-2\end{bmatrix}$$

また

$$\boldsymbol{w}_3=\begin{bmatrix}1\\0\\0\end{bmatrix}-\frac{1}{3}\begin{bmatrix}1\\1\\1\end{bmatrix}-\frac{1/3}{6/9}\cdot\frac{1}{3}\begin{bmatrix}1\\1\\-2\end{bmatrix}=\frac{1}{2}\begin{bmatrix}1\\-1\\0\end{bmatrix}$$

を得る．異なる $\boldsymbol{x}_1$, $\boldsymbol{x}_2$, $\boldsymbol{x}_3$ の選び方をすれば，直交化の結果も異なる．したがって，全部で 6 通りの答えがあり得る．

第 6 章

問題 6.1

(1) 固有値は $\lambda=a+b$, $a-b$．また，$\lambda=a+b$ に対応する固有ベクトルは $\begin{bmatrix}1\\1\end{bmatrix}$, $\lambda=a-b$ に対応する固有ベクトルは $\begin{bmatrix}1\\-1\end{bmatrix}$ である．

(2) 固有値は $\lambda=a$, b, c．また，$\lambda=a$ に対応する固有ベクトルは $\begin{bmatrix}1\\0\\0\end{bmatrix}$, $\lambda=b$ に対応する固有ベクトルは $\begin{bmatrix}a\\b-a\\0\end{bmatrix}$, $\lambda=c$ に対応する固有ベクトルは $\begin{bmatrix}ac\\-b(a-c)\\(a-c)(b-c)\end{bmatrix}$ である．

問題 6.2

(1) 前問(1)より，$\mathbf{L}=\frac{1}{\sqrt{2}}\begin{bmatrix}1&1\\1&-1\end{bmatrix}$, $\Lambda=\begin{bmatrix}a+b&0\\0&a-b\end{bmatrix}$ により，$\begin{bmatrix}a&b\\b&a\end{bmatrix}=\mathbf{L\Lambda L'}$ が成り立つ．

(2) 与えられた行列の固有値は $\lambda=0$, a^2+b^2．また，$\lambda=0$ に対応する固有ベクトルは $\begin{bmatrix}b\\-a\end{bmatrix}$, $\lambda=a^2+b^2$ に対応する固有ベクトルは $\begin{bmatrix}a\\b\end{bmatrix}$ である．したがって

$\mathbf{L}=\dfrac{1}{\sqrt{a^2+b^2}}\begin{bmatrix} b & a \\ -a & b \end{bmatrix}$, $\mathbf{\Lambda}=\begin{bmatrix} 0 & 0 \\ 0 & a^2+b^2 \end{bmatrix}$とすれば，$\begin{bmatrix} a^2 & ab \\ ab & b^2 \end{bmatrix}=\mathbf{L\Lambda L}'$が成り立つ．

問題 6.3

与えられた行列の固有方程式は，

$$\begin{vmatrix} 1-\lambda & a & b \\ a & 1-\lambda & a \\ b & a & 1-\lambda \end{vmatrix} = -(\lambda+b-1)(\lambda^2-(b+2)\lambda-2a^2+b+1)=0$$

である．とくに$\lambda^2-(b+2)\lambda-2a^2+b+1=0$とするとき，判別式は$D=(b+2)^2-4(-2a^2+b+1)=b^2+8a^2\geq 0$であるから，固有方程式は実数解$\lambda=1-b$, λ_1, λ_2をもつ．これらの解がすべて非負になる条件は，二次方程式の解と係数の関係により，$1-b\geq 0$, $\lambda_1+\lambda_2=b+2\geq 0$, $\lambda_1\lambda_2=-2a^2+b+1\geq 0$であるとき，また，そのときのみである．これらの不等式を整理すれば，求める条件は$2a^2-1\leq b\leq 1$となる．

問題 6.4

(1) $f(\boldsymbol{b})=\dfrac{1}{2}\boldsymbol{b}'\begin{bmatrix} 8 & 1 \\ 1 & 2 \end{bmatrix}\boldsymbol{b}-[2 \quad 4]\boldsymbol{b}$，また$\begin{bmatrix} 8 & 1 \\ 1 & 2 \end{bmatrix}$は正定値であるから，一階の条件 $\mathbf{D}f(\boldsymbol{b})=\begin{bmatrix} 8 & 1 \\ 1 & 2 \end{bmatrix}\boldsymbol{b}-\begin{bmatrix} 2 \\ 4 \end{bmatrix}=\mathbf{0}$を満たす$\boldsymbol{b}=\begin{bmatrix} 0 \\ 2 \end{bmatrix}$において$f$は最小化される．

(2) $f(\boldsymbol{b})=\dfrac{1}{2}\boldsymbol{b}'\begin{bmatrix} 2 & 6 \\ 6 & 2 \end{bmatrix}\boldsymbol{b}-[8 \quad 8]\boldsymbol{b}+4$であるが，$\begin{bmatrix} 2 & 6 \\ 6 & 2 \end{bmatrix}$は半正定値ではないため，最小化問題の解は存在しない．

(3) $f(\boldsymbol{b})=\boldsymbol{b}'\mathbf{X}'\mathbf{X}\boldsymbol{b}-2\boldsymbol{b}'\mathbf{X}'\boldsymbol{y}+\boldsymbol{y}'\boldsymbol{y}$，また$\mathbf{X}'\mathbf{X}$は半正定値である．さらに，仮定より，rank $\mathbf{X}'\mathbf{X}$ = rank $\mathbf{X}=k$，したがって rank $\mathbf{X}'\mathbf{X}$ は正則，ゆえに正定値．一階の条件$\mathbf{D}f(\boldsymbol{b})=2\mathbf{X}'\mathbf{X}\boldsymbol{b}-2\mathbf{X}'\boldsymbol{y}=\mathbf{0}$を満たす$\boldsymbol{b}=(\mathbf{X}'\mathbf{X})^{-1}\mathbf{X}'\boldsymbol{y}$において$f$は最小化される．

問題 6.5

$\mathbf{P}$の固有値をλ，固有ベクトルを$\boldsymbol{l}$，したがって$\mathbf{P}\boldsymbol{l}=\lambda\boldsymbol{l}$であるとする．このとき射影行列の性質により，$\mathbf{P}\boldsymbol{l}=\mathbf{P}^2\boldsymbol{l}=\mathbf{P}(\lambda\boldsymbol{l})=\lambda^2\boldsymbol{l}$，したがって$\lambda^2\boldsymbol{l}=\lambda\boldsymbol{l}$を得る．また$\boldsymbol{l}\neq\mathbf{0}$であるから$\lambda=\lambda^2$，あるいは$\lambda=0, 1$である．

問題 6.6

条件を満たす$\mathbf{\Lambda}=diag[\lambda_1, ..., \lambda_k]$について，$\mathbf{\Lambda}^{1/2}=diag[\sqrt{\lambda_1}, ..., \sqrt{\lambda_k}]$とおく．このとき，$\mathbf{\Lambda}^{1/2}\mathbf{\Lambda}^{1/2}=\mathbf{\Lambda}$である．また，$\mathbf{L}'\mathbf{L}=\mathbf{I}_k$であるから，$\mathbf{A}=\mathbf{L\Lambda L}'=\mathbf{L\Lambda}^{1/2}\mathbf{\Lambda}^{1/2}\mathbf{L}'=(\mathbf{L\Lambda}^{1/2}\mathbf{L}')(\mathbf{L\Lambda}^{1/2}\mathbf{L}')$．したがって，$\mathbf{A}^{1/2}=\mathbf{L\Lambda}^{1/2}\mathbf{L}'$とすればよい．

とくに$\mathbf{A}=\begin{bmatrix} 4 & 1 \\ 1 & 4 \end{bmatrix}$であるとき，$\mathbf{A}$の固有値は$\lambda=5, 3$．また，$\lambda=5$に対応する固有ベクトルは$\begin{bmatrix} 1 \\ 1 \end{bmatrix}$，$\lambda=3$に対応する固有ベクトルは$\begin{bmatrix} 1 \\ -1 \end{bmatrix}$である．したがって，

$\mathbf{L} = \frac{1}{\sqrt{2}}\begin{bmatrix} 1 & 1 \\ 1 & -1 \end{bmatrix}$, $\boldsymbol{\Lambda} = \begin{bmatrix} 5 & 0 \\ 0 & 3 \end{bmatrix}$ とすれば，$\mathbf{L}'\mathbf{L} = \mathbf{I}_2$, $\mathbf{A} = \mathbf{L}\boldsymbol{\Lambda}\mathbf{L}'$ が成立するから，

$$\mathbf{A}^{1/2} = \left(\frac{1}{\sqrt{2}}\begin{bmatrix} 1 & 1 \\ 1 & -1 \end{bmatrix}\right)\begin{bmatrix} \sqrt{5} & 0 \\ 0 & \sqrt{3} \end{bmatrix}\left(\frac{1}{\sqrt{2}}\begin{bmatrix} 1 & 1 \\ 1 & -1 \end{bmatrix}\right)' = \frac{1}{2}\begin{bmatrix} \sqrt{5}+\sqrt{3} & \sqrt{5}-\sqrt{3} \\ \sqrt{5}-\sqrt{3} & \sqrt{5}+\sqrt{3} \end{bmatrix}$$

が得られる．

第7章

問題 7.1

$B_1 = A_1$，また $i \geq 2$ について $B_i = A_i \backslash (A_1 \cup \cdots \cup A_{i-1})$ とすれば，$\bigcup_{i=1}^{\infty} B_i = \bigcup_{i=1}^{\infty} A_i$，また $B_i \subset A_i$ が成り立つ．さらに，$B_1, B_2, B_3, \dots$ は互いに素であるから，$\mathbf{P}\left(\bigcup_{i=1}^{\infty} A_i\right) = \mathbf{P}\left(\bigcup_{i=1}^{\infty} B_i\right) = \sum_{i=1}^{\infty} \mathbf{P} B_i \leq \sum_{i=1}^{\infty} \mathbf{P} A_i$ を得る．

問題 7.2

$\sigma[\mathscr{G}] = \sigma[\mathscr{H}] = \{\emptyset, \Omega, \{a\}, \{b\}, \{c\}, \{a, b\}, \{b, c\}, \{c, a\}\} = 2^{\Omega}$ となる．例えば $\mathscr{G}$ の場合であれば，次のように集合を追加していく．

(Step 1) 空集合と全体集合を $\mathscr{G}$ に追加して，$\mathscr{G}_1 = \{\emptyset, \Omega, \{a\}, \{b\}\}$ とする．

(Step 2) $\{a\}^c = \{b, c\}$，$\{b\}^c = \{c, a\}$ を $\mathscr{G}_1$ に追加して，$\mathscr{G}_2 = \{\emptyset, \Omega, \{a\}, \{b\}, \{b, c\}, \{c, a\}\}$ とする．

(Step 3) $\{a\} \cup \{b\} = \{a, b\}$ を $\mathscr{G}_2$ に追加して，$\mathscr{G}_3 = \{\emptyset, \Omega, \{a\}, \{b\}, \{b, c\}, \{c, a\}, \{a, b\}\}$ とする．

(Step 4) $\{a, b\}^c = \{c\}$ を $\mathscr{G}_3$ に追加すれば，$\mathscr{G}_4 = \{\emptyset, \Omega, \{a\}, \{b\}, \{c\}, \{b, c\}, \{c, a\}, \{a, b\}\} = 2^{\Omega}$ となり，これは σ 加法族であるので，これ以上の追加は不必要である．

問題 7.3

任意の $a_j \in \Omega$ について，$\{a_j\} = \{a_1, \dots, a_j\} \backslash \{a_1, \dots, a_{j-1}\}$ であるから，$\{a_j\} \in \sigma[\mathscr{G}]$ である．Ω の任意の部分集合 $A \subset \Omega$ は，適当な $J \subset \mathbb{N}$ を用いて $A = \bigcup_{j \in J} \{a_j\}$ と表現できるから，$A \in \sigma[\mathscr{G}]$ である．したがって $2^{\Omega} \subset \sigma[\mathscr{G}]$ がわかる．$\sigma[\mathscr{G}] \subset 2^{\Omega}$ は自明であるから，$\sigma[\mathscr{G}] = 2^{\Omega}$ が得られる．

問題 7.4

(1) $A_{i,j} = \left(-i, \frac{1}{j}\right) \times \left(-i, \frac{1}{j}\right)$ とすれば，$\mathscr{B}^2$ の定義より $A_{i,j} \in \mathscr{B}^2$ である．したがって，$(-\infty, 0] \times (-\infty, 0] = \bigcap_{j=1}^{\infty} \bigcup_{i=1}^{\infty} A_{i,j} \in \mathscr{B}^2$.

(2) $B_i = \left(-\frac{1}{i}, 1\right) \times \left(-\frac{1}{i}, 1\right)$ とすれば，$[0, 1) \times [0, 1) = \bigcap_{i=1}^{\infty} B_i \in \mathscr{B}^2$.

(3) $[0, 1)$ 内の有理数からなる集合を $\mathbb{Q}[0, 1) = \{q \in \mathbb{Q} \mid 0 \leq q < 1\}$ とすれば，(2)より $\{(x, y) \mid x \geq 0,\ y \geq 0,\ x+y < 1\} = \bigcup_{q \in \mathbb{Q}[0, 1)} [0, q) \times [0, 1-q) \in \mathscr{B}^2$（次頁の図を参照）．

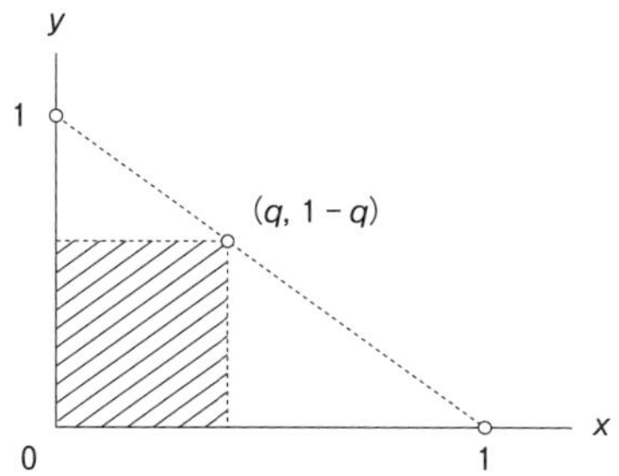

問題 7.5

(1) 任意の $t>0$ について，$\{e^X \le t\} = \{X \le \log t\} \in \mathcal{F}$．また $t \le 0$ のとき，$\{e^X \le t\} = \emptyset \in \mathcal{F}$．

(2) 任意の t について，$\varphi(x) \le t$ を満たす最大の x を $x = \varphi^{-1}(t)$ と書くことにする．ただし，つねに $\varphi(x) > t$ となってしまう場合には $\varphi^{-1}(t) = -\infty$，つねに $\varphi(x) \le t$ である場合には $\varphi^{-1}(t) = \infty$ とする．このとき，$\{\varphi(X) \le t\} = \{X \le \varphi^{-1}(t)\} \in \mathcal{F}$．

(3) 任意の t について，$\{\max\{X, Y\} \le t\} = \{X \le t\} \cap \{Y \le t\} \in \mathcal{F}$，$\{\min\{X, Y\} \le t\} = \{X \le t\} \cup \{Y \le t\} \in \mathcal{F}$．

問題 7.6

(1) 任意の $t \ge 0$ について，$\{Y \le t\} = \{-\sqrt{t} \le X \le \sqrt{t}\} = \{X \le \sqrt{t}\} \setminus \{X < -\sqrt{t}\} \in \sigma[X]$．また任意の $t<0$ について，$\{Y \le t\} = \emptyset \in \sigma[X]$ である．

(2) $t \ge 1$ ならば $\{Z \le t\} = \Omega$，$0 \le t < 1$ ならば $\{Z \le t\} = \{X < 0\}$，$t < 0$ ならば $\{Z \le t\} = \emptyset$ であるから，すべての t について $\{Z \le t\} \in \sigma[X]$．

(3) $\{\boldsymbol{W} \le \boldsymbol{t}\} = \{X+2 \le t_1\} \cap \{2X \le t_2\} = \left\{X \le \min\left\{t_1-2, \frac{t_2}{2}\right\}\right\} \in \sigma[X]$．

問題 7.7

$\{X \in \mathbb{R}\} = \Omega$，$\{X \in \emptyset\} = \emptyset$ であるから，$\Omega,\ \emptyset \in \mathcal{G}$ がわかる．任意の $G \in \mathcal{G}$ について，適当なボレル集合 B が存在して $G = \{X \in B\}$ と書けるから，$G^c = \{X \in B\}^c = \{X \in B^c\} \in \mathcal{G}$ である．さらに，可算個の $G_1, G_2, \ldots \in \mathcal{G}$ について，適当なボレル集合 $B_1, B_2, \ldots$ が存在して $G_1 = \{X \in B_1\}$，$G_2 = \{X \in B_2\}$，… と書けるから，$\bigcup_{i=1}^{\infty} G_i = \{X \in \bigcup_{i=1}^{\infty} B_i\} \in \mathcal{G}$ である．

問題 7.8

t を与えられたものとする．各 $n \ge 1$ について，$A_n = \{X > t+\frac{1}{n}\}$ とするとき，$A_1 \subset A_2 \subset \cdots$ が満たされる．このとき，$B_1 = A_1$，$B_2 = A_2 \setminus A_1 = \{t+\frac{1}{2} < X \le t+1\}$，…，$B_n = A_n \setminus A_{n-1} = \{t+\frac{1}{n} < X \le t+\frac{1}{n-1}\}$，… とすれば，$B_1, B_2, \ldots$ は互いに素な可測集合列，かつ任意の $m \ge 1$ について $\bigcup_{n=1}^{m} B_n = A_m$ を満たす．したがって，確率測度の σ 加法性 (P3) より，$\mathbf{P}\{X > t\} = \mathbf{P}\left(\bigcup_{n=1}^{\infty} A_n\right) = \mathbf{P}\left(\bigcup_{n=1}^{\infty} B_n\right) = \sum_{n=1}^{\infty} \mathbf{P} B_n = \lim_{m\to\infty} \sum_{n=1}^{m} \mathbf{P} B_n = \lim_{m\to\infty} \mathbf{P}\left(\bigcup_{n=1}^{m} B_n\right) = \lim_{m\to\infty} \mathbf{P} A_m = \lim_{m\to\infty} \mathbf{P}\{X > t+\frac{1}{m}\}$ が成

り立つ．これは，$1-F_X(t)=\lim_{m\to\infty}\left(1-F_X\left(t+\frac{1}{m}\right)\right)$ を意味する．

第 8 章

問題 8.1

(1) $\int_{[0,1]\times[1,2]}(x_1+x_2)^2\,dx_1dx_2=\int_0^1\left(\int_1^2(x_1^2+2x_1x_2+x_2^2)\,dx_2\right)dx_1=\dfrac{25}{6}$

(2) 変数変換 $\boldsymbol{z}=\begin{bmatrix}1&0\\1&1\end{bmatrix}\begin{bmatrix}x_1\\x_2\end{bmatrix}$ により，

$$\int_D(x_1^2+x_2^2)\,dx_1dx_2=\int_{[0,1]\times[1,2]}\boldsymbol{z}'\begin{bmatrix}1&1\\0&1\end{bmatrix}^{-1}\begin{bmatrix}1&0\\1&1\end{bmatrix}^{-1}\boldsymbol{z}\,\left\|\begin{matrix}1&0\\1&1\end{matrix}\right\|^{-1}dz_1dz_2=\frac{3}{2}$$

問題 8.2

(1) $\mathbf{P}A_{n,j}=\int_{A_{n,j}}2x\,dx=\frac{2j-1}{(2^n)^2}$ であるから，$EX_n=\sum_{j=1}^{2^n}\frac{j-1}{2^n}\cdot\frac{2j-1}{(2^n)^2}=\frac{4(2^n)^2-3\cdot2^n-1}{6(2^n)^2}$

(2) $\lim_{n\to\infty}EX_n=\frac{2}{3}$．この結果は，$\int_0^1 x\,f(x)\,dx=\frac{2}{3}$ と一致する．

問題 8.3

$X=\mathbb{I}_{\{1,2\}}+0\mathbb{I}_{\{3\}}+0\mathbb{I}_{\{4\}}+3\mathbb{I}_{\{5,6\}}$，$Y=\mathbb{I}_{\{1,2\}}+\mathbb{I}_{\{3\}}+2\mathbb{I}_{\{4\}}+2\mathbb{I}_{\{5,6\}}$ とする．

問題 8.4

任意の $t<\lambda$ について，$M_X(t)=\frac{\lambda}{\lambda-t}$ と計算される．$M'_X(0)=\frac{1}{\lambda}$，$M''_X(0)=\frac{2}{\lambda^2}$ となるので，$EX=\frac{1}{\lambda}$，$Var(X)=\frac{1}{\lambda^2}$ を得る．

なお，$t\geq\lambda$ の場合には，積率母関数は存在しない．このように，密度関数の形状によっては，限定された t の範囲においてしか積率母関数が定義できないことがある．それに対して特性関数(8.25)式では，このような心配が不要であることが知られている．

問題 8.5

平方完成の計算により，

$$\boldsymbol{t}'\boldsymbol{x}-\frac{1}{2}(\boldsymbol{x}-\mu)'\mathbf{V}^{-1}(\boldsymbol{x}-\mu)=-\frac{1}{2}(\boldsymbol{x}-\mu-\mathbf{V}\boldsymbol{t})'\mathbf{V}^{-1}(\boldsymbol{x}-\mu-\mathbf{V}\boldsymbol{t})+\mu'\boldsymbol{t}+\frac{1}{2}\boldsymbol{t}'\mathbf{V}\boldsymbol{t}$$

が成り立つことを用いると，

$$\begin{aligned}M_X(\boldsymbol{t})&=\int_{\mathbb{R}^k}\exp(\boldsymbol{t}'\boldsymbol{x})\frac{1}{(2\pi)^{k/2}|\mathbf{V}|^{1/2}}\exp\left[-\frac{1}{2}(\boldsymbol{x}-\mu)'\mathbf{V}^{-1}(\boldsymbol{x}-\mu)\right]d\boldsymbol{x}\\&=\exp\left(\mu'\boldsymbol{t}+\frac{1}{2}\boldsymbol{t}'\mathbf{V}\boldsymbol{t}\right)\int_{\mathbb{R}^k}\frac{1}{(2\pi)^{k/2}|\mathbf{V}|^{1/2}}\exp\left[-\frac{1}{2}(\boldsymbol{x}-\mu-\mathbf{V}\boldsymbol{t})'\mathbf{V}^{-1}(\boldsymbol{x}-\mu-\mathbf{V}\boldsymbol{t})\right]d\boldsymbol{x}\\&=\exp\left(\mu'\boldsymbol{t}+\frac{1}{2}\boldsymbol{t}'\mathbf{V}\boldsymbol{t}\right)\end{aligned}$$

を得る（全確率が 1 であることを用いている）．また，

$$\frac{\partial}{\partial t_j}\log M_X(\boldsymbol{t}) = \mu_j + \sum_{i=1}^{k} t_i v_{ij}, \quad \frac{\partial^2}{\partial t_j \partial t_i}\log M_X(\boldsymbol{t}) = v_{ij}$$

である．$M_X(\mathbf{0}) = 1$ であるから，$EX_j = \mu_j$, $Cov\,(X_i, X_j) = v_{ij}$ がわかる．

問題 8.6

(1) $F_X(t) = \mathbf{P}\{-\sqrt{t} \leq Z \leq \sqrt{t}\} = \mathbf{P}\{Z \leq \sqrt{t}\} - \mathbf{P}\{Z < -\sqrt{t}\} = \Phi(\sqrt{t}) - \Phi(-\sqrt{t})$.

(2) (1)の結果を t で微分することにより，$f_X(t) = \frac{1}{\sqrt{2\pi t}}\exp\left(-\frac{t}{2}\right)$ を得る．

第 9 章

問題 9.1

(1) $\{X = x\} = \{(1, x), (2, x), \ldots, (x-1, x), (x, x), (x, x-1), \ldots, (x, 1)\}$ であるから，$y < x$ のとき $p_{Y|X}(y\,|\,x) = \frac{2}{2x-1}$，$y = x$ のとき $p_{Y|X}(y\,|\,x) = \frac{1}{2x-1}$ である．したがって，条件付き期待値は，$E(Y\,|\,X = x) = \sum_{y=1}^{x-1} y \cdot \frac{2}{2x-1} + x \cdot \frac{1}{2x-1} = \frac{x^2}{2x-1}$ より $E(Y\,|\,X) = \frac{X^2}{2X-1}$.

(2) $2 \leq x \leq 6$ のとき，$\{X = x\} = \{(1, x-1), (2, x-2), \ldots, (x-1, 1)\}$ であるから，$E(Y\,|\,X = x) = \sum_{y=1}^{x-1} y \cdot \frac{1}{x-1} = \frac{x}{2}$．また $7 \leq x \leq 12$ のとき，$\{X = x\} = \{(x-6, 6), (x-5, 5), \ldots, (6, x-6)\}$ であるから，$E(Y\,|\,X = x) = \sum_{y=x-6}^{6} y \cdot \frac{1}{13-x} = \frac{x}{2}$．したがって，いずれにせよ $E(Y\,|\,X) = \frac{X}{2}$.

問題 9.2

$\mathscr{A}$ 可測な確率変数は，定数 c_1, c_2 を用いて $c_1\mathbb{I}_A + c_2\mathbb{I}_{A^c}$ によって表現される．したがって，$W = E(X\,|\,\mathscr{A})$ とおけば，$W = c_1\mathbb{I}_A + c_2\mathbb{I}_{A^c}$ となる．条件付き期待値の定義より，$E(\mathbb{I}_A W) = E(\mathbb{I}_A X)$，$E(\mathbb{I}_{A^c} W) = E(\mathbb{I}_{A^c} X)$ が満たされるから，$E[\mathbb{I}_A(c_1\mathbb{I}_A + c_2\mathbb{I}_{A^c})] = c_1\mathbf{P}A = \int_A X\,d\mathbf{P}$ より $c_1 = \frac{\int_A X\,d\mathbf{P}}{\mathbf{P}A}$，同様にして $c_2 = \frac{\int_{A^c} X\,d\mathbf{P}}{\mathbf{P}A^c}$ を得る．したがって，

$$E(X\,|\,\mathscr{A}) = \frac{\int_A X\,d\mathbf{P}}{\mathbf{P}A}\mathbb{I}_A + \frac{\int_{A^c} X\,d\mathbf{P}}{\mathbf{P}A^c}\mathbb{I}_{A^c}$$

問題 9.3

(1) $A = \{E(Y\,|\,X) > E(Z\,|\,X)\}$ とすれば，$A \in \sigma[X]$．ここで $\mathbf{P}A > 0$ であると仮定すれば，$\int_A [E(Y\,|\,X) - E(Z\,|\,X)]\,d\mathbf{P} > 0$ である．したがって，$E[\mathbb{I}_A E(Y\,|\,X)] > E[\mathbb{I}_A E(Z\,|\,X)]$．また $A \in \sigma[X]$ であることと条件付き期待値の定義より，$E[\mathbb{I}_A E(Y\,|\,X)] = E(\mathbb{I}_A Y)$, $E[\mathbb{I}_A E(Z\,|\,X)] = E(\mathbb{I}_A Z)$ を得る．したがって，$E(\mathbb{I}_A Y) > E(\mathbb{I}_A Z)$，あるいは $\int_A Y\,d\mathbf{P} > \int_A Z\,d\mathbf{P}$ となるが，これは $Y \leq Z$ に矛盾する．

(2) (1)の結果より，確率 1 で $W \geq 0$ であるなら，$E(W\,|\,X) \geq 0$ であることがわかる．とくに $W = (Y - E(Y\,|\,X))^2$ とすれば，条件付き期待値の線形性より $E(W\,|\,X) = E(Y^2\,|\,X) - E(Y\,|\,X)^2 \geq 0$ が成り立つ．これより結論を得る．

問題 9.4

$\mathcal{H} \subset \mathcal{G}$ であるから $E(Y|\mathcal{H})$ は $\mathcal{G}$ 可測．したがって例題9.2より結論を得る．

問題 9.5

(1) 条件付き期待値の線形性より，$E(W_nY|\mathcal{G}) = \sum_{j=1}^{2^n} a_{n,j}E(\mathbb{I}_{B_{n,j}}Y|\mathcal{G})$．各 $B_{n,j}$ は $\mathcal{G}$ 可測であるから，$\sum_{j=1}^{2^n} a_{n,j}E(\mathbb{I}_{B_{n,j}}Y|\mathcal{G}) = \sum_{j=1}^{2^n} a_{n,j}\mathbb{I}_{B_{n,j}}E(Y|\mathcal{G}) = W_nE(Y|\mathcal{G})$．したがって，$\lim_{n\to\infty} E(W_nY|\mathcal{G}) = WE(Y|\mathcal{G})$ を得る．

(2) $Z = WE(Y|\mathcal{G})$ とすれば，Z は $\mathcal{G}$ 可測である．あとは，任意の $A \in \mathcal{G}$ について $E(\mathbb{I}_AZ) = E(\mathbb{I}_AWY)$ が成り立つことを示せばよい．そこで，$Z_n = W_nE(Y|\mathcal{G})$ とする．(1)より $Z_n = E(W_nY|\mathcal{G})$ が成り立つから $E(\mathbb{I}_AZ_n) = E(\mathbb{I}_AW_nY)$．さて，$\{\mathbb{I}_AW_nY\}$ は非負確率変数列であり，$\mathbb{I}_AWY$ を優関数としてもつ．さらに $\lim_{n\to\infty} \mathbb{I}_AW_nY = \mathbb{I}_AWY$ であるから，優収束定理により，$\lim_{n\to\infty} E(\mathbb{I}_AW_nY) = E(\mathbb{I}_AWY)$ を得る．その一方で，$\{\mathbb{I}_AZ_n\}$ は $\mathbb{I}_AZ$ を優関数にもつ非負確率変数列であり，$\lim_{n\to\infty} \mathbb{I}_AZ_n = \mathbb{I}_AZ$ である．したがって優収束定理により $\lim_{n\to\infty} E(\mathbb{I}_AZ_n) = E(\mathbb{I}_AZ)$．以上をあわせれば，$E(\mathbb{I}_AZ) = E(\mathbb{I}_AWY)$ となる．

問題 9.6

X の中央値を μ とする．すなわち，μ は $F_X(\mu) = \int_{-\infty}^{\mu} f_X(x)\,dx = \frac{1}{2}$ を満たす．したがって，$g(m) = E|X-m|$ とすれば，

$$g(m) = \int_{-\infty}^{\infty} |x-m|\, f_X(x)\,dx = \int_{-\infty}^{\infty} |x-\mu|\, f_X(x)\,dx + 2\int_{m}^{\mu} (x-m)\, f_X(x)\,dx$$

が成り立つ．任意の $m < \mu$ について，$\int_m^{\mu}(x-m)\,f_X(x)\,dx > 0$．また $m > \mu$ のときにも，$\int_m^{\mu}(x-m)\,f_X(x)\,dx = \int_{\mu}^{m}(m-x)\,f_X(x)\,dx > 0$ である．したがって，$g(m) = E|X-m|$ は $m = \mu$ において最小化される．

第10章

問題 10.1

例えば，同一の X を用いて $X_1 = X_2 = \cdots = X$ とすれば，これらは独立ではない．

問題 10.2

n 回目に出たサイコロの目を X_n とすれば，$Z_n = \max\{X_1, \ldots, X_n\}$．確率収束の定義に従い，任意の $\varepsilon > 0$ を用いて事象 $\{|Z_n - 6| < \varepsilon\}$ を構成する．とくに $0 < \varepsilon < 1$ とすれば，この事象は $\{Z_n = 6\} = (\cap_{i=1}^{n}\{X_i < 6\})^c$ に等しい．したがって，$\mathbf{P}\{|Z_n - 6| < \varepsilon\} = 1 - \left(\frac{5}{6}\right)^n$ であるから $Z_n \xrightarrow{p} 6$ $(n \to \infty)$ が得られる．

問題 10.3

任意の $\varepsilon > 0$ について，$\mathbf{P}\{|Z_n| \geq \varepsilon\} = \mathbf{P}\{|Z| \geq n\varepsilon\}$ である．チェビシェフの不等式（補題10.1）の証明と同様にして，

$$\mathbf{P}\{|Z| \geq n\varepsilon\} = E\mathbb{I}_{\{|Z| \geq n\varepsilon\}} \leq E\left(\frac{|Z|}{n\varepsilon}\mathbb{I}_{\{|Z| \geq n\varepsilon\}}\right) \leq \frac{E|Z|}{n\varepsilon}$$

これより，$\lim_{n\to\infty} \mathbf{P}\{|Z_n| \geq \varepsilon\} \leq \lim_{n\to\infty} \frac{E|Z|}{n\varepsilon} = 0$ が示された．

問題 10.4

$S_n = \frac{1}{n-1}\sum_{i=1}^n X_i^2 - \frac{n}{n-1}\left(\overline{X}_n\right)^2$ と変形される．ここで，$E|X_i^2| = \sigma^2+\mu^2 < \infty$ であるから，大数の法則により

$$\frac{1}{n-1}\sum_{i=1}^n X_i^2 = \frac{n}{n-1}\cdot\frac{1}{n}\sum_{i=1}^n X_i^2 \xrightarrow{p} 1\cdot(\sigma^2+\mu^2) = \sigma^2+\mu^2 \quad (n\to\infty)$$

を得る．その一方で，$\overline{X}_n \xrightarrow{p} \mu\ (n\to\infty)$ であるから，定理10.4により，$S_n \xrightarrow{p} (\sigma^2+\mu^2)-\mu^2 = \sigma^2\ (n\to\infty)$ が成り立つ．

問題 10.5

問題10.3と同様にして，任意の $\varepsilon > 0$ について，

$$\mathbf{P}\{|Z_n-Z| \geq \varepsilon\} \leq E\left(\frac{|Z_n-Z|}{\varepsilon}\right)^2 = \frac{E|Z_n-Z|^2}{\varepsilon^2} \to 0$$

が成り立つ．

問題 10.6

(1) 任意の $\omega \in \Omega$ について，$Z_n(\omega)\to 0\ (n\to\infty)$ が成り立つ．

(2) 任意の $\omega \in \Omega$ について，$Z_1(\omega) \leq Z_2(\omega) \leq \cdots \leq 6$ であるから，定理1.3より $\{Z_n(\omega)\}$ は必ず収束する．

第 11 章

問題 11.1

Z_n の分布関数を F_n，Z の分布関数を F とする．F が t において連続であるとき，

$$F_n(t) = \mathbf{P}\left\{\left(1+\frac{1}{n}\right)Z \leq t\right\} = \mathbf{P}\left\{Z \leq \frac{nt}{n+1}\right\} = F\left(\frac{nt}{n+1}\right) \to F(t) \quad (n\to\infty)$$

が成り立つ．

問題 11.2

(1) $\mathbf{P}\{Z_n > t\} = \mathbf{P}\left\{\max\{X_1,\ldots,X_n\} < 1-\frac{t}{n}\right\} = \mathbf{P}\left\{X_1 < 1-\frac{t}{n},\ldots,X_n < 1-\frac{t}{n}\right\} = \prod_{i=1}^n \mathbf{P}\left\{X_i < 1-\frac{t}{n}\right\} = \left(1-\frac{t}{n}\right)^n$ であるから，$F_n(t) = 1-\mathbf{P}\{Z_n > t\} = 1-\left(1-\frac{t}{n}\right)^n$ を得る．

(2) $\lim_{n\to\infty} F_n(t) = 1-\left[\lim_{n\to\infty}\left(1-\frac{t}{n}\right)^{-n/t}\right]^{-t} = 1-e^{-t}$ となる．これは指数分布 $Exp(1)$ の分布関数（問題8.4参照）であるから，$Z_n \xrightarrow{d} Exp(1)\ (n\to\infty)$ が示された．

問題 11.3

(1) $\frac{1}{n}\sum_{i=1}^n X_i = \frac{1}{n}\sum_{i=1}^n u_i - \frac{1}{2n}(u_n-u_0)$ と書き換えられる．大数の法則より，$\frac{1}{n}\sum_{i=1}^n u_i \xrightarrow{p} \mu$．その一方で，

$$\mathbf{P}\left\{\left|\frac{1}{2n}(u_n-u_0)\right| \geq \varepsilon\right\} \leq \frac{E|u_n-u_0|}{2n\varepsilon} \leq \frac{\sigma+\mu}{2n\varepsilon} \to 0 \quad (n\to\infty)$$

であるから $\frac{1}{2n}(u_n-u_0) \xrightarrow{p} 0\ (n\to\infty)$．したがって，$\frac{1}{n}\sum_{i=1}^n X_i \xrightarrow{p} \mu\ (n\to\infty)$．

(2) $\frac{1}{\sqrt{n}}\sum_{i=1}^n (X_i-\mu) = \frac{1}{\sqrt{n}}\sum_{i=1}^n (u_i-\mu) - \frac{1}{2\sqrt{n}}(u_n-u_0)$ と書き換えられる．中心極限定理より，$\frac{1}{\sqrt{n}}\sum_{i=1}^n (u_i-\mu) \xrightarrow{d} N(0,\sigma^2)$．その一方で，

$$\mathbf{P}\left\{\left|\frac{1}{2\sqrt{n}}(u_n-u_0)\right| \geq \varepsilon\right\} \leq \frac{E(u_n-u_0)^2}{4n\varepsilon^2} = \frac{\sigma^2}{2n\varepsilon^2} \to 0 \quad (n\to\infty)$$

であるから $\frac{1}{2\sqrt{n}}(u_n-u_0) \xrightarrow{p} 0\ (n\to\infty)$．したがって，$\frac{1}{\sqrt{n}}\sum_{i=1}^n (X_i-\mu) \xrightarrow{d} N(0,\sigma^2)\ (n\to\infty)$ が得られた．

問題 11.4

Z_n, Z の分布関数を，それぞれ F_n, F とする．このとき任意の $t\geq 0$ において，$\mathbf{P}\{Z_n^2 \leq t\} = \mathbf{P}\{-\sqrt{t} \leq Z_n \leq \sqrt{t}\} = F_n(\sqrt{t}) - F_n(-\sqrt{t}) \to F(\sqrt{t}) - F(-\sqrt{t}) = \mathbf{P}\{Z^2 \leq t\}$ であるから，$Z_n^2 \xrightarrow{d} Z^2\ (n\to\infty)$．

● 読書案内

本書の執筆に際して参考にした書籍については，巻末の「参考文献」にまとめてあります．とくに［7］は本書と同じ発想に基づくテキストであり，計量経済学に必要な内容だけに絞って，線形代数と確率論を説明しています．証明も詳しく書かれていますので，数学志向の読者にも快適な教科書ではないかと思います．

巻末のリストに挙げたもの以外の線形代数のテキストとしては，さまざまな分野への応用を意識して書かれた，長谷川浩司『線形代数［改訂版］』（日本評論社，2015年）が大変面白い本です．入門編，基本編，発展編の3部構成になっており，線形代数という同一の主題を，各部のレベルに応じて繰り返し説明しています．

統計学や計量経済学への応用を意識した線形代数のテキストとしては，D. A. ハーヴィル『統計のための行列代数（上・下）』（伊理正夫訳，丸善出版，2012年）があります．これには，パネルデータ分析に必要となる「分割行列」や「クロネッカー積」についても詳しい説明があり便利です．ただし，かなり大部ですので，最初から最後までを通読するというより，手の届くところに置いて必要に応じて参照する辞書的な使い方のほうがよいかもしれません．

測度論的な確率論を学ぶためのテキストとしては，まずは巻末リストの［4］をお薦めします．学部生には少し手強いかもしれませんが，この一冊だけで測度論的確率論の基礎を隈なく学ぶことが可能です．

［4］よりはもう少しリラックスして読めるテキストとしては，テレンス・タオ『ルベーグ積分入門』（舟木直久監訳，乙部厳己訳，朝倉書店，2016年）があります．筆者の軽妙な語り口に乗って読み進めれば，比較的短い時間で測度論の全貌を見渡すことができるでしょう．ただし本書は，確率論に限定されない積分論一般の本です．

副読本として強くお薦めしたいのが，樋口保成『新版　パーコレーション：ちょっと変わった確率論入門』（遊星社，2011年）です．パーコレーションとは，もともとは統計力学の問題の一つなのですが，伝染病の広がりやネット上でのデマの拡散などさまざまな現象の分析にも応用されている確率モデルです．本書は，パーコレーションの数学的な取り扱いを通じて，測度論的確率論を基礎から丁寧に説明しています．計量経済学への応用からは離れますが，確率論を学ぶモチベーションを高めるにはとても効果があるはずです．

● 参考文献

[1] コルモゴロフ, A. N.（2010）『確率論の基礎概念』坂本實訳，ちくま学芸文庫

[2] ラング, S.（2010）『線形代数学（上・下)』芹沢正三訳，ちくま学芸文庫

[3] 笠原晧司（1982）『線形代数学』サイエンス社

[4] 佐藤坦（1994）『はじめての確率論：測度から確率へ』共立出版

[5] 砂田利一（2009）『新版　バナッハ・タルスキーのパラドックス』岩波科学ライブラリー

[6] 赤攝也（2014）『集合論入門』ちくま学芸文庫

[7] Dhrymes, P. J.（2013）*Mathematics for Econometrics*, 4th eds., Springer.

[8] Manski, C. F.（1991）“Regression,” *Journal of Economic Literature*, 29（1）, pp. 34–50.

[9] Tripathi, G.（1999）“A Matrix Extension of the Cauchy-Schwartz Inequality,” *Economic Letters*, 63（1）, pp.1–3.

[10] Wooldridge, J. M.（2010）*Econometric Analysis of Cross Section and Panel Data*, 2nd eds., MIT Press.

●索　引

サ　行

タ　行

ナ　行

ハ　行

マ　行

● 著者紹介

田中久稔（たなか・ひさとし）

1974年生まれ．ウィスコンシン大学マディソン校博士課程修了（Ph.D. 取得）．2008年より早稲田大学政治経済学術院准教授．論文："Local Consistency of the Iterative Least-Squares Estimator for the Semiparametric Binary Choice Model," *Advanced Mathematical Economics*, 17, pp.139-161, 2013など。著書：『経済数学入門の入門』（岩波新書，2018年）など．

計量経済学のための数学

●――2019年 8 月25日　第 1 版第 1 刷発行
2020年10月30日　第 1 版第 2 刷発行
著　者――田中久稔
発行所――株式会社　日本評論社
〒170-8474　東京都豊島区南大塚3-12-4　振替：00100-3-16
電話 03-3987-8621（販売），03-3987-8595（編集）
https://www.nippyo.co.jp/
印刷所――精文堂印刷株式会社
製本所――株式会社難波製本
装　幀――林　健造
検印省略　
Printed in Japan
ISBN 978-4-535-55929-5